首都师范大学历史学院 史学研究丛书

SCHOOL OF HISTORY CAPITAL NORMAL UNIVERSITY

# 切偲集

## 首都师范大学历史学院史学沙龙论文集

### 第一辑

执行主编　游自勇

上海古籍出版社

# 编 委 会

**图书在版编目(CIP)数据**

切偲集：首都师范大学历史学院史学沙龙论文集．
第一辑／游自勇执行主编．—上海：上海古籍出版社，
2016.11

（首都师范大学历史学院史学研究丛书）
ISBN 978 - 7 - 5325 - 8254 - 9

Ⅰ.①切… Ⅱ.①游… Ⅲ.①史学—文集 Ⅳ.
①K0-53

中国版本图书馆 CIP 数据核字(2016)第 242834 号

首都师范大学历史学院史学研究丛书

切偲集：首都师范大学历史学院史学沙龙论文集(第一辑)

游自勇　执行主编

上海世纪出版股份有限公司
上 海 古 籍 出 版 社 出版

（上海瑞金二路 272 号　邮政编码 200020）

（1）网址：www.guji.com.cn

（2）E-mail：guji1@guji.com.cn

（3）易文网网址：www.ewen.co

上海世纪出版股份有限公司发行中心发行经销

常熟文化印刷厂有限公司印刷

开本 700×1000　1/16　印张 17.25　插页 2　字数 291,000

2016 年 11 月第 1 版　2016 年 11 月第 1 次印刷

ISBN 978 - 7 - 5325 - 8254 - 9

K·2254　定价：78.00 元

如有质量问题,请与承印公司联系

# 序

## ——青年教师要树立"为往圣继绝学"的志向

### 郝春文

世界各国大学教师的生活都差不多,都是整天忙乱不堪,因为要兼顾教学和科研两个方面。所以,作为中国大学教师,工作忙一点、累一点,没什么值得抱怨的。

但我们和发达国家的大学教师也有不一样的地方。其中之一就是我们的收入水平偏低,青年教师尤甚。既要忙于教学,又要忙于科研,收入又低,我们应该有资格发点牢骚,也有资格抱怨。但首都师范大学历史学院的教师却没有人对我发过牢骚,我也没有听到过抱怨。是什么东西在支撑着他们的内心,是什么精神使他们的内心如此强大?这是我一直在琢磨的问题。

我曾经和一些青年教师私下聊过一个看法,得到了认同。这就是多数大学教师的生活目标似乎和世人有差异。世人多以追求更好的生活条件为主要目标,我们的大学教师虽然也不排斥更好的生活,但其主流却未把谋求更好的生活当作主要目标。应该说明,以上两类追求并无正误之分,都属于正确的选项。通过自己的辛勤劳动,让生活更加美好,没什么不对的。但这两种追求的差异也是客观存在的。一般大学教师的心理状态应该是通过自己教学和科研的业绩来体现自己的价值,这样一种价值取向就决定了他们不会像世人那样把挣钱多少、房子大小作为衡量一个人地位的唯一标准。在多数大学教师眼里,你住的房子再小、工资再低,但只要教学和科研业绩特别突出,就能赢得大家的尊重;反之,房子再大、存款再多,也照样没地位。我不知道可不可以用"高尚"来形容这样一种价值取向和价值追求,但确实是这样一种氛围使得中国的大学教师群体能在相当不利的环境里支撑下去。这或者可以看作古代士人"君子谋道不谋食"的当代表现吧。

我们的另一个心理支点是因为喜欢这份事业。在大学教师的生活中,也常会遇到挫折和逆境，在这样的境遇下，我们的心潮也会起伏也会低落。但因为我们喜欢自己的工作，心情再差，我们仍然会去教书、看书和写作。所以，顺境和逆境不但不会影响我们的工作，反而是努力工作可以帮助我们尽快走出逆境。我曾经多次在内心做过权衡，虽然大学教师整天处于忙乱之中，也不富裕，但如果让我重新选择，我还是会选择这份事业。

正因为我们喜欢自己的事业，又有着和世俗不同的价值追求，所以首都师大历史学院的教师多年来在教学和科研方面都取得了骄人的业绩，得到了同行的认可。

青年教师是我院教学和科研的生力军。这批由 70 后、80 后组成青年教师队伍，人数已达 44 人，已经成为专业教师的主力。他们都有良好的教育背景和扎实的基本功，在国内有很好的口碑，被寄予厚望，是我们学院未来兴旺发达的希望所在。这批人大部分是我主持引进的，我和这批人的关系可以说是休戚与共。他们成功了，就证明我有知人之明，那将是我最大的成功！所以，没有人比我更关注他们的成长。他们每发表一篇优秀论文、出版一部高水平的论著，我都会由衷地高兴。这样的心境，其他人或许很难理解。正因为如此，我也对这批教师有着更高的期许，希望他们都能成为身怀绝技的"武林高手"，最终都能推出无可替代的学术成果。

现在的学术评价体制具有很强的短期性和功利性，不利于青年教师安心创作无可替代的原创性的成果。因为创作这样的成果往往需要十年、二十年、三十年甚至一生的不懈努力。所以，希望我们的青年教师能在一定意义上超脱目前的评价体制，以"为往圣继绝学"的志向从事学术研究。多想想你能在学术史上留下些什么？你的成果过一百年、一千年甚至一万年还会不会有人参考？

当然，我也希望我们的青年教师能将短期目标和长期目标结合起来，将阶段性工作和毕生学术目标结合起来，取得当世和后世的双赢！

产生无可替代的成果，个人的努力和勤奋当然是必要条件，但互相切磋砥砺也是必须的。首都师大历史学院史学沙龙就是我院青年教师进行学术交流的重要形式之一。这个沙龙以讨论未正式发表的论文为主，先由作者对论文的主要内容进行介绍，然后与会的师生对论文进行评议和讨论，讨论的结果往往对作者修改论文有很大帮助。这个沙龙自 2013 年至今已成功举行了 50 多场，极大地活跃了我院的学术气氛，对于提高青年教师的学术水平、加强友谊都起到了积极作用。最近，史学沙龙的组织者将部分经过讨论和发表的论文结集出版，执行主编游自勇君索序于我。我虽然未能参与沙龙的活动,但一直关注着它的动向,更为他们的坚持和进步而高兴。所以,我很愿意在这部论文集的前面写几句话。

子曰:"切切偲偲,怡怡如也,可谓士矣。"这就是我院的青年教师!生活虽然清贫,但大家却甘之若饴,醉心学术。多么好的青年教师啊!套用魏巍的散文,他们是世界上最可爱的人!

是为序。

# 目　录

# 新疆石人子沟遗址出土双峰驼的动物考古学研究

尤 悦 王建新 赵 欣 凌 雪
陈相龙 马 健 任 萌 袁 靖

双峰驼（*Camelus bactrianus*）属于哺乳纲（Mammalia）、偶蹄目（Artiodactyla）、骆驼科（*Camelidae*）、骆驼属（Camelus）。① 野生双峰驼分布于塔克拉玛干沙漠、罗布泊、阿尔金山北麓和中蒙边境的荒漠地带无人区。除双峰驼，骆驼属还有另一成员——单峰驼（*Camelus dromedarius*）。单峰驼主要分布于西亚的阿拉伯地区和非洲东北部。

中国双峰驼的主要分布区是内蒙古、新疆、甘肃、青海和宁夏及其邻近地区的干旱荒漠及半荒漠地带，其中塔里木盆地系暖温带干旱荒漠，准噶尔盆地、河西走廊和阿拉善高原为中温带干旱荒漠，柴达木盆地为高原上高寒干旱荒漠，乌兰察布、锡林郭勒和鄂尔多斯高原为中温带干旱草原和半荒漠草原。② 塔里木盆地年平均气温在 10℃ 以上，准噶尔盆地平原地区年平均气温不过 10℃，河西走廊及阿拉善高原与准噶尔盆地接近，柴达木盆地底部年平均气温不足 5℃，这些地区的年降雨量都在 200 mm 以下。③

双峰驼为食草动物，反刍，具有长时间耐干旱生理适应机制，缺水情况下可行走数日，双峰贮存的大量脂肪在缺乏营养时可分解供给机体能量。④ 因其对干旱环境的独特适应能力，骆驼成为沙漠地区的主要家畜，在古代中

---

① 王应祥：《中国哺乳动物种和亚种分类名录与分布大全》，北京：中国林业出版社，2003年，第116页。

② 苏学轼：《论中国双峰驼品种特征与生态环境的关系》，《家畜生态学报》1992年第3期。

③ 倪健、郭柯、刘海江、张新时：《中国西北干旱区生态区划》，《植物生态学报》2005年第2期。

④ 陈明华、董常生：《骆驼科动物的比较生物学特性》，《家畜生态学报》2007年第6期。

西文化通道的丝绸之路中发挥了重要作用。本文在中国首次以考古出土骆
驼骨骼作为主要研究对象，从动物考古学的角度探讨中国古代人类与家养
双峰驼的关系。

# 一、以往的发现与研究

目前，考古发现出土骆驼骨骼的遗址共 14 处，分别为内蒙古自治区伊
金霍洛旗朱开沟遗址、[①]内蒙古自治区包头市燕家梁遗址、[②]陕西省咸阳市
汉平陵丛葬坑、[③]宁夏回族自治区永宁县闽宁村西夏墓地、[④]甘肃省敦煌市
悬泉置遗址、[⑤]甘肃省玉门县火烧沟遗址、[⑥]新疆维吾尔自治区哈密市小东
沟南口墓地、[⑦]新疆维吾尔自治区鄯善县三个桥墓地、[⑧]新疆维吾尔自治区
吉木萨尔县小西沟遗址、[⑨]新疆维吾尔自治区吐鲁番市交河故城沟北墓
地、[⑩]新疆维吾尔自治区轮台县群巴克二号墓地、[⑪]新疆维吾尔自治区尼勒
克县加勒克斯卡茵特墓地、[⑫]新疆维吾尔自治区柯坪县亚依德梯木遗址[⑬]和

① 黄蕴平：《内蒙古朱开沟遗址兽骨的鉴定与研究》，《考古学报》1996 年第 4 期。
② 陈全家、赵莹、张海斌：《内蒙古燕家梁遗址出土的动物骨骼研究报告》，见塔拉、张海斌、
　张红星主编，内蒙古自治区文物考古研究所包头市文物管理处编著：《包头燕家梁遗址发
　掘报告》，北京：科学出版社，2010 年，第 746—798 页。
③ 庞博：《汉昭帝平陵陪葬坑出土大批骆驼骨骼》，《中国文物报》2001 年 12 月 7 日第 1 版。
④ 祁国琴：《闽宁村西夏墓地动物骨骼记述》，见宁夏文物考古研究所编：《闽宁村西夏墓
　地》，北京：科学出版社，2004 年，第 174—183 页。
⑤ 甘肃省文物考古研究所：《甘肃敦煌汉代悬泉置遗址发掘简报》，《文物》2000 年第 5 期。
⑥ 甘肃省博物馆：《甘肃省文物考古工作三十年》，文物编辑委员会编：《文物考古工作三十
　年》(1949—1979)，北京：文物出版社，1979 年，第 139—153 页。
⑦ 新疆文物考古研究所、和静县文化馆：《和静县察吾乎沟西一座被破坏墓葬的清理》，《新
　疆文物》1994 年第 1 期。
⑧ 新疆文物考古研究所、新疆大学历史系、吐鲁番地区博物馆等：《新疆鄯善三个桥墓葬发掘
　简报》，《文物》2002 年第 6 期。
⑨ 新疆文物考古研究所：《吉木萨尔县小西沟遗址的初步调查》，《新疆文物》1992 年第 4 期。
⑩ 交河故城保护修缮办公室：《交河故城——1993、1994 年度考古发掘报告》，北京：东方出
　版社，1998 年，第 15—74 页。
⑪ 中国社会科学院考古研究所新疆工作队、新疆巴音郭楞蒙古自治州文管所：《新疆轮台县
　群巴克墓葬第二、三次发掘简报》，《考古》1991 年第 8 期。
⑫ 新疆文物考古研究所、西北大学文化遗产与考古研究中心、伊犁州哈萨克自治州文物局、
　南京大学历史系：《新疆尼勒克县加勒克斯卡茵特墓地发掘简报》，《考古与文物》2011 年
　第 5 期。
⑬ 新疆维吾尔自治区文物普查办公室、阿克苏地区文物普查队：《阿克苏地区文物普查报
　告》，《新疆文物》1995 年第 4 期。

新疆维吾尔自治区于田县圆沙古城遗址①。从这些地点来看,除陕西省咸阳市平陵丛葬坑的骆驼特别明显地超出双峰驼的主要分布地域,其他遗址均位于中国双峰驼的分布区(图1)。

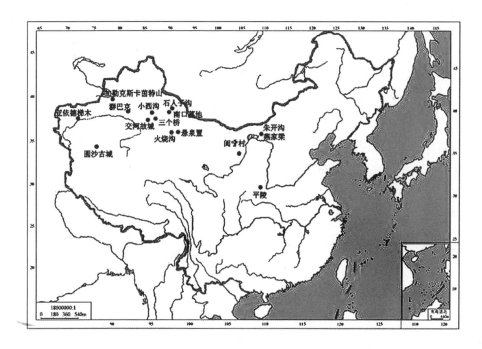

图1　出土骆驼骨骼遗址分布图
Fig. 1　Location of sites with camel bones

在14处遗址中,朱开沟遗址、圆沙古城遗址、汉平陵丛葬坑、闽宁村西夏墓地和燕家梁遗址这5处遗址发现的骆驼骨骼已经进行过初步的动物考古学研究。朱开沟遗址出土一枚双峰驼(*Camelus bactrianus*)的上臼齿(该牙齿属于遗址第四段,第四段$^{14}$C测年经树轮校正时代为距今$3685 \pm 130$年),研究者认为骆驼是遗址先民狩猎的动物。② 圆沙古城(城墙的$^{14}$C测年数据为公元前200年)出土的骆驼的可鉴定标本数为193,占出土动物骨骼总量的20.3%,研究者测量了骆驼近端趾骨、中间趾骨、距骨和跟骨的数据。③ 汉昭帝(公元前87年至前74年在位)平陵丛葬坑发

①　黄蕴平:《新疆于田县克里雅河圆沙古城遗址的兽骨分析》,见北京大学考古文博学院编著:《考古学研究(七)》,北京:科学出版社,2008年,第532—540页。

②　黄蕴平:《内蒙古朱开沟遗址兽骨的鉴定与研究》。

③　黄蕴平:《新疆于田县克里雅河圆沙古城遗址的兽骨分析》,第532—540页。

现骆驼 33 峰,由于发掘人员需要对遗址进行整体保护,不让移动骨骼,所以无法对其进行测量和研究。① 闽宁村西夏(1038 至 1227 年)墓地 M7 天井出土骆驼骨骼 24 件,有头骨碎块、上颌、下颌、犬齿、门齿、掌骨、腰椎和趾骨,研究者对上颌和掌骨进行了测量,认为天井随葬的这峰骆驼是家养动物。② 燕家梁遗址为元代(1271 年至 1368 年)村落遗址,出土骆驼骨骼 42 件,研究者对这些骨骼进行了测量,认为骆驼是贸易交换的家养动物。③

朱开沟遗址年代最早,却只发现一枚臼齿。圆沙古城、闽宁村墓地和燕家梁遗址发现的骨骼数量略多,研究工作仅涉及测量数据和对家养属性的简略探讨。平陵丛葬坑发现 33 峰骆驼,且骨骼完整,但除了种属鉴定亦没有开展其他的研究。其他遗址仅提及发现有骆驼骨骼,而不见骨骼部位和数量等信息。可见,中国古代骆驼的动物考古学研究尚处于刚刚起步的阶段。鉴于此,对于新疆石人子沟遗址出土骆驼开展全方位的动物考古学研究具有重要的学术意义。

## 二、材料与方法

石人子沟遗址(原名东黑沟遗址)位于东天山北麓,今新疆维吾尔自治区哈密地区巴里坤县石人子村南山坡台地上,地理坐标北纬43°31′12.8″—43°34′28.9″、东经93°13′44.8″—93°16′49.1″(图 1)。2006 年 6—9 月和2007 年 6—9 月,西北大学文化遗产与考古学研究中心组成的考古队对该遗址进行了科学发掘,清理了高台建筑 1 座、石围居址 5 座、中小型墓葬12 座。④

其中的一座墓葬 M12 属该遗址群内的中型贵族墓葬,地表有圆形石筑封堆,直径约 10 m,高约 0.8 m。墓室内随葬品丰富,出土有铁器、陶器和骨器,另有大量锤碟动物纹样、制作精美的金银饰件。封堆西

① 袁靖：《动物考古学揭密古代人类和动物的相互关系》,见文化遗产研究与保护技术教育部重点实验室、西北大学文化遗产与考古学研究中心编著：《西部考古》第 2 辑,西安：三秦出版社,2007 年,第 82—95 页。
② 祁国琴：《闽宁村西夏墓地动物骨骼记述》,第 174—183 页。
③ 陈全家、赵莹、张海斌：《内蒙古燕家梁遗址出土的动物骨骼研究报告》,第 746—798 页。
④ 新疆文物考古研究所、西北大学文化遗产与考古学研究中心：《新疆巴里坤县东黑沟遗址2006—2007 年发掘简报》,《考古》2009 年第 1 期。

侧有三座埋葬动物牺牲的殉牲坑。其中的一座殉牲坑 K1 发现 1 峰比较完整的骆驼（以下称随葬骆驼）。从发掘时揭露的骨骼位置判断，骆驼头部与椎骨相连，肩胛骨、肱骨和桡骨等前肢骨分居椎骨两侧，这些骨骼显示骆驼作为一个整体，后肢和腰部位于坑底，前肢和颈部靠上，且颈部被旋绕埋入殉牲坑（图 2）。另外，高台和石围居址也发现零星骆驼骨骼，分别位于高台东坡、石围房址 1 和石围房址 4（下称 F4）。

图 2　石人子沟遗址双峰驼出土情况
Fig. 2　Camel burial M12K1, Shirenzigou site

对于骆驼骨骼的鉴定按出土单位进行。首先确定骨骼的部位、左右、保存状况、年龄（牙齿萌出与磨蚀、骨骺愈合）、性别、表面痕迹（啃咬、风化、人工切割等）以及病理现象等，然后对全部测量项目进行测量并对骨骼进行称重。记录的信息最终输入 Access 数据库，同时生成 Excel 文件，用于计算和分析。$^{14}$C 测年、碳氮稳定同位素分析和古 DNA 分析的方法也被应用于此次研究中。

## 三、研 究 结 果

经整理，新疆石人子沟遗址骆驼骨骼的研究结果如下：

## (一) 种属

动物考古学研究首先应确定骨骼代表的动物种属。骆驼骨骼鉴定的难点在于双峰驼和单峰驼的骨骼形态差异很小。Zeuner 提到两者的区别在于双峰驼的前肢骨较单峰驼的前肢骨短。[1] 也有学者提出双峰驼和单峰驼前腿的第 1 节趾骨掌侧远端滑车关节面的形态有差异,单峰驼的滑车关节面与骨干有较突出的唇部连接,而双峰驼的滑车关节面与骨干相连的唇部突出不明显。[2] 随葬骆驼的第 1 节趾骨的滑车关节面与骨干相连的唇部突出不明显,这说明随葬骆驼具备双峰驼的特征(图 3)。

另外,单峰驼掌骨远端关节的厚度超过宽度,而双峰驼相反。[3] 随葬骆驼左侧掌骨远端关节的厚度为 50.33 mm,宽度为 52.71 mm;右侧掌骨远端关节的厚度为 48.34 mm,宽度 53.70 mm。说明随葬骆驼是双峰驼。

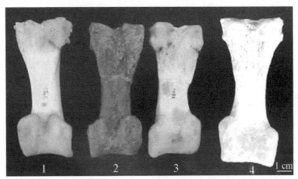

1. 单峰驼第1节趾骨 2. Arlon遗址出土单峰驼第1节趾骨
3. 双峰驼第1节趾骨 4. 石人子沟遗址随葬骆驼第1节趾骨

图 3 双峰驼和单峰驼第 1 节趾骨掌侧远端滑车关节面差异图
(1、2、3 照片来自 Fabienne Pigière, 2012, Fig. 7[4])

Fig. 3 Distal trochlear articular surface, ventral side of the first phalanx of Bactrian and dromedary camels. 1, 2 and 3 are cited from Fabienne Pigière, 2012, Fig. 7

[1] Zeuner Frederick, *A History of Domesticated Animals*, London: Anchor Press, 1963, pp. 338 -366.

[2] Pigière Fabienne, "Camels in the northern provinces of the Roman Empire", *Journal of Archaeological Science*, Vol. 29, no. 39, 2012, pp. 1531-1539.

[3] Wapnish and Paula P, "The dromedary and bactrian camel in Levantine historical settings: the evidence from Tell Jemmeh," In Clutton-Brock Juliet and Grigson Caroline, eds., *Animals and Archaeology 3: Early Herders and Their Flocks*, London: Oxford Press, 1983, pp. 171-200.

[4] Pigière Fabienne, "Camels in the northern provinces of the Roman Empire", no. 39, 2012, pp. 1531-1539.

## （二）部位与数量

随葬骆驼的可鉴定标本数为158，最小个体数为1。各部位发现情况及数量信息见表1。

**表1 石人子沟随葬骆驼出土骨骼数量一览表**
**Table 1 Skeletal elements present for buried camel, Shirenzigou site**

|  | 头骨 | 下颌骨 | 舌骨 | 颈椎 | 胸椎 | 腰椎 | 肩胛骨 | 肱骨 | 桡骨 |
|---|---|---|---|---|---|---|---|---|---|
| 左 | 1 | 1 | 1 | 7 | 12 | 2 | | 1 | 1 |
| 右 | | 1 | 1 | | | | 1 | 1 | 1 |

|  | 尺骨 | 掌骨 | 跖骨 | 胫骨 | 跟骨 | 距骨 | 桡腕骨 | 中间腕骨 | 尺腕骨 |
|---|---|---|---|---|---|---|---|---|---|
| 左 | 1 | 1 | 1 | 1 | 1 | 1 | 1 | 1 | 1 |
| 右 | 1 | 1 | 1 | | 1 | | | 1 | 1 |

|  | 第2腕骨 | 第3腕骨 | 第4腕骨 | 副腕骨 | 踝骨 | 第2跗骨 | 第3跗骨 | 第4跗骨 | 中央跗骨 |
|---|---|---|---|---|---|---|---|---|---|
| 左 | 1 | 1 | 1 | | 1 | 1 | 1 | 1 | |
| 右 | 1 | 1 | 1 | | | | | 1 | |

|  | 第1节趾骨 | 第2节趾骨 | 第3节趾骨 | 籽骨 | 胸骨 | 肋骨 | | | |
|---|---|---|---|---|---|---|---|---|---|
| 左 | 8 | 6 | 5 | 12 | 14(含碎块) | 50(含碎块) | | | |
| 右 | | | | | | | | | |

高台和石围居址骆驼的可鉴定标本数为5，最小个体数为1。各部位发现情况及数量信息见表2。

**表2 石人子沟遗址高台和石围居址出土骆驼骨骼数量一览表**
**Table 2 Skeletal elements present for camel in Gaotai and house sites, Shirenzigou site**

| 出土位置 | 骨骼名称 | 数量 |
|---|---|---|
| 高台东坡②层 | 掌骨 | 1 |
| 高台东坡②层 | 肩胛骨 | 1 |
| F1①层 | 第4腕骨 | 1 |
| F4②层下 | 距骨 | 1 |
| F4 X2（X表示房址周围的圆形石圈） | 胸椎 | 1 |

## (三) 保存程度

随葬骆驼多数为完整骨骼。只有少量椎骨的棘突或横突和肋骨体由于骨质易碎而轻微残破，其保存程度仍然在 3/4—1。但是，左侧胫骨骨干的破损度较其他高，只保留远端，保存程度 <1/4。

高台和石围居址的骆驼骨骼中，第 4 腕骨和距骨完整，掌骨仅保留近端，肩胛骨仅保留远端，胸椎仅保留棘突。

## (四) 年龄与性别

随葬骆驼头骨保存完整，可见上颌牙齿 $I^1$、$C$、$P^2$、$P^3$、$P^4$、$M^1$、$M^2$ 和 $M^3$；下颌牙齿有 $I_1$、$I_2$、$I_3$、$C$、$P_3$、$P_4$、$M_1$、$M_2$ 和 $M_3$。均为恒齿。下颌磨蚀程度为 $P_4$：j、$M_1$：p、$M_2$：m、$M_3$：l(骆驼下颌牙齿磨蚀程度参考牛下颌牙齿磨蚀程度标示)。[1]

目前没有关于骆驼骨骺愈合和牙齿萌出、磨蚀级别与年龄的详细对应关系。根据牛、马骨骺愈合过程可知胫骨近端是最晚愈合的骨骺，分别为 3.5—4.0 岁、3.0—3.5 岁，[2]骆驼骨骺愈合顺序也应如此。比利时皇家科学院收藏的 4 岁双峰驼骨骼可见胫骨近端骨骺没有愈合、远端骨骺正在愈合；该院收藏的另一双峰驼胫骨近端骨骺正在愈合、远端骨骺已经愈合，根据其下颌第三臼齿已经萌出且轻微磨蚀，推测该个体超过 5 岁。[3] 随葬骆驼仅发现左侧胫骨的远端，已经愈合，其他肢骨可见部位骨骺已经愈合；下颌 $M_3$ 已经萌出并存在一定磨蚀，推测该个体应超过 5 岁。另外，Köhler-Rollefson[4] 判定一座教堂出土的一峰骆驼年龄时，鉴于骆驼长骨的骨骺均愈合、椎体的部分骨骺未愈合，判断其为 7 或 8 岁的个体。随葬骆驼椎骨前后

① Grant Annie, "The use of tooth wear as a guide to the age of domestic ungulates, " In Wilson Bob and Grigson Caroline and Payne Sebastian, eds., *Ageing and Sexing Animal Bones from Archaeological Sites*, Oxford: B. A. R. , 1982, pp. 91-108.

② Silver A, "The ageing of domestic animals, " In Brothwell Don and Higgs Eric, eds. , *Science in Archaeology*, London: Thames and Hudson, 1969, pp. 283-302.

③ Pigière Fabienne, "Camels in the northern provinces of the Roman Empire", pp. 1531-1539.

④ Köhler-Rollefson Ilse, "Zoological analysis of camel skeletons, " In Smith Robert and Day Leslie, eds. , *Pella of the Decapolis ( Volume 2 ): Final Report on The College of Wooster Excavations in Area IX , The civic Complex, 1979—1985*, Wooster: College of Wooster, 1989, pp. 142-164.

关节面(图4)和棘突的愈合状况为骺线,推测该个体的死亡时间与7—8岁接近。

骆驼雄性个体的犬齿较雌性个体发育,[①]随葬骆驼犬齿可能为雄性个体的犬齿。

### (五)骨骼表面痕迹

随葬骆驼骨骼表面明显的痕迹有切砍痕迹和病理痕迹。

图4 石人子沟遗址随葬骆驼胸椎侧面图(前后关节面骺线)

Fig.4 Thoracic vertebrae, lateral side (fusing), buried camel, Shirenzigou site

1. 切砍痕迹

切砍痕迹有2处。一处位于第2腰椎的椎体尾侧(图5)。第2节腰椎尾部受到金属刀的两次切割,一次以与水平方向交角约60度切下腰椎的背侧部分,一次以与水平方向交角约45度切下腰椎的腹侧部分。另一处位于左侧胫骨的骨干(图6)。胫骨骨干较椎骨质密,观察胫骨远端四周断口,应为人工砍砸的方式使骨干断裂。

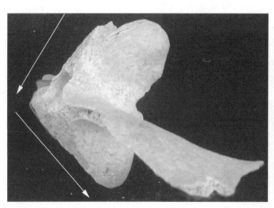

图5 石人子沟遗址随葬骆驼第2腰椎侧面图

Fig.5 The second lumbar vertebrae, lateral side, buried camel, Shirenzigou site

图6 石人子沟遗址随葬骆驼胫骨远端背侧图

Fig.6 Distal tibia, dorsal side, buried camel, Shirenzigou site

---

① Hillson Simon, *Teeth (second edition)*, New York: Cambridge: University Press, 2005, p.144.

这两处切砍痕迹是相关的。骆驼腰椎后相连盆骨,盆骨的髋臼处相连股骨头,股骨远端连结膝关节和胫骨的近端。我们未发现第2节腰椎和胫骨远端之间的骨骼,这些骨骼的缺失显然与人类切砍第2腰椎和胫骨骨干的远端,将其他腰椎、尾椎、盆骨、股骨和胫骨近端取走的行为有关(图7)。

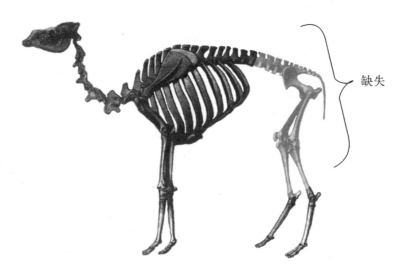

缺失

图7　石人子沟遗址随葬双峰驼发现骨骼示意图<br>Fig. 7　Portion of the skeleton found in M12K1, Shirenzigou site

2. 病理痕迹

第11节和第12节胸椎见骨质增生现象(图8)。正常椎骨棘突末端和前后关节表面是圆滑的,每个棘突远端的骨骼是分离的。而随葬骆驼的第11节胸椎棘突末端向前生长的组织已经硬化成骨,与第10胸椎棘突末端相连;后关节突表面已形成骨赘。第12节胸椎棘突前侧也有骨质增生,与11节胸椎棘突联合;前关节突的表面形态不规则,有骨质增生现象。该个体的年龄处于青壮年时期,两处椎骨的病理现象将在下文探讨。

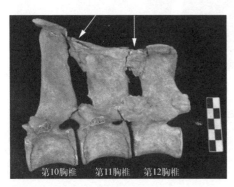

第10胸椎　　第11胸椎　　第12胸椎

图8　石人子沟遗址随葬骆驼第10胸椎、<br>第11胸椎和第12胸椎骨赘现象<br>Fig. 8　Osteophyma in distal spines, of the 10th, 11th, 12th thoracic vertebrae, buried camel, Shirenzigou site

　　另外,在发现的 5 件第 3 节趾骨中,有 1 件趾骨背面孔状骨质突出(图 9,左)和其他第 3 节趾骨形态不同(图 9,右),这可能也与骨质增生有关。

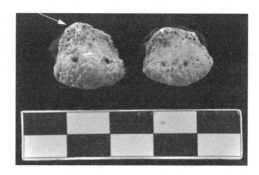

图 9　石人子沟遗址随葬骆驼第 3 节趾骨前侧图
Fig. 9　The third phalanx, buried camel, Shirenzigou site

### (六) 测量数据

　　对骆驼骨骼的测量参照《考古遗址出土动物骨骼测量指南》,①可以测量的标本有颅骨、下颌、寰椎、枢椎、其他颈椎、胸椎、腰椎、肩胛骨、肱骨、桡骨、尺骨、跟骨、距骨、掌骨、跖骨、第 1 节趾骨、第 2 节趾骨。测量数据见表 3—18。《考古遗址出土动物骨骼测量指南》中对颅骨和下颌的测量项目已经有文字对应说明,颅骨和下颌的测量项目在表 3 和表 4 中只显示该测量项目的序号。高台和石围居址出土骆驼骨骼可测量标本的测量数据见表 19。

**表3　石人子沟遗址随葬骆驼颅骨测量数据表(mm)**
**Table 3　Measurements of the skull of buried camel, Shirenzigou site**

| 测量项目 | (1) | (2) | (3) | (4) | (5) | (6) | (7) | (9) | (10) |
|---|---|---|---|---|---|---|---|---|---|
| 颅　骨* | 601.5 | 572.5 | 528 | 417.5 | 302 | 294.5 | 268 | 222.5 | 305.5 |
| 测量项目 | (10a) | (11) | (20) | (21) | (22) | (23) | (24) | (25) | (27) |
| 颅　骨* | 301.5 | 328 | 6.24 | 38.25 | 38.16 | 117.29 | 92.45 | 267 | 87.74 |
| 测量项目 | (29) | (30) | (31) | $M^1$长 | $M^1$宽 | $M^2$长 | $M^2$宽 | $M^3$长 | $M^3$宽 |
| 颅　骨* | 163.54 | 105 | 122 | 31.9 | 31.44 | 43.43 | 32.49 | 49.1 | 31.68 |

＊颅骨测量标本 1 件,取左侧值

----

　　①　安格拉·冯登德里施:《考古遗址出土动物骨骼测量指南》,马萧林、侯彦峰译,北京:科学出版社,2007 年。

**表 4　石人子沟遗址随葬骆驼下颌骨测量数据表（mm）**

**Table 4　Measurements of the mandible of buried camel, Shirenzigou site**

| 测量项目 | （1） | （2） | （3） | （4） | （5） | （6） | （6a） | （7） | （9） |
|---|---|---|---|---|---|---|---|---|---|
| 下　颌* | 491.5 | 487 | 160.25 | 332 | 415 | 251 | 158.43 | 131.24 | 70.67 |

| 测量项目 | （10） | （11） | （12） | （13） | $M_1$长 | $M_1$宽 | $M_2$长 | $M_2$宽 | $M_3$长 | $M_3$宽 |
|---|---|---|---|---|---|---|---|---|---|---|
| 下　颌* | 209 | 188 | 261.5 | 71.53 | 31.28 | 22.03 | 39.98 | 25.3 | 59.71 | 26.47 |

*测量标本1件,取左侧值

**表 5　石人子沟遗址随葬骆驼寰椎测量数据表（mm）**

**Table 5　Measurements of the atlas of buried camel, Shirenzigou site**

| 测量项目 | GL | GB | BFcr | BFcd | GLF | H |
|---|---|---|---|---|---|---|
| 寰　椎* | 142.7 | 159.1 | 88.54 | 99.86 | 133.33 | 81.87 |

*测量标本1件

**表 6　石人子沟遗址随葬骆驼枢椎测量数据表（mm）**

**Table 6　Measurements of the of axis of buried camel, Shirenzigou site**

| 测量项目 | BFcr | BFcd | LCDe | LAPa | BPtr | BPacd | SBV | HFcd |
|---|---|---|---|---|---|---|---|---|
| 枢　椎* | 99.43 | 60.73 | 215 | 190.44 | 109.16 | 75.94 | 41.23 | 47.13 |

*测量标本1件

**表 7　石人子沟遗址随葬骆驼其他颈椎测量数据表（mm）**

**Table 7　Measurements of other cervical vertebrae of buried camel, Shirenzigou site**

| 测量项目 | BFcr | BFcd | BPtr | BPacr | BPacd | CLPa | HFcr | HFcd |
|---|---|---|---|---|---|---|---|---|
| 标本 1 | 56.21 | 69.1 | 144.44 | 82.18 | — | 216 | 41.42 | 47.97 |
| 标本 2 | 60.74 | 74.68 | 157.71 | 87.84 | 93.06 | 217 | 44.03 | 54.05 |
| 标本 3 | 66.22 | 81.01 | 175.18 | 96.89 | 91.96 | 212.5 | 50.05 | 58.9 |
| 标本 4 | 75.4 | 80.61 | — | 97.26 | — | 196.36 | 53.33 | 63.48 |
| 标本 5 | 76.42 | 103.05 | 170.13 | — | — | — | 60.06 | 63.3 |

表8 石人子沟遗址随葬骆驼胸椎测量数据表(mm)
Table 8 Measurements of thoracic vertebrae of buried camel, Shirenzigou site

| 测量项目 | BFcr | BFcd | H | BPtr | HFcr |
|---|---|---|---|---|---|
| 标本 1 | 93.32 | 97.88 | 273 | 148.12 | 60.66 |
| 标本 2 | 98.15 | — | 345 | 125.75 | — |
| 标本 3 | 74.05 | 94.34 | 305 | 130.11 | 59.83 |
| 标本 4 | 80.9 | 92.8 | 258 | 131.37 | 63.41 |
| 标本 5 | 69.52 | — | 332 | 125.06 | 61.21 |
| 标本 6 | — | — | 361 | 125.45 | 58.36 |
| 标本 7 | 69.57 | — | 326 | 126.34 | 55.86 |
| 标本 8 | 66.9 | 76.1 | 306 | 130 | 56.73 |
| 标本 9 | 68.16 | 69.75 | 239 | 107.63 | 52.59 |
| 标本 10 | 65.06 | 77.74 | — | 120.12 | 54.81 |
| 标本 11 | 62.77 | 78.4 | 211 | — | 56.19 |
| 标本 12 | — | 60.77 | 181 | 93.2 | 50.89 |

表9 石人子沟遗址随葬骆驼腰椎测量数据表(mm)
Table 9 Measurements of lumbar vertebrae of buried camel, Shirenzigou site

| 测量项目 | BFcr | BFcd | H | BPtr | HFcr | HFcd |
|---|---|---|---|---|---|---|
| 标本 1 | 61.04 | 60.48 | 192 | 251 | 49.74 | 48.27 |
| 标本 2 | 60.68 | — | — | — | 50.12 | — |

表10 石人子沟遗址随葬骆驼肩胛骨测量数据表(mm)
Table 10 Measurements of the scapulae of buried camel, Shirenzigou site

| 测量项目 | HS | DHA | Ld | SLC | GLP | LG | BG |
|---|---|---|---|---|---|---|---|
| 左侧 | 529 | 510 | — | 80.25 | 126.93 | 79.17 | 73.36 |
| 右侧 | 527 | 509 | 272 | 84.8 | 122.09 | 76.58 | 68.77 |

* 测量标本 2 件

表11 石人子沟遗址随葬骆驼肱骨测量数据表(mm)
Table 11 Measurements of the humeri of buried camel, Shirenzigou site

| 测量项目* | GL | GLC | Bp | Dp | SD | Bd | BT | Dd |
|---|---|---|---|---|---|---|---|---|
| 左侧 | 481 | 457 | 130.43 | 134 | 67.5 | 113.15 | 96.41 | 107 |
| 右侧 | 483 | 457 | 134.27 | 137 | 64.87 | 113.52 | 97.68 | 105 |

* 测量标本 2 件

表 12　石人子沟遗址随葬骆驼桡骨和尺骨测量数据表(mm)
Table 12　Measurements of the radii-ulnae of buried camel, Shirenzigou site

| 测量项目* | GL | LI | Bp | BFp | SD | Bd | BFd | Dd | LO | DPA | SDO |
|---|---|---|---|---|---|---|---|---|---|---|---|
| 左侧 | 593 | 215 | 106.94 | 92.72 | 63.59 | 112.64 | 96.66 | 61 | 113.79 | 96.92 | 80.26 |
| 右侧 | 595 | 213 | 107.83 | 93.75 | 64.5 | 111.67 | 97.25 | 62.5 | 110.24 | 97.25 | — |

＊测量标本 2 件

表 13　石人子沟遗址随葬骆驼跟骨测量数据表(mm)
Table 13　Measurements of the calcanei of buried camel, Shirenzigou site

| 测量项目* | GL | GB |
|---|---|---|
| 左侧 | 166.02 | 77.55 |
| 右侧 | 167.71 | 78.31 |

＊测量标本 2 件

表 14　石人子沟遗址随葬骆驼距骨测量数据表(mm)
Table 14　Measurements of the talus of buried camel, Shirenzigou site

| 测量项目* | GLI | GLm | DI | Bd |
|---|---|---|---|---|
| 左侧 | 87.16 | 77.15 | 49.87 | 58.22 |

＊测量标本 1 件

表 15　石人子沟遗址随葬骆驼掌骨测量数据表(mm)
Table 15　Measurements of the metacarpals of buried camel, Shirenzigou site

| 测量项目* | GL | Bp | Dp | SD | DD | Bd | Dd |
|---|---|---|---|---|---|---|---|
| 左侧 | 383 | 86.93 | 51.85 | 45.74 | 26.51 | 117.19 | 49.74 |
| 右侧 | 382 | 83.6 | 51.06 | 45.86 | 25.56 | 118.14 | 49.28 |

＊测量标本 2 件

表 16　石人子沟遗址随葬骆驼跖骨测量数据表(mm)
Table 16　Measurements of the metatarsals of buried camel, Shirenzigou site

| 测量项目* | GL | Bp | Dp | SD | DD | Bd | Dd |
|---|---|---|---|---|---|---|---|
| 左侧 | 391 | 67.91 | 59.67 | 36.73 | 23.4 | 97.95 | 43.55 |
| 右侧 | 392 | 69.66 | 58.5 | 37.73 | 24.01 | 104.57 | 44.58 |

＊测量标本 2 件

表 17  石人子沟遗址随葬骆驼第 1 节趾骨测量数据表(mm)
Table 17  Measurements of the first phalanges
of buried camel, Shirenzigou site

| 测量项目 | GL | Bp | Dp | SD | Bd | Dd |
|---|---|---|---|---|---|---|
| 标本 1 | 119.84 | 54.65 | 39.77 | 25.06 | 49.25 | 34.54 |
| 标本 2 | 118.67 | 54.63 | 39.48 | 26.32 | 48.37 | 33.73 |
| 标本 3 | 122.29 | 53.85 | 40.53 | 25.98 | 48.85 | 33.68 |
| 标本 4 | 121.26 | 54.05 | 39.8 | 25.74 | 48.3 | 33.42 |
| 标本 5 | 105.47 | 44.24 | 33.47 | 22.68 | 40.5 | 29.76 |
| 标本 6 | 105.77 | 47.38 | 33.56 | 21.75 | 40.68 | 30.67 |
| 标本 7 | 108.03 | 49.4 | 34.73 | 22.27 | 41.5 | 30.55 |
| 标本 8 | 106.16 | 50.95 | 34.83 | 22.62 | 40.25 | 29.83 |

表 18  石人子沟遗址随葬骆驼第 2 节趾骨测量数据表(mm)
Table 18  Measurements of the second phalanges
of buried camel, Shirenzigou site

| 测量项目 | GL | Bp | Dp | SD | Bd | Dd |
|---|---|---|---|---|---|---|
| 标本 1 | 82.79 | 39.81 | 31.19 | 28.82 | 40.56 | 23.79 |
| 标本 2 | 76.45 | 39.23 | 31.37 | 28.2 | 40.66 | 22.85 |
| 标本 3 | 79.36 | 39.41 | 33.5 | 29.23 | 40.51 | 23.95 |
| 标本 4 | 73.72 | 38.48 | 32.05 | 28.48 | 39.68 | 22.35 |
| 标本 5 | 76.95 | 35.04 | 28.77 | 27.6 | 41.02 | 23.63 |
| 标本 6 | 73.14 | 34.32 | 27.88 | 27.3 | 38.67 | 23.03 |

表 19  石人子沟遗址高台东坡②骆驼骨骼测量数据表(mm)
Table 19  Measurements of camel bones in the second
layer of Gaotai east, Shirenzigou site

| 测量项目* | Bp | Dp | GLP | BG |
|---|---|---|---|---|
| 掌骨 | 73.68 | 42.91 | | |
| 肩胛骨 | | | 109.54 | 56.83 |

*测量标本 2 件

## (七) $^{14}$C 测年、碳氮稳定同位素分析和古 DNA 分析

在完成种属鉴定、数量统计、年龄和性别信息提取、表面痕迹观察和测

量数据记录的基础上，我们对遗址双峰驼骨骼进行$^{14}$C 测年、碳氮稳定同位素分析和古 DNA 分析。取样时需要选择骨骼质密、保存较好的样本才能保证成功提取，因此仅对随葬骆驼的掌骨骨干和高台东坡②层骆驼的掌骨骨干这两个个体取样，进行分析。

根据北京大学$^{14}$C 实验室测定，随葬双峰驼的绝对年代为公元前 360 年至前 170 年，高台东坡②层的骆驼绝对年代为公元前 200 年至前 50 年。

碳、氮稳定同位素测试结果显示，随葬双峰驼 $\delta^{13}$C 为 -16.80‰，$\delta^{15}$N 为 9.99‰；高台东坡②层的骆驼 $\delta^{13}$C 为 -18.48‰，$\delta^{15}$N 为 9.95‰。[1]

通过对随葬骆驼与高台东坡②出土的骆驼样本进行 DNA 提取、PCR 扩增、测序，其分析结果见表 20。

表20 石人子沟遗址墓葬出土古代骆驼的线粒体
DNA 12s RNA 基因的部分序列情况*
Table 20 Polymorphic positions of ancient camels
from the burials, Shirenzigou site

| | Polymorphic | | | | | position | | |
|---|---|---|---|---|---|---|---|---|
| | 9 | 9 | 9 | 9 | 9 | 9 | 9 | 9 |
| | 0 | 3 | 3 | 4 | 4 | 5 | 5 | 9 |
| | 4 | 7 | 9 | 3 | 9 | 4 | 9 | 0 |
| Camelus bactrianus (NC_009628) | A | A | C | T | C | G | T | C |
| Camelus ferus (NC_009629) | . | . | . | . | T | . | . | T |
| Camelus dromedaries (NC_009849) | G | G | T | C | T | – | C | |
| M12K1 | . | . | . | . | . | . | . | . |
| 高台东坡② | . | . | . | . | . | . | . | . |

\* Camelus bactrianus (NC_009628)作为参考序列；- 代表缺失；. 代表与参考序列一致

---

① 凌雪、陈曦、尤悦等：《新疆巴里坤东黑沟遗址出土动物骨骼的碳氮同位素分析》（待刊）。

# 四、讨　论

## （一）关于家养骆驼

家养动物是动物考古研究的主要问题之一。关于中国家养骆驼起源的观点,概括而言主要有两种：奥尔森[①]和贺新民等[②]根据中国出土的骆驼化石或古代骆驼骨骼认为中国家养骆驼独立起源,韩建林根据野生骆驼和家养骆驼线粒体 DNA 差异赞同中国北方是家养骆驼的驯化地点之一的观点；[③]而 Bulliet、[④]傅罗文和袁靖等[⑤]则认为家养双峰驼在中亚被驯化后,经历一段时间传入中国。根据测年数据,尽管石人子沟遗址发现的随葬骆驼距今约 2 400 年至 2 200 年,已经进入人类驯化骆驼的成熟时期,但是我们还是应该对其属于家养骆驼给予科学的解释。

动物考古学判断家养动物的标准是系列的,包括形体测量、病理现象、年龄结构、性别特征、数量比例、考古现象、食性分析和 DNA 研究等。[⑥] 在鉴定家养动物时,必须尽量采用多个标准进行判断。鉴于石人子沟遗址出土骆驼的考古学特征,以下主要依据形体测量、病理现象、数量比例、考古现象、碳氮稳定同位素和古 DNA 研究等,判断其为家养动物。

1. 形体测量

一般认为,野生动物被人类驯化后,活动受到一定限制,身型可能变小,身体比例可能发生变化,这一规律在猪骨的研究中被证实是正确的。[⑦] 对

---

① 斯坦利 J. 奥尔森：《中国是动物早期驯化的一个中心》,《人类学学报》1993 年第 2 期。
② 贺新民、杨献孝、张仲葛：《中国双峰骆驼起源考》,《中国农史》1986 年第 2 期。
③ 韩建林：《旧世界驼属动物的起源、演化及其遗传多样性》,兰州大学博士学位论文,2000 年,第 43—44 页。
④ Bulliet Richard, *The Camel and the Wheel*, Massachusetts: Harvard University Press, 1975, p. 156.
⑤ 傅罗文、袁靖、李水城：《论中国甘青地区新石器时代家养动物的来源及特征》,《考古》2009 年第 5 期。
⑥ 袁靖：《中国古代家养动物的动物考古学研究》,《第四纪研究》2010 年第 2 期。
⑦ 袁靖、罗运兵、李志鹏等：《论中国古代家猪的鉴定标准》,见河南省文物考古研究所编：《动物考古》第 1 辑,北京：文物出版社,2010 年,第 116—123 页。

于骆驼的骨骼而言,家养骆驼的体格大小是否发生变化以及变化程度还处于研究的尝试阶段。从诺氏驼化石到现代家养双峰驼牙齿和前炮骨的测量数据可见骆驼骨骼存在逐渐变小的趋势。[①]

根据以往关于骆驼测量数据的记录,闽宁村西夏墓地出土的上颌 $M^1$ 长 40.7 mm、宽 36.4 mm,$M^2$ 长 48 mm、宽 34 mm;[②]石人子沟遗址的随葬骆驼上颌 $M^1$ 长 31.9 mm、宽 31.44 mm,$M^2$ 长 43.43 mm、宽 32.49 mm。可见,闽宁村西夏墓地的骆驼牙齿较大,差值区间为 4.99—8.8 mm。闽宁村墓地的骆驼掌骨最大长(GL)值为 350 mm,近端宽(Bp)值为 74.3 mm,远端宽(Bd)值为 105.5 mm;[③]石人子沟遗址的骆驼掌骨最大长(GL)值为 383 mm,近端宽(Bp)值为 86.93 mm,远端宽(Bd)值为 117.19 mm(表 21)。可见,石人子沟遗址和闽宁村墓地的测量数值都介于诺氏驼化石和家畜双峰驼之间(表 21),但两者均远小于诺氏驼化石的测量值,更为接近现代家养双峰驼的尺寸。

**表 21　骆驼掌骨测量数值比较表**

**Table 21　Comparison of measurements of camel metacarpal bones（mm）**

| 测量项目 | 诺氏驼化石[④] | 石人子沟 | 闽宁村[⑤] | 家畜双峰驼[⑥] |
|---|---|---|---|---|
| 最大长 GL | 418 | 391.5 | 350 | 328 |
| 近端宽 Bp | 99 | 86.93 | 74.3 | |
| 远端宽 Bd | 121.5 | 117.19 | 105.5 | 97 |

## 2. 病理现象

与野生动物相比,家养动物长期受到人类活动的影响,牙齿和骨骼出现病理现象的几率较高。以大型牲畜为例,骨骼病变多出现在椎骨和掌、跖骨上,因为大型牲畜多用于劳作,椎骨和掌、跖骨是主要的受力部位。前文已述,随葬骆驼第 11 节和第 12 节胸椎见骨质增生现象,第 3 节趾骨亦见骨质增生现象,这可能与人类利用骆驼的驮运功能有关。

---

① 祁国琴:《闽宁村西夏墓地动物骨骼记述》,第 174—183 页。

② 同上。

③ 同上。

④ 祁国琴:《内蒙古萨拉乌苏河流域第四纪哺乳动物化石》,《古脊椎与古人类》1975 年第 4 期。

⑤ 祁国琴:《闽宁村西夏墓地动物骨骼记述》,第 174—183 页。

⑥ 同上。

关于大型家畜用于骑乘或负重造成椎骨病变这一问题，以往对家马的研究较多。美国学者 Levine 认为，骑乘和牵引活动肯定会对马形成不同的压力。① 如果马被用于其中的一个用途，而在被役用过程中经受的压力超过了其所能承受的生理极限，那么很可能会在马的骨骼上出现病变痕迹。这不是说骨骼上出现异常都可以归结为是骑乘和牵引活动的结果。某些异常可能是因为遗传的影响，或者是与年龄过大相关。这里要强调的是被役用的马较之野马，在某些特定的骨骼疾病方面显示出极高的异常出现率。马背部受到压力引起的病变往往发生在两节椎骨相连的位置：与椎间隙相邻的椎体腹侧和旁侧表面有骨刺形成；背部棘突相压或相连接；骨骺上出现水平裂缝；椎间关节突上出现骨赘。Levine 认为年龄因素是很重要的，随着时间的推移，所有的损伤和异常都会累积。不过，无论脊椎受损的病因是什么，这些都不太可能发生在从未承受压力的年轻个体的脊椎上。石人子沟遗址墓葬先后发现 7 匹完整的随葬马，其中小于 10 岁的 2 匹、小于 15 岁的 3 匹、17 岁左右的 1 匹、大于 5 岁的 1 匹，它们的椎骨上均有此类病变现象。②

骆驼椎骨也会发生这样的病变现象。Köhler-Rollefson 在一座教堂出土的骆驼腰椎发现第 8 节胸椎和第 9 节胸椎之间有骨赘、第 1 节腰椎和第 2 节腰椎以及第 5 节腰椎和第 6 节腰椎之间的椎体和关节面存在愈合的现象（图 10）。他认为这与该个体长时期被人类骑乘或负重有关。③

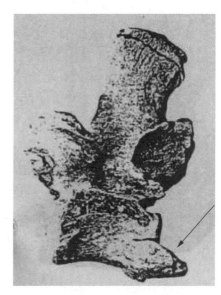

图 10　The Civic Complex 教堂出土骆驼腰椎腹侧的骨赘④

Fig. 10　Osteophyma in lumbar vertebrae, lateral side, found in camel specimen from the Civic Complex Church

---

① Levine Marsha, Whitwell Katherine and Jeffcott Leo, "Abnormal thoracic vertebrae and the evolution of horse husbandry," *Archaeofauna*, vol. 14, no. 4, 2005, pp. 93–109.

② 李悦：《考古遗址出土马骨脊椎异常现象研究》（待刊）。

③ Köhler-Rollefson Ilse, "Zoological analysis of camel skeletons," pp. 142–164.

④ 同上。

石人子沟遗址随葬骆驼的死亡年龄与 7—8 岁接近，这在骆驼 30—50 岁的寿命中属于青年个体。该个体第 11 节、第 12 节胸椎前后相连的关节突和棘突之间骨赘的发生和两节胸椎在关节突和棘突末端有愈合趋势的现象，可能是背部长期受到压力造成的。此外，随葬骆驼第 3 节趾骨出现的骨赘，是否也与骆驼劳役有关，也是值得注意的问题。

3. 数量比例

石人子沟遗址发现骆驼的最小个体数为 2，明显低于同遗址出土的 152 只绵羊和 9 匹马，其数量比例约为 1 : 4.5 : 76。尤悦对遗址周围 2 户现代蒙古族牧民家庭的畜产种类和数量进行过调查研究，其骆驼、马和绵羊的数量比例分别约为 1 : 2 : 50 和 1 : 3 : 100。① 每个家庭拥有骆驼的数量都明显低于绵羊和马，骆驼的作用主要是驮运东西，故饲养的数量极其有限。我们认为，骆驼在石人子沟遗址动物种类中数量比例较低的现象，与遗址周围现代牧民饲养动物群的种属比例有十分相似之处。

4. 考古现象

动物随葬显示了随葬动物与人类的亲密关系。在中国史前时期埋葬人的墓葬中就有随葬动物的现象，在不同地区的随葬动物种类主要是狗和猪，这可能暗示古代人类与这两种动物的特殊感情，这种特殊的感情可能就是起源于饲养。②

骆驼是 M12 的殉牲。M12 还随葬三匹马，其中一匹位于墓室中，另两匹位于两个随葬坑中。经过动物考古学的研究，这三匹马均为家养动物。③骆驼与家马一同随葬，说明骆驼和马都与墓主关系亲密。

5. 碳氮稳定同位素分析

两峰骆驼的 $\delta^{13}C$ 和 $\delta^{15}N$ 与该遗址马、牛和羊的同位素值有较明显的差别。马、牛、羊的数据基本聚在一起，呈现出以 $C_3$ 植物为食的特征，也意味着 $C_3$ 植物是其牧场的主要植被；④两峰骆驼与其相比却表现出高 $\delta^{13}C$、高 $\delta^{15}N$，暗示骆驼与上述 3 种家畜的食物和栖息环境有差异。从 $\delta^{13}C$ 上看，骆驼的食物应以 $C_3$ 植物为主，同时包含少量 $C_4$ 植物，如木本猪毛

---

① 尤悦：《新疆东黑沟遗址出土动物骨骼研究》，北京：中国社会科学院研究生院博士论文，2012 年，第 231—239 页。
② 袁靖、罗运兵、李志鹏等：《论中国古代家猪的鉴定标准》，第 116—123 页。
③ 尤悦：《新疆东黑沟遗址出土动物骨骼研究》，第 231—239 页。
④ 凌雪、陈曦、尤悦等：《新疆巴里坤东黑沟遗址出土动物骨骼的碳氮同位素分析》（待刊）。

菜等。① $C_4$ 植物由于比 $C_3$ 植物更为耐旱,其在荒漠地区植被中的比例也高于绿洲地区,②因此,推测两峰骆驼可能经常活动于荒漠地带。这一推断也得到了 $\delta^{15}N$ 值的支持。一般认为,盐碱化程度较高的干旱荒漠及半荒漠地带的土壤由于特殊的氮循环过程往往会富集 $^{15}N$,并将其传递至生长于此的植物(如骆驼刺等)③而使之具有明显高于较为湿润地区植物的 $\delta^{15}N$ 值。④因此,栖息于该环境中的骆驼由于食物本身的原因而具有比绿洲地区食草动物较高的 $\delta^{15}N$ 值。⑤ 此外,一些研究还表明干旱和缺水环境可能会影响动物的新陈代谢和体内氮循环过程而使得自身组织富集 $^{15}N$。⑥ 作为"沙漠之舟",骆驼常年穿梭于干旱荒漠地区,自然会采食较多更为耐旱、耐盐碱的植物,从而导致其具有不同于其他家养动物的碳氮稳定同位素值。

## 6. DNA 分析

Genbank 数据库中家养双峰驼(*Camelus bactrianus*,NC_009628⑦)、野生骆驼(*Camelus ferus*,NC_009629⑧)和单峰驼(*Camelus dromedarius*,NC_009849⑨)

① 冯缨、段士民、牟书勇等:《新疆荒漠地区 $C_4$ 植物的生态分布与区系分析》,《干旱区地理》2012 年第 1 期。

② Sage Rowan, "The evolution of $C_4$ photosynthesis," *New Phytologist*, nol. 161, 2004, pp. 341–370.

③ Arndt S K, Kahmen A and Arampatsis C, et al, "Importance of drought stress and nitrogen fixation in the desert Legume Alhagi sparsifolia — Result from $^{13}C$ and $^{15}N$ natural-abundance studies in the field," In Soil and Water Management & Crop Nutrition Section, IAEA eds., *Nuclear Techniques in Integrated Plant Nutrient*, *Water and Soil Management*, IAEA, Vienna, Austria, 2000, pp. 406–407.

④ Shearer Georgia, Kohl Daniel and Harper James, "$N_2$-Fixation in field settings: Estimations based on natural $^{15}N$ abundance," *Australian Journal of Plant Physiology*, nol. 13, no. 6, 1986, pp. 699–756.

⑤ Bocherens Hervé, Mashkour Marjan and Drucker Dorothée, et al., "Stable isotope evidence for palaeodiets in Southern Turkmenistan during Historical period and Iron Age," *Journal of Archaeological Science*, nol. 33, no. 2, 2006, pp. 253–264. Thompson Alexandra, Richards Michael and Shortland Andrew, et al., "Isotopic palaeodiet studies of Ancient Egyptian fauna and humans," *Journal of Archaeological Science*, nol. 32, no. 3, 2005, pp. 451–463.

⑥ Ambrose Stanley, "Controlled diet and climate experiments on nitrogen isotope ratios of rats," In Ambrose Stanley and Katzenberg Anne, eds., *Biogeochemical Approaches to Paleodietary Analysis*, Berlin: Springer, 2002, pp. 243–259.

⑦ Ji R, Cui P and Ding F, et al., "Monophyletic origin of domestic bactrian camel ( Camelus bactrianus) and its evolutionary relationship with the extant wild camel ( Camelus bactrianus ferus)," *Animal Genetics*, nol. 40, no. 4, 2009, pp. 377–382.

⑧ Ji R, Cui P and Ding F, et al., "Monophyletic origin of domestic bactrian camel ( Camelus bactrianus) and its evolutionary relationship with the extant wild camel ( Camelus bactrianus ferus)," *Animal Genetics*, nol. 40, no. 4, 2009, pp. 377–382.

⑨ Huang X, Shah R and Khazanehdari K, "Complete nucleotide sequence of mitochondrial genome of the dromedary camel," *Camelus dromedarius: Structure and the control region ( Unpublished)*, Come from Genbank database( http://www.ncbi.nlm.nih.gov/).

3 个种的线粒体基因组序列比对结果显示，单峰驼与另外两个种之间差异显著，家养双峰驼与野生骆驼之间也有一定的差异，这 3 个种的线粒体基因组序列具有其各自的特异性，可以用线粒体 DNA 在母系方面对这 3 个种进行种的鉴定。① 我们将随葬骆驼与高台东坡②出土的骆驼样本的线粒体 DNA 12s RNA 基因测序结果与家养双峰驼、野生双峰驼和单峰驼的线粒体 DNA 的相应位置的序列进行比对，其结果显示随葬骆驼、高台东坡②骆驼样本与家养双峰驼的序列一致（见表 20），也就是说，从母系上随葬骆驼与高台东坡②骆驼的这两例骆驼样本均属于家养双峰驼。至于这两例骆驼样本是否为单峰驼与双峰驼的杂交，或家养与野生双峰驼的杂交，就目前而言无法进行判断，还需要有 Y 染色体的分析。

需要指出的是，判断家养动物的系列标准中，年龄结构和性别比例往往应用于群体研究中，而石人子沟遗址仅发现 2 峰骆驼，对其进行年龄结构和性别比例的判断无法为证实其为家养动物提供有说服力的证据。

### （二）遗址先民开发利用骆驼的方式

《山海经·北山经》载"其兽多橐驼，有肉鞍，善行流沙中，日行三百里，其负千斤，知水泉所在"，《尔雅·释畜》有"状如橐驼"的描述，这些是中国关于骆驼的最早文献记载。

作为家养动物，骆驼的生理特征和生活习性不像马、牛那样容易被人类接受。骆驼 5 岁才性成熟，妊娠期 390—410 天，两胎之间间隔在 3 年以上，繁殖速度慢。骆驼不能圈养，性情不温顺，发情期的雄骆驼脾气特别暴躁。然而，骆驼的生理构造使它在荒漠环境中具有独特的生存优势。骆驼能够在沙漠里驮运物品，在战争中扮演"战马"的角色，有时还被用来拉车或拉犁。在以骆驼为基础的游牧经济中，骆驼为人类提供肉、奶、毛、粪便（粪便是重要燃料）等人类生活必需品。由于骆驼在这种游牧经济中的特殊地位，有时也作为牺牲融入人类的祭祀和宗教等活动。在非洲的一些部落中，举行宗教活动时宰杀肥壮的阉割骆驼。② 从近东地区的考古发掘来看，骆驼

---

① Silbermayr K, Orozco-ter Wengel P and Charruau P, et al., "High mitochondrial differentiation levels between wild and domestic bactrian camels: A basis for rapid detection of maternal hybridization." *Animal Genetics*, nol. 41, no. 3, 2010, pp. 315 –318. doi: 10. 1111/j. 1365 – 2052. 2009. 01993. x.

② Köhler-Rollefson Ilse, "Camels and camel pastoralism in Arabia," *The Biblical Archaeologist*, nol. 56, no. 4, 1993, pp. 180 –188.

为人类提供肉食、驮运货物,骨骼还用来制作骨器或装饰品。①

新疆石人子沟遗址发现的骆驼显示其对于人类具有役使骆驼、将骆驼作为殉牲和食用驼肉等功能。如石人子沟遗址发现的骆驼椎骨的病理痕迹与人类开发利用家养骆驼的活动有关。《汉书·司马相如传》载"駃騠橐驼",颜师古注:"橐驼者,言其可负橐囊而驼物。故以名云。"②道出了"橐驼"之名的由来。随葬骆驼椎骨病变反映出在相当于中原战国时期的新疆巴里坤草原上,古代人类在生活中已经了解并利用骆驼的驮运功能。骆驼对荒漠环境独特的适应能力和出色的负重能力使其在丝绸之路的沙漠中扮演着交通运输工具的重要角色,由这条道路发展的中西方贸易交流活动对骆驼的需求,可能是汉王朝设立专门负责管理养驼事务的"牧橐"官职的原因,从而使中国的养驼业在汉代有了很大发展。新疆石人子沟遗址随葬骆驼从考古发现的角度再现了古代"橐驼"的驮运功能,也是汉代西北少数民族养驼业和中西方文化交流的真实反映。

石人子沟遗址的随葬骆驼反映出遗址先民的丧葬观念。《史记·匈奴列传》中"唐虞以上有山戎、猃狁、薰鬻,居于北蛮,随畜牧而转移。其畜之所多则马、牛、羊,其奇畜则橐驼……"③指明骆驼是西北少数民族游牧生活的畜产,石人子沟遗址位于这些游牧民族的活动范围内,随葬骆驼正是与他们生活相关、能够反映他们葬俗观念的"奇畜"。尽管在加勒克斯卡茵特墓地、三个桥墓地等遗址的发掘报告提及骆驼殉牲,但未明确指出骨骼是否完整,所以无法判断石人子沟遗址随葬骆驼盆骨、股骨和大部分胫骨的人为缺失是否为孤例,也无法进一步探讨古代人类使用骆驼殉牲是否存在对特定骨骼部位的偏好。

在石人子沟遗址高台和石围居址发现的骆驼肩胛骨、掌骨、椎骨、腕骨、距骨等骨骼可能与遗址先民食用驼肉的行为有关。第4腕骨和距骨较小,因而是完整的。而肩胛骨、掌骨、椎骨周围附着的肌肉较多,人类食用时容易破坏其完整性,还常常敲碎掌骨骨干吸食骨髓。尤悦对遗址周围牧民家庭进行民族学调查,发现牧民会在骆驼岁数变大、负重能力下降时宰杀骆驼

---

① Studer Jacqueline and Schneider Annegret, "Camel use in the Petra region, Jordan: 1ˢᵗ century BC to 4ᵗʰ century AD, in Emmanuelle Vila, Lionel Gourichon, " In Vila L Gourichon, Alice M Choyke and H Buitenhuis, eds., *Archaeozoology of the Near East VIII*, Lyon: Maison de l'Orient et de la Méditerranée, 2006, pp. 567–584.

② 《汉书·司马相如传》,北京:中华书局,1962 年,第 2556—2557 页。

③ 《史记·匈奴列传》,北京:中华书局,1982 年,第 2879 页。

作为家庭的肉食来源，而食用后的骨骼则丢弃在居址周围。①

# 结　语

　　家养动物的起源和传播是动物考古学研究的重要内容，中国"六畜"起源的时间和地点受到动物考古学者长期的关注研究，而家养骆驼却因发现数量有限处于研究迟缓的境地。本文对新疆石人子沟遗址出土的比较完整的骆驼骨骼开展动物考古学研究，内容涉及种属和部位鉴定、骨骼数量统计、年龄和性别判断、骨骼形态测量、表面痕迹观察、$^{14}$C 测年、碳氮稳定同位素分析和古 DNA 分析等，这是研究中国家养骆驼的首个成功案例。

　　丝绸之路是古代中西文化的通道，骆驼是丝绸之路上的重要交通工具。结合古代文献和动物考古学研究结果，文本证实古代人类开发利用家养骆驼的多种方式，主要包括驮运、作为随葬的殉牲和肉食来源等。

　　附识：本文原刊《第四纪研究》2014 年第 1 期。

---

① 尤悦：《新疆东黑沟遗址出土动物骨骼研究》，第 231—239 页。

# 试析中国早期器物刻画符号的命名问题

马保春　袁广阔

　　我们在《河南早期刻画符号研究》一书中，①已经提出了有关刻画符号命名的初步意见。今在全面搜集相关材料、进一步思考的基础上，适当修正，详加论述，以期为早期器物刻画符号的研究提供一点帮助，敬请专家指正。

　　伴随着中国田野考古工作的广泛开展，早期②器物刻画符号③资料层出不穷。关于这类资料的讨论，已经越来越引起考古学、语言文字学、历史学、符号学、民族学、艺术史等学术界的高度重视。但是由于学者们一般把考古所见刻画符号的讨论重点多放在文字起源、民族学或艺术史等方面，而对资料本身的命名，却一直受到学界的忽视。随着出土符号所依附质料种类的增多，由陶器扩展到石器、龟甲、骨角器、玉器、原始瓷器等，④创制手法和形式也出现了多样化。这种情况下如何恰当合理地称谓这些符号，就显得非常必要。因此，全面关注中国早期器物符号的命名，也是进一步开展相关研究的前提。

---

① 袁广阔、马保春、宋国定：《河南早期刻画符号研究》，北京：科学出版社，2012 年，第 144—149 页。

② 这里所说的"早期"，是根据中国出土器物刻画符号的时间范围界定的，主要指中国的前文字时期，可适当下延至夏商西周时期。台湾学者李孝定、张光裕等先生将这段时间称之为"史前及有史早期"，如张光裕：《从新出土的材料重新探讨中国文字的起源及其相关的问题》，《香港中文大学中国文化研究所学报》第 12 卷，1981 年。

③ 这里主要指中国新石器时代至夏商西周时期各考古学文化出土的以陶器、石器、骨器、玉器、龟甲、原始瓷器等为主要载体的各类刻画符号以及部分图案中的象形个体或有特殊造形的单体符号，陶器纹饰、图画、岩画、骨器边缘缺口式刻槽等材料暂不纳入本文的命名体系。

④ 江西省博物馆、北京大学历史系考古专业、清江县博物馆：《江西清江吴城商代遗址发掘简报》，《文物》1975 年第 7 期；唐兰：《关于江西吴城文化遗址与文字的初步探索》，《文物》1975 年第 7 期；李科友、彭适凡：《略论江西吴城商代原始瓷器》，《文物》1975 年第 7 期。

# 一、中国早期器物符号资料

有关早期刻画符号命名的专门论述目前并不多见。由于史前刻画符号多见于陶器，所以前辈学者也多是在讨论陶器刻画符号的性质及其与文字起源的关系时旁及这一问题，也多是针对陶器刻画符号来陈述见解和确立学说的。而目前发现的刻画符号的载体及其创制方式均呈现出多元化的趋势，学人对它们的指称也相对复杂起来。所以在综述前人各种指称或命名之前，有必要将中国出土早期刻画符号资料做一简单的回顾。

早在1923—1924年，瑞典人安特生（J. G. Anderson）就在距今约3300年的今甘肃辛店期陶器上发现了一些彩绘符号，[1]这可以说是中国境内最早科学发掘出土的陶器刻画符号之一，但是这批资料的时代已经进入到青铜时代。舞阳贾湖龟骨刻符的时代可远至距今9000年，应该是目前中国时代较早的刻画符号资料。[2] 而老官台文化临潼白家、[3]宝鸡北首岭、[4]甘肃大地湾[5]等遗址出土的彩陶符号，时代约在距今8000年以上至7000多年，是时代最早的陶器刻画符号资料。1928年至1936年的殷墟发掘，亦出土了陶符资料，[6]20世纪50代以来殷墟又出土了一批陶符。[7] 此后中国境内出土了越来越多的刻画符号资料，如50年代中期在仰韶文化的重要遗址西安

---

[1] J. G. Anderson, Researches into the prehistory of the Chinese, *Bulletin of the Museum of Far Eastern Antiquities*, Vol. 15, no. 15, 1943, p. 177.

[2] 河南省文物考古研究所：《河南舞阳贾湖新石器时代遗址第二次至六次发掘简报》，《文物》1989年第1期，第1—14页；河南省文物考古研究所：《舞阳贾湖——新石器时代遗址发掘与研究》（上、下），北京：科学出版社，1999年。

[3] 中国社会科学院考古研究所陕西六队：《陕西临潼白家村新石器时代遗址发掘简报》，《考古》1984年第11期；中国社会科学院考古研究所编著：《临潼白家村》，成都：巴蜀书社，1994年；石兴邦：《白家聚落文化的彩陶——并探讨中国彩陶的起源问题》，《文博》1995年第4期。

[4] 中国社会科学院考古研究所宝鸡工作队：《一九七七年宝鸡北首岭遗址发掘简报》，《考古》1979年第2期；中国社会科学院考古研究所编：《宝鸡北首岭》，北京：文物出版社，1983年。

[5] 甘肃省博物馆文物工作队：《甘肃秦安大地湾遗址1978至1982年发掘的主要收获》，《文物》1983年第11期。

[6] 李济：《殷墟器物甲编：陶器》（上辑），中研院历史语言研究所，1956年，第123页，图版61—63；李济：《殷墟陶器研究》，上海：上海人民出版社，2007年。

[7] 中国社会科学院考古研究所：《殷墟发掘报告1958—1961》，北京：文物出版社，1987年，第130页，图九八。

半坡村，发现了一批陶器刻画符号。① 据统计，这批陶符约有 27 种，刻有符号的陶片多达 113 件。② 随着其他地区同类资料的陆续出土，众多的学者开始把目光转向刻画符号的研究上来了。李孝定、王志俊、张光裕、高明、陈全方、陈昭容、王蕴智、王震中、饶宗颐、杨晓能等先生总结过这类资料。其中20 世纪 80 年代以前，主要是李孝定、张光裕等先生对这类材料进行了搜集和整理。

王志俊综述了 20 世纪 80 年代以前关中地区西安半坡、临潼姜寨、灵口、垣头、长安五楼、邻阳莘野、铜川李家沟和宝鸡北首岭等遗址出土的仰韶文化刻画符号，单个符号凡 270 例。张光裕先生统计了包括中国台湾、香港地区在内 1928—1977 年出土的材料 33 批，出土地点 36 处，单个符号约 968例，③其中台湾凤鼻头材料的年代已进入周代。④ 高明先生将早期陶符和陶文分开统计，自仰韶文化时代至春秋战国时期，各个遗址共出土 323 种符号，其中仰韶文化陶符 88 种，崧泽文化 4 种，良渚文化 13 种，龙山文化 4种，马家窑文化 62 种，商代 90 种，春秋战国 62 种。陶文材料从大汶口文化莒县陵阳河、诸城前寨，商代清江吴城、河北藁城台西、安阳殷墟至两周时期陕西扶风邵陈及各诸侯国都城等遗址均有出土，凡 184 件陶文材料，各遗址内除重后约有 196 个陶文。陈全方先生讨论过 1979 年至 1980 年陕西周原考古队发掘清理岐山凤雏村西周甲组建筑和扶风召陈村西周建筑基址时所获得的 84 件有刻画符号和文字的陶器残片和瓦片。另外还统计了"我国出土的西周以前的陶文简表"，该表实际上将新石器时代的各主要陶器刻画符号资料如半坡、姜寨等均计算在内，各遗址内不除重大约共有 950 例。⑤

陈昭容《从陶文探索汉字起源问题的总检讨》一文统计了截至 80 年代中期的刻画符号资料 150 批，其中史前及有史早期 77 批。⑥ 限于资料，陈先生的统计中，有一部分是既有刻画陶符陶器或陶片的件数，又有陶符的种类数，但也有一部分或只有件数或只有种数，所以很难单独统计出总的件数和

① 中国科学院考古研究所、陕西省西安半坡博物馆：《西安半坡》，北京：文物出版社，1963年，第 196 页，附图一四一；又图版 171：8、13；又图版 119：2。
② 王志俊：《关中地区仰韶文化刻划符号综述》，《考古与文物》1980 年第 3 期。
③ 所得数据由该文或相关报告、论文统计而来，遗址出土数量不详者，至少按一例计算，下同。
④ 张光裕：《从新出土的材料重新探讨中国文字的起源及其相关的问题》，《香港中文大学中国文化研究所学报》第 12 卷，1981 年；亦见张光裕：《雪斋学术论文集》，台北：艺文印书馆，1989 年，第 267—326 页。
⑤ 陈全方：《周原出土陶文研究》，《文物》1985 年第 3 期。
⑥ 陈昭容：《从陶文探索汉字起源问题的总检讨》，《中研院历史语言研究所集刊》第 57 本第4 分，1986 年 12 月，第 669—762 页。

种数。如果把只有种数而无件数的情况看成是至少有一件，把只有件数而无种数的情况当作至少有一种来计算，据我们的统计，如果除去当时还没有发表的河南永城王油坊（3件5种）、①汤阴白营（1件1种）的资料，不除重共约1487件、483种。实际上这两个数据都是偏低的，因为在只有种数的资料里，有一些明显不只是一件，如二里头遗址的24种，据我们的搜集复查，至少有44件；②同样在只知道件数的资料里，有一些也显然是多于一种的，如上海马桥的47件，其种数至少有39种。③ 在陈昭容先生关于"史前及有史早期陶器刻划"的详细统计表里，有许多以前诸家没有明确提到的资料。对这些资料我们返回原始资料进行了复查核对，其中老官台文化陶符资料有陕西的渭南县北刘下层、④临潼白家村⑤和甘肃秦安大地湾⑥。仰韶文化遗址有甘肃秦安大地湾，⑦陕西华县元君庙、⑧西乡县何家湾，⑨河南方城县大张村。⑩ 北辛文化遗址有山东滕县北辛村。⑪ 马家窑文化遗址有甘肃永靖马家湾、⑫永昌鸳鸯池、⑬古浪老城。⑭ 辛店类型遗址有甘肃永靖莲

---

① 中国社会科学院考古研究所河南二队：《河南永城王油坊遗址发掘报告》，《考古学集刊》，北京：科学出版社，1987年，第111页。

② 中国社会科学院考古研究所：《偃师二里头：1959年—1978年考古发掘报告》，北京：中国大百科全书出版社，1999年。

③ 高明：《论陶符兼谈汉字的起源》，《北京大学学报》（哲学社会科学版）1984年第6期。

④ 西安半坡博物馆、渭南县文管会、渭南地区文管会：《渭南北刘新石器时代早期遗址调查与试掘简报》，《考古与文物》1982年第4期，刻符在三足罐（T4H17：1）腹部；张瑞岭：《渭水流域新石器时代早期遗存的文化性质与年代》，《考古与文物》1982年第4期。

⑤ 中国社会科学院考古研究所陕西六队：《陕西临潼白家村新石器时代遗址发掘简报》，《考古》1984年第11期，第965页。

⑥ 甘肃省博物馆文物二队：《甘肃秦安大地湾遗址1978至1982年发掘的主要收获》，《文物》1983年第11期。

⑦ 同上。

⑧ 北京大学历史系考古教研室：《元君庙仰韶墓地》（黄河水考古报告之四），北京：文物出版社，1983年，第27页，图版54：11。

⑨ 唐金裕：《汉中地区新石器时代遗址调查简报》，《考古与文物》1981年第1期，图四—3，图版1。

⑩ 南阳地区文物队、方城县文化馆：《河南方城县大张庄新石器时代遗址》，《考古》1983年第5期，第401页。在两件红褐陶上刻有两个符号。

⑪ 中国社会科学院考古研究所山东队、山东省滕县博物馆：《山东滕县北辛遗址发掘报告》，《考古学报》1984年第2期，第175页。在陶片（H307：52、H1003：11）上各有一个陶符。

⑫ 中国科学院考古研究所甘肃工作队：《甘肃永靖马家湾新石器时代遗址的发掘》，《考古》1975年第2期。

⑬ 甘肃省博物馆文物工作队、武威地区文物普查队：《永昌鸳鸯池新石器时代墓地的发掘》，《考古》1974年第5期。

⑭ 武威地区博物馆：《甘肃古浪县老城新石器时代遗址试掘简报》，《考古与文物》1983年第3期。

花台、①张家咀、姬家川。② 寺洼文化遗址有甘肃庄浪徐家碾、③西和栏桥。④齐家文化有甘肃镇原常山。⑤ 大溪文化遗址有湖北宜昌清水滩、⑥枝江赫家洼。⑦ 屈家岭文化遗址有宜昌清水滩、⑧白庙。⑨ 龙山文化遗址有陕西商县紫荆、⑩绥德小官道、⑪洛南薛湾，⑫河南临汝煤山、⑬汤阴白营、⑭淮滨沙塚，⑮河北永年县台口。⑯ 西樵山文化有广东佛山河宕、⑰高要茅岗、⑱曲江石峡、⑲新会罗山咀。⑳ 小河沿文化遗址有辽宁昭乌达盟石棚山。㉑ 二里头

① 中国社会科学院考古研究所甘肃工作队：《甘肃永靖莲花台辛店文化遗址》，《考古》1980年第4期。
② 中国社会科学院考古研究所甘肃工作队：《甘肃永靖张家咀与姬家川遗址的发掘》，《考古学报》1980年第2期。
③ 中国社会科学院考古研究所泾渭工作队：《甘肃庄浪县徐家碾寺洼文化墓葬发掘纪要》，《考古》1982年第6期。
④ 中国社会科学院考古研究所甘肃工作队：《甘肃天水地区考古调查纪要》，《考古》1983年第12期。
⑤ 中国社会科学院考古研究所泾渭工作队：《陇东镇原常山遗址发掘简报》，《考古》1981年第3期。
⑥ 湖北宜昌地区博物馆、四川大学历史系考古专业：《宜昌县清水滩新石器时代遗址的发掘》，《考古与文物》1983年第2期。
⑦ 湖北省博物馆、宜昌地区博物馆：《赫家洼遗址的调查报告》，《江汉考古》1985年第2期。见钟形陶豆024号底内壁上图四—13，图七—1。
⑧ 湖北宜昌地区博物馆、四川大学历史系考古专业：《宜昌县清水滩新石器时代遗址的发掘》，《考古与文物》1983年第2期。
⑨ 湖北宜昌地区博物馆、四川大学历史系考古专业：《湖北宜昌白庙遗址试掘简报》，《考古》1983年第5期。
⑩ 王宜涛：《商县紫荆遗址发现二里头文化陶文》，《考古与文物》1983年第4期。
⑪ 山西省考古研究所陕北考古队：《山西绥德小官道龙山文化遗址的发掘》，《考古与文物》1983年第5期。
⑫ 卫迪誉、王宜涛：《陕西南洛河流域古文化遗址调查简报》，《考古与文物》1981年第3期。
⑬ 中国社会科学院考古研究所河南二队：《河南临汝煤山遗址发掘报告》，《考古学报》1982年第4期。
⑭ 安阳地区文物管理委员会：《河南汤阴白营龙山文化遗址》，《考古》1980年第3期，第196页，图四—1。
⑮ 信阳地区文管会、淮滨县文化馆：《河南淮滨发现新石器时代墓葬》，《考古》1981年第1期。
⑯ 河北省文化局文物工作队：《河北永年县台口村遗址发掘简报》，《考古》1962年第12期。
⑰ 杨式挺：《试论西樵山文化》，《考古学报》1985年第1期，第24页，图一二；杨式挺、陈志杰《谈谈佛山河宕遗址的重要发现》，文物编辑委员会《文物集刊3》，北京：文物出版社，1981年，第234—243页。
⑱ 杨豪、杨耀林：《广东高要县茅岗水上木构建筑遗址》，《文物》1983年第12期；杨式挺：《试论西樵山文化》，《考古学报》1985年第1期。
⑲ 杨式挺：《试论西樵山文化》，《考古学报》1985年第1期。
⑳ 同上。
㉑ 李恭笃：《昭乌达盟石棚山考古新发现》，《文物》1982年第3期。

文化遗址有商县紫荆第三层。① 早商文化遗址有河北邢台曹演村，②河南柘城孟庄。③ 殷墟期商文化遗址有河南荥阳西史村、④安阳梅园庄大司空村二期、⑤陕西洛南焦村第三期、⑥广东普宁梅塘、⑦揭阳云路、⑧饶平浮滨。⑨ 这就增加了不少陶器刻画符号的资料。

王蕴智先生统计了 20 世纪 20 年代至 90 年代前半期老官台、仰韶、大汶口、龙山、马家窑、大溪、良渚、崧泽、小河沿、西樵山、二里头和商代等考古学文化遗址出土的刻画符号资料 1530 例上下，各遗址内部除重后合计约有 487 种单体符号。⑩ 王震中先生统计了仰韶文化及其类似的陶器符号约 1653 例 325 种，包括半坡、临潼姜寨、李家沟、大地湾、青海柳湾、宜昌杨家湾、蚌埠双墩、舞阳贾湖等遗址。另外，大汶口文化陶文 18 例 10 种，良渚文化及黄河中下游龙山时代的文字材料 78 种，包括良渚文化的良渚、上海马桥、吴县澄湖、余杭南湖等遗址所出资料和美国哈佛大学沙可乐（也就是赛克勒，下同）博物馆藏贯耳壶上陶文资料；黄河中下游龙山时代诸文化包括城子崖、登封王城岗、临汝煤山、汤阴白营、偃师伊河、淮滨沙冢、淅川下王岗、永城王油坊、河北永年台口、陕西绥德小官道、洛南薛湾、商县紫荆等遗址所出材料以及山东邹平丁公村所出的"丁公陶文"。⑪

2000 年以来，饶宗颐先生在《符号、初文与字母——汉字树》之"陶符的空间分布与南北交流"一章中提到，半坡陶符如果加上大地湾、北首岭以及

---

① 王宜涛：《商县紫荆遗址发现二里头文化陶文》，《考古与文物》1983 年第 4 期。
② 河北省文物管理委员会：《邢台曹演庄遗址发掘报告》，《考古学报》1958 年第 4 期，图版 10：47。
③ 中国社会科学院考古研究所河南一队、商丘地区文物管理委员会：《河南柘城孟庄商代遗址》，《考古学报》1982 年第 1 期，第 68 页，图一八。
④ 郑州市博物馆：《河南荥阳西史村遗址试掘简报》，《文物资料丛刊》5，北京：文物出版社，1981 年，第 84—102 页。
⑤ 中国科学院考古研究所安阳发掘队：《1958—1959 年殷墟发掘简报》，《考古》1961 年第 2 期。
⑥ 陕西省商洛地区图书馆：《陕西洛河上游两处遗址的试掘》，《考古》1983 年第 1 期，第 13 页，图四—9。
⑦ 邱立诚：《广东普宁县梅塘发现石、陶器》，《文物资料丛刊》8，北京：文物出版社，1983 年。
⑧ 吴诚：《广东揭阳云路出土一批石器、陶器》，《考古》1985 年第 8 期。
⑨ 广东省博物馆、饶平县文化局：《广东饶平县古墓发掘简报》，《文物资料丛刊》8。
⑩ 王蕴智：《史前陶器符号的发现与汉字起源的探索》，《华夏考古》1994 年第 3 期。
⑪ 王震中：《从符号到文字——关于中国文字起源的探讨》，《考古文物研究——纪念西北大学考古专业成立四十周年文集(1956—1996)》，西安：三秦出版社，1996 年。

白家聚落,将近 300 之数。① 其他诸考古学文化的资料与前述诸家相比,又增引了数批,如江西新干大洋洲商墓出土的陶器符号 2 例,据我们核查,该墓出土陶文约 18 例;②香港榕树湾等地出土累积笔画可能作为数字的 6 例符号;江西鹰潭角山资料未详数量,经我们查证鹰潭角山出土陶符约 1489 例,420 多种;③另有高邮龙虬庄黑陶盆口沿陶符 8 个、④安庆陶杯符号一例、⑤美国弗利亚美术馆藏 F.17.79 号玉璧上的符号、杭州省博所藏湖北出土的一件玉璧符号、江西清江吴城两件成句陶文(一件是泥质灰陶钵,一件在黄釉陶罐肩部)等。⑥ 经我们核查,吴城商文化出土、采集的陶器、石器等刻画符号情况是:1975 年《简报》上一期刻画符号共 15 件,单体符号 39 个;二期 16 例,单体 19 个;三期 38 件,单体 66 个,本次发掘共 69 件,124 个单体符号,⑦各期之间去重则略少于 124 个。第四次发掘获一期 10 件 10 种符号,二期 43 件 56 个符号,三期 10 件 11 个符号,共 63 件 77 个符号。⑧ 第六次发掘得 21 例,有一"臣"字为压印上去的。⑨ 饶宗颐先生统计,各次所获除重后吴城出土单体符号近 170 个。⑩

此外,饶宗颐先生在该书的其他篇章还搜集了不少的刻画符号资料,如广州华侨新村出西汉陶文 184、增城西瓜岭战国陶文 45、始兴白石坪战国陶文,宜昌清水湾陶符 6 个、华县泉护村"飞鸟负日"形体,清江樊城堆商周陶

① 饶宗颐:《符号、初文与字母——汉字树》,上海:上海书店出版社,2000 年,第 38 页。
② 江西省文物考古研究所、江西省新干县博物馆:《江西新干大洋洲商墓发掘简报》,《文物》1991 年第 10 期。
③ 江西省文物工作队、鹰潭市博物馆:《鹰潭角山商代窑址试掘简报》,《江西历史文物》1987 年第 2 期;廖根深:《鹰潭角山陶器符号及其与制陶的关系》,《东南文化》1993 年第 5 期。
④ 张敏、韩明芳、李国耀:《高邮龙虬庄遗址发掘获重大成果》,《中国文物报》1993 年 9 月 5 日第 1 版;饶宗颐:《谈高邮龙虬庄陶片的刻划图文》,《东南文化》1996 年第 4 期,第 11—12 页;张敏:《龙虬庄陶文的发现与殷商甲骨文之源——浅谈中国文字的起源与发展》,《故宫文物月刊》1997 年第 5 期,第 102—114 页;周晓陆:《生命的颂歌——关于释读龙虬庄陶文的一封信》,《东南文化》1998 年第 1 期,第 53—56 页。
⑤ 白冠西:《安庆发现划文陶器》,《文物参考资料》1957 年第 9 期,第 79 页。
⑥ 江西省博物馆、北京大学历史系考古专业、清江县博物馆:《江西清江吴城商代遗址发掘简报》,《文物》1975 年第 7 期;唐兰:《关于江西吴城文化遗址与文字的初步探索》,《文物》1975 年第 7 期。
⑦ 江西省博物馆、北京大学历史系考古专业、清江县博物馆:《江西清江吴城商代遗址发掘简报》,《文物》1975 年第 7 期。
⑧ 江西省博物馆、清江县博物馆:《江西清江吴城遗址第四次发掘的主要收获》,《文物资料丛刊》1978 年第 2 期,第 1—13 页。
⑨ 江西省文物工作队吴城考古工作站、厦门大学人类学系八四级考古专业、清江县博物馆:《清江吴城遗址第六次发掘的主要收获》,《江西历史文物》1987 年第 2 期。
⑩ 饶宗颐:《符号、初文与字母——汉字树》,第 62 页。

符 19 例,广西平乐银山岭、江西肇庆、福州浮村 16 个、光泽刻画符号几十个、广东饶平浮滨塔仔金山与大埔山陶文 13 种、揭阳云中路中夏村陶符、大埔枫郎镇等五处十余种陶符。广东高要金利茅冈贝丘遗址出 20 多种刻画符号,广东四会、广宁铜鼓冈及肇庆松山均出陶符。① 其中战国秦汉时期的资料不在本文讨论之列。

杨晓能先生从艺术史的角度出发,在探讨所谓"青铜器纹饰、图形文字与图像铭文"的史前渊源时,也涉及大量中国早期的刻画符号及雕塑,部分材料已增补至 2004 年。他把史前资料分成早期和晚期两部分,早期从公元前 7000 年(或更早)到公元前 3300 年左右,包括舞阳贾湖、仰韶文化、河姆渡文化、崧泽文化、大溪文化、双墩遗址、赵宝沟文化等的相关地点出土的材料;晚期始于公元前 3300 年左右,止于青铜时代开始前后(传统观点认为约在公元前 2100 年),包括马家窑文化、龙山文化、大汶口文化、良渚文化、凌家滩文化、红山文化、小河沿文化等相关遗址出土的材料。② 其中新增的材料,夏商时期,杨先生较多关注了青铜器纹饰及符号,陶器符号只涉及了二里头、江西吴城等遗址出土的资料。

需要补充的是,新近出版的《蚌埠双墩——新石器时代遗址发掘报告》(上、下),统计该遗址出土的刻画符号约为 630 多个。③ 汝州洪山庙遗址出土了约 42 件彩绘陶符和一件刻划材料,④湖北中堡岛遗址出土过 8 片刻划符号,⑤陶寺遗址曾出土过用毛笔书写的"文"字形刻符。⑥ 大南沟后红山文化遗址出土了多例彩陶符号,⑦夏家店下层文化大甸子遗址也有。⑧ 另

---

① 饶宗颐：《符号、初文与字母——汉字树》,第 62、64—66 页。
② 杨晓能著,唐际根、孙亚冰译：《另一种古史——青铜器纹饰、图形文字与图像铭文的解读》,北京：生活·读书·新知三联出版社,2008 年,第 76—156 页。
③ 安徽省文物考古研究所、蚌埠市博物馆编著：《蚌埠双墩——新石器时代遗址发掘报告》,北京：科学出版社,2008 年,第 418—469 页,彩版 28—88。
④ 河南省文物考古研究所：《汝州洪山庙》,郑州：中州古籍出版社,1995 年。
⑤ 国家文物局三峡考古队：《湖北宜昌中堡岛遗址发掘简报》,《文物》1989 年第 2 期；国家文物局三峡考古队：《朝天嘴与中堡岛》,北京：文物出版社,2001 年；杨华、谭宗菊、丁建华：《三峡坝址中堡岛古遗址考古发掘及初略认识》,《三峡大学学报》(人文社会科学版)2002 年第 4 期。
⑥ 李健民：《陶寺遗址出土的朱书"文"扁壶》,《中国社会科学院古代文明研究中心通讯》2000 年第 1 期；白云翔、顾智界：《中国文明起源座谈会纪要》,《考古》1989 年第 12 期,第 111 页。
⑦ 辽宁省文物考古研究所、赤峰市博物馆：《大南沟——后红山文化墓地发掘报告》,北京：科学出版社,1998 年。
⑧ 中国社会科学院考古研究所：《大甸子——夏家店下层文化遗址与墓地发掘报告》,北京：科学出版社,1998 年。

外,中国其他地方的新石器遗址也有零星出土,数量为一例、数例不等,为了节约篇幅,不再细说。粗略估算,中国早期出土有刻画符号资料的考古学文化遗址多达 100 多处。

总之,通过对前代各家所搜集早期刻画符号资料的梳理、复核和重新估算,如果暂不把各地发现的岩画材料计算在内,据我们粗略统计,以上见于报道的中原及邻近地区出土的以陶器刻画符号为主体的材料数量当在 4000之上,加上西南等边疆少数民族地区出土的材料更多,而各遗址内除重后单体符号在 1000 种以上是不成问题的。需要说明的是,这两个数据中还包括数量不等的骨器、石器、玉器、龟甲和原始瓷器上的刻画符号。

骨器上的符号,主要有:(1)贾湖骨器刻符,与贾湖陶符、龟甲刻符同期,距今也有八九千年了。共发现 4 例,分别刻在骨笛、牛肋骨和一枚叉形骨上。[①](2)山东省桓台县李寨文化遗址的骨器刻符。一个骨器上发现9 个刻符,一个刻在骨器内底部,8 个在骨器外柄上。[②](3)1985 至 1986 年陕西省西安西南沣镐地区花楼子龙山文化遗址出土骨刻符号 19 件。在整理的 12 件骨器刻符中,多数是一个骨器上仅一个符号,少数是一个骨器上有两个以上的符号。[③](4)郑州商城遗址曾出土过两例骨刻符号。[④](5)陕西旬邑大店村遗址亦出土过骨刻符号。此外,山东昌乐诸遗址也出土有骨刻符号材料,[⑤]但目前学术界对此还有不同的看法。

至于石器刻符,舞阳贾湖遗址出土过两例:一例施于一长条形颜料块(H414:1)的一端,作" ⌐_⌐ "形;一例刻在柄形石器(M330:2)上,有多

---

① 河南省文物考古研究所:《河南舞阳贾湖新石器时代遗址第二次至六次发掘简报》,《文物》1989 年第 1 期,第 1—14 页;河南省文物考古研究所:《舞阳贾湖——新石器时代遗址发掘与研究》。

② 张光明等:《桓台史家遗址发掘获重大考古新发现》,《中国文物报》1997 年 5 月 18 日第 1版;淄博市文物局:《山东桓台县史家遗址岳石文化木构架祭祀器物坑的发掘》,《考古》1997 年第 11 期;张学海:《史家遗址的考古收获与启示》,《中国文物报》1998 年 7 月 4 日第 3 版;于海广:《桓台史家岳石文化的发现及意义初探》,《夏商周文明研究——97 年山东桓台殷商文明国际学术讨论会文集》,北京:中国国际文化出版社,1999 年;张光明、夏林峰:《山东桓台县史家遗址发掘收获相关问题的探讨》,《管子学刊》1999 年第 4 期。

③ 郑洪春、穆海亭:《陕西长安花楼子客省庄二期文化遗址发掘》,《考古与文物》1988 年第5、6 期;赵辉:《〈陕西长安花楼子客省庄二期文化遗址发掘〉中的几个问题》,《华夏考古》1994 年第 3 期。

④ 宋国定:《1985—1992 年郑州商城考古发现综述》,河南省文物研究所:《郑州电力学校考古发掘报告》,分见《郑州商城考古新发现与研究 1985—1992》,郑州:中州古籍出版社,1993 年,第 48—59、162—183 页。

⑤ 刘凤君:《昌乐骨刻文》,济南:山东画报出版社,2008 年。

个符号，摹本作"𝌬𝌕𝌣″"。① 湖南彭头山新石器文化遗址出土的石器刻符，②见于一 B 型棒形坠饰（T3④：1）的下部断头一侧，横刻作"▷◁"形，时间在距今八九千年。安徽广德发现过一件有刻划符号的石斧，石斧的一面刻有互不连接的横、撇、点、捺，共九画，刻痕清晰，右侧也有一短捺。通长 21.5、上宽 4.3、下宽（刃弦）8、中厚 4.7 厘米。报告者称，这件石斧非实用器，可能用于祭祀活动，或作为部落首领权力或身份的一种象征。其上的符号可能是部落中一些重大事件的简单记载，其时代不晚于仰韶文化。③ 此外，江西吴城遗址出土过一些石范，其上有刻符，如红色粉砂岩石范（74ET13H6：33 和 74ET6H2：17）、石范（73T4⑤：67）等。④

龟甲刻符的材料发现于贾湖遗址，有 10 例上下。⑤ 原始瓷器的符号见于江西清江吴城商代遗址，如原始瓷瓮（73 正 T1：7）、釉陶豆（73T4③：370）、泥质黄釉陶罐（74 秋 T5⑤：46）等上面的符号。

## 二、中国早期陶器符号命名的艺术学再思考

由前述出土器物刻画符号所依附物质的种类来看，中国早期刻画符号的载体以陶器为主，兼及石器、骨器、玉器、龟甲等。鉴于陶器符号占绝大多数，所以在不以载体类别为标准的命名中，我们将主要以陶器上的刻画符号为主体进行命名的尝试。如果依据不同的分类原则和标准，可以对施于器物表面（容器类有内壁、外壁）的符号信息进行多视角的划分。

人类早期生活用具中的容器，在青铜时代以前主要是陶器。陶器的生命力很强，自史前出现后，沿用至青铜时代和铁器时代，甚至是科技高度发达的今天，社会生活的某些方面仍然离不开陶器。陶器在整个人类社会的历史当中，特别是从距今 1 万余年开始的新石器时代以来到距今约 4000 年开始的青铜时代，曾经发挥过极其重要的作用，它在先民的生产、生活中占

---

① 河南省文物考古研究所：《河南舞阳贾湖新石器时代遗址第二次至六次发掘简报》，《文物》1989 年第 1 期，第 1—14 页；河南省文物考古研究所：《舞阳贾湖》。

② 湖南省文物考古研究所、澧县文物管理所：《湖南澧县彭头山新石器时代早期遗址发掘简报》，《文物》1990 年第 8 期；刘志一：《湖南彭头山刻符考证》，《江西文物》1991 年第 3 期。

③ 郑振：《广德发现有刻划符号的石斧》，《东南文化》1991 年第 2 期。

④ 江西省博物馆、北京大学历史系考古专业、清江县博物馆：《江西清江吴城商代遗址发掘简报》，《文物》1975 年第 7 期。

⑤ 河南省文物考古研究所：《舞阳贾湖》。

有十分重要的位置。

　　在青铜时代到来以后,陶器仍然是先民、特别是下层民众必不可少的生活用具。陶器作为一种文化的代表物和文化因素的载体,除了陶器本身的物质实体外还有附着于其上的各类信息符号。如何认识包括这些信息符号在内的陶器文化,对于研究古代文明起源、文字起源以及经济社会发展等都具有十分重要的意义。陶器也是可以通过考古发掘获取的最为丰富的文化遗物。陶器的发明、生产、造型、类型、工艺、装饰、刻画符号、使用形式无疑都会深深地打上表征各地文化(或说某一考古学文化)特征的烙印。其中在陶器表面上所附着的各种信息符号,是后来的研究者探索、分析、认识古代文明的蹊径和窗口。陶器符号今天看来很是神秘,但在当时是最能表达人们思想认识、思维感情、观念以及文明程度的信息,因此研究者不能不高度重视它们。这些信息符号的表现形式各异,所以能恰当合理地对它们进行命名,就显得格外重要。目前,人们把发现于陶器之上的各类符号直接简称陶符或陶器符号,或称为刻划符号、刻画符号等。

图一　洪山庙(M1W46∶1)　　　图二　洪山庙(M1W39∶1)

　　我们平常多见的陶器符号是二维的平面符号。而一些早期陶器上还有三维结构的、浮雕性质的图像和造形,就不能用"刻划"和"绘画"来指称。如河南汝州洪山庙遗址仰韶文化时期的陶缸(M1W46∶1)上"蜥蜴"形浮雕造形(图一)、陶缸(M1W39∶1)上男根浮雕与彩绘图案的结合体(图二)。① 它们

────────

①　河南省文物考古研究所:《汝州洪山庙》,第43、51页;彩版6∶3,4;彩版7∶3,4。

应该属于陶器上浮雕一类的信息符号。所以,为了更加全面地认识陶器上的符号,把早期器物上与符号学、器物学、文字起源、艺术史及思想意识等有关的有效信息都列入我们讨论的范围是理所当然的。为此,我们建议使用"陶器符雕"来描述这些特定的研究对象,"符"包括刻划和彩绘的符号;"雕"指代雕像构形一类的信息。虽然后一种现象和资料较少,但是为了合理起见,我们还是做了这样的选择。当然,直接简单地用"陶符"或"陶器符号"也是可以的,因为陶器上的"刻划"、"彩绘"和"浮雕造形"都可以用特定的"符号"来代表。如果把承载这些符号与雕像的载体扩大化,我们就可以用"器物符号"指代全部了。

# 三、关于中国早期器物符号命名的讨论

## (一) 前人在命名方面的意见

关于中国早期刻画符号资料的搜集、整理与研究,李孝定、郭沫若、于省吾、郑德坤、何炳棣、唐兰、陈绍棠、陈炜湛、裘锡圭、王志俊、汪宁生、彭曦、张光裕、杨建芳、叶保民、姚孝遂、陈汉平、雲惟利、高明、李学勤、徐中舒、陈全方、陈昭容、林巳奈夫、王恒杰、王蕴智、王震中、饶宗颐、蔡运章、刘德增、杨晓能、徐大立等先生都已作了不同程度的工作。[①] 诸家对早期刻画符号的

---

① 李孝定:《从几种史前及有史早期陶文的观察蠡测中国文字的起源》,《南洋大学学报》1969 年第 3 期;李孝定:《中国文字的原始与演变(上篇)》,《中研院历史语言研究所集刊》第 45 本第 2 分,《中国文字的原始与演变(下篇)》,《中研院历史语言研究所集刊》第 45 本第 3 分,1974 年;以上诸文收入李孝定:《汉字的起源与演变论丛》,台北:联经出版事业公司,1986 年。郭沫若:《古代文字之辩证的发展》,《考古学报》1972 年第 1 期;于省吾:《关于古文字研究的若干问题》,《文物》1973 年第 2 期;郑德坤:《中国上古数名的演变及其应用》,《香港中文大学学报》1973 年第 1 期,第 37—58 页;何炳棣, *The Cradle of the East*,香港:香港中文大学出版社,1975 年,第 223—232 页;唐兰:《关于江西吴城文化遗址与文字的初步探索》,《文物》1975 年第 7 期;唐兰:《从大汶口文化的陶器文字看我国最早文化的年代》,《光明日报》1977 年 7 月 14 日第 3 版;唐兰:《再论大汶口文化的社会性质和大汶口陶器文字——兼答彭邦炯同志》,《光明日报》1978 年 2 月 23 日第 3 版;陈绍棠:《从近年出土文字史料看秦代书同文的基础及其贡献》,《新亚书院学术年刊》第 18 期,1976 年,第 29—72 页;陈炜湛:《汉字起源试论》,《中山大学学报》1978 年第 1 期;裘锡圭:《汉字形成问题的初步探索》,《中国语文》1978 年第 3 期,收入裘锡圭:《古代文史研究新探》,南京:江苏古籍出版社,1992 年,第 248—271 页;李孝定:《再论史前陶文和汉字起源问题》,《中研院历史语言研究所集刊》第 50 本,1979 年,收入李孝定:《汉字的起源与演变论丛》;李孝定:《汉字起源的一元说和二元说》,《古文字学论集(初编)》,香港中文大学中国文化研究所,1983 年,第 39—76 页,收入李孝定:《汉字的起源与演变论丛》;(转下页)

指称、命名均有涉及,现就具有代表性、特殊性的意见按照提出的时间先后顺序并结合提出者前后的变化情况陈述于下。

20 世纪 60—70 年代,考古报告《西安半坡》称半坡符号为"刻划符号"。李孝定先生在《中国文字的原始与演变》中指出:"在甲骨文被发现之后,又陆续地发现了许多史前和有史早期的陶器,除了例常有的花纹之外,往往还刻有许多记号,这些记号,谨慎的研究工作者称之为'字符',据笔者看,它们是文字的可能性是非常之高的,因之,本文直截了当的称之曰陶文。"①李孝定先生虽然把这类陶器刻画符号称为陶文,但他在确定为陶文之前,给了一个"记号"的名称。郭沫若在讨论了西安半坡出土的陶符和彩陶后指出:"总之,在我看来,彩陶和黑陶上的刻划符号应该就是汉字的原始阶段。"②可见,郭沫若把这类符号称为"刻划符号"。于省吾先生说:"近年以来,西安半坡所发现的仰韶文化的陶器口沿外,往往刻画着简单的文字……这种陶器上的简单文字,考古工作者以为是符号,我认为这是文字起源阶段所产生的一些简单文字。"③郑德坤先生在讨论中国上古数名的演变及其应用的时候,将上古文字的演进分为五个时期,第一个时期是史前时代,其存在形式就是仰韶和龙山文化的部分刻画符号,郑先生称这些符号为"陶文及图绘

---

(接上页)汪宁生:《从原始记事到文字发明》,《考古学报》1981 年第 1 期;彭曦:《我国远古数学初探》,《考古与文物》1981 年第 2 期,第 95—100 页;杨建芳:《汉字起源二元说》,《中国语文研究》第 3 辑,香港:香港中文大学,1981 年;叶保民:《略说汉字的起源》,《语文论丛》第 1 辑,上海:上海人民出版社,1981 年,第 70—74 页;姚孝遂:《古文字的符号化问题》,《古文字学论集(初编)》,香港:香港中文大学出版社,1983 年,第 77—115 页;陈汉平:《汉字是独立起源的文字——驳瓦西里耶夫的谬论》,《人文杂志》1983 年第 2 期,第 110—113 页;云惟利:《早期陶文和汉字的起源》,《中国语文学刊》创刊号,1984 年,第 1—54 页;李学勤:《考古发现与中国文字起源》,《中国文化研究集刊》第 2 辑,上海:复旦大学出版社,1985 年,第 146—157 页;徐中舒、唐嘉弘:《关于夏代文字的问题》,《夏史论丛》,济南:齐鲁书社,1985 年,第 126—150 页;李孝定:《符号与文字——三论史前陶文和汉字起源的问题》,《中研院第二届国际汉学会议论文集》,中研院,1989 年,第 795—804 页;林巳奈夫:《良渚文化和大汶口文化中的图像记号》,《东南文化》1991 年第 3、4 期;王恒杰:《从民族学发现的新材料看大汶口文化陶尊的"文字"》,《考古》1991 年第 12 期;裘锡圭:《究竟是不是文字——谈谈我国新石器时代使用的符号》,《文物天地》1993 年第 2 期;饶宗颐:《符号、初文与字母——汉字树》,2000 年;蔡运章:《中国古代卦象文字》,《中国文字起源学术研讨会论文集》,2000 年;蔡运章:《远古刻画符号与中国文字的起源》,《中原文物》2001 年第 4 期;刘德增:《中国原始刻划符号与中国文字的起源》,《山东社会科学》2003 年第 1 期;蔡运章:《商周筮数易卦释例》,《考古学报》2004 年第 2 期;徐大立:《蚌埠双墩遗址刻画符号简述》,《中原文物》2008 年第 3 期。

① 李孝定:《中国文字的原始与演变(上篇)》,第 351—352 页。
② 郭沫若:《古代文字之辩证的发展》,《考古》1972 年第 1 期。
③ 于省吾:《关于古文字研究的若干问题》,《文物》1973 年第 2 期。

纹饰"、"陶器的刊刻铭文"、"有史早期文字"或"数名"等。① 可见最终是将它们当作表示数目字的文字。唐兰先生在探讨江西吴城遗址时说："在若干器物上刻划了文字，这是一个及其重要的发现。"又说："由于大汶口文化陵阳河遗址和前寨遗址中陶器文字的发现，我国商周以前的图画文字体系、至少可以推到五千年以前了。"②陈炜湛先生将半坡、姜寨、柳湾出土的刻画符号称为"文字符号"，把大汶口文化遗址出土的刻画符号称为"图形文字"。

裘锡圭先生说："考古工作者发现的跟汉字形成有关的考古资料主要有两种，一种是原始社会晚期的仰韶、马家窑、龙山和良渚等文化的记号，一种是原始社会晚期大汶口文化的象形符号。"后来裘先生在《究竟是不是文字——谈谈王国新石器时代使用的符号》一文中进一步作了界定。他说："在我国新石器时代的遗址和墓葬里，时常发现刻有或绘有符号的陶器和陶片，还发现过少量刻有符号的龟甲、骨片和石器等物。从外形上看，这些遗物上的符号大体上可以分成两类。甲类以几何形符号为主，可以把西安半坡、临潼姜寨等地发现的仰韶文化早期的符号当作代表。大地湾、马家窑、龙山、大溪、崧泽、良渚等文化也都有这类符号（描绘的基本上只见于大地湾和马家窑文化）。在已发现的新石器时代的符号里，甲类占绝大多数。乙类以象形符号为主，如莒县陵阳河、大朱村等地发现的大汶口文化晚期套尊上的符号。"③可见裘先生把此前的"记号"改称为"几何形符号"了。王志俊先生把 20 世纪 80 年代以前中国出土的新石器时代的刻画符号称为"刻划符号"，简称"刻符"。

20 世纪 80—90 年代，汪宁生先生从寻找原始记事方法的角度出发，认为远古器物上用来标示所有权的标记有两种：一种是由几何线条组成的"符号标记"；一种是代表个人或氏族的形象化的"图形标记"。依照这一思路，西安半坡出土石铲上的叉形符号、④吴兴钱山漾出土石斧上的墨绘回纹⑤以

---

① 郑德坤：《中国上古数名的演变及其应用》，《香港中文大学学报》第 1 卷，1973 年，第 37—58 页。此文又收入《郑德坤古史论文集》，北京：商务印书馆，2007 年，第 387—402 页。

② 唐兰：《关于江西吴城文化遗址与文字的初步探索》，《文物》1975 年第 7 期。

③ 裘锡圭：《究竟是不是文字——谈谈我国新石器时代使用的符号》，《文物天地》1993 年第 2 期。

④ 中国科学院考古研究所、陕西省西安半坡博物馆：《西安半坡》，北京：文物出版社，1963 年，第 63 页，图版 69：1。

⑤ 浙江省文物管理委员会：《吴兴钱山漾遗址第一、二次发掘报告》，《考古学报》1960 年第 2 期，第 83 页，图版 6：7。

及西安半坡、临洮姜寨、①乐都柳湾、②云南洱海、③山东城子崖、④上海崧泽⑤等文化遗址出土的几何形陶器符号，都是"记事符号"，这些器物上的"符号标记"属于"符号记事"的范畴。而河姆渡遗址出土陶器上刻画的猪、狗等动物形象和草叶、稻穗等植物形象，半坡遗址彩陶上所绘的鱼、蛙、鹿、人面、树木、网等形象，甘肃新店文化彩陶上所绘的鹿、狗、太阳等形象，甘肃吴山出土仰韶文化彩陶瓶上蜥蜴形动物形象，山东莒县陵阳河和诸城前寨遗址出土的大汶口文化陶缸上形似石斧、木锄和被释为"灵"或"旦"或"炅"字的形体，青海大通马家窑文化墓葬出土彩陶口沿所绘的舞蹈人形等都是一种"图形标记"，属于"图画记事"的范畴。可见，汪先生把中国早期刻画符号基本上分为由几何线条组成的"符号标记"和代表个人或氏族的形象化的"图形标记"。⑥ 张光裕先生基本上同意李孝定先生的意见，把中国史前及有史早期出土陶器或陶片上刻划的符号或文字，为了方便起见，一般直呼为"陶文"。⑦ 杨建芳先生把类似仰韶文化陶符的符号归为早期指事文字系统，而把图形符号称为图画文字系统。姚孝遂先生认为"二里岗、藁城、大汶口等地出土的陶器上的一些图像或刻划，只能是属于文字的早期阶段，不属于严格意义文字的范畴"。⑧ 这显然是用"图像或刻划"来描述早期刻画符

① 西安半坡博物馆:《临潼姜寨新石器时代遗址的新发现》,《文物》1975 年第 8 期,第 82 页,图一;西岸半坡博物馆、临潼县文化馆:《临潼姜寨遗址第四至十一次发掘纪要》,《考古与文物》1980 年第 3 期;半坡博物馆、陕西省考古研究所等:《姜寨——新石器时代遗址发掘报告》,北京:文物出版社,1988 年。

② 青海省考古队、考古研究所青海队:《青海乐都柳湾原始社会墓地反映出的主要问题》,《考古》1976 年第 6 期,第 376 页,图一七;青海省文物处考古队、中国社会科学院考古所:《青海柳湾》,北京:文物出版社,1984 年,第 159—165 页;尚民杰:《柳湾彩陶符号试析》,《考古与文物》1990 年第 3 期。

③ 吴金鼎、曾昭燏、王介忱:《云南苍洱境考古报告》,中央博物院专刊乙种,重庆:中央博物院筹备处,1942 年,第 35—36 页,图版 7。

④ 傅斯年、李济、董作宾、梁思永、吴金鼎、郭宝钧、刘屿霞等:《城子崖》,南京:中央研究院历史语言研究所专刊,1934 年,第 52—54 页,图版 16。

⑤ 上海市文物保管委员会:《上海市青浦崧泽遗址的试掘》,《考古学报》1962 年第 2 期,第 1—29、12—13、15—16、18—19 页;上海市文物保管委员会:《崧泽——新石器时代遗址发掘报告》,北京:文物出版社,1987 年,第 88 页;黄宣佩、张明华:《青浦县崧泽遗址第二次发掘》,《考古学报》1980 年第 1 期,第 29—66 页。

⑥ 汪宁生:《从原始记事到文字发明》,《考古学报》1981 年第 1 期。

⑦ 张光裕:《从新出土的材料重新探讨中国文字的起源及其相关的问题》,《香港中文大学中国文化研究所学报》第 12 期,1981 年;亦见张光裕:《雪斋学术论文集》,台北:艺文印书馆,1989 年,第 299 页,陶器符号的摹本在图二十八 A,4,第 97 页。

⑧ 姚孝遂:《古文字的符号化问题》,《古文字学论集》(初集),香港:香港中文大学出版社,1983 年,第 79—80 页。

号。高明先生把中国早期的陶器刻画符号称"陶器符号"或"陶符"。李学勤先生认为年代较早的陶器上面的符号不能与文字等同，为了准确起见，还是统称之为"刻划符号"为好。① 徐中舒、唐嘉弘先生把仰韶文化、马家窑文化、云南洱海新石器文化以及大汶河文化等遗址出土的陶符都称为"刻画符号或图像符号"。②

陈全方先生把 1979 年至 1980 年在岐山凤雏村西周甲组建筑基址和扶风召陈村西周建筑基址出土的凡 84 件符号资料称为"刻划符号和文字"，但在"我国出土的西周以前的陶文简表"中他把西周以前包括仰韶文化、龙山文化、良渚文化、马厂半山文化、辛店文化、商文化等在内的刻画符号材料通称为"陶文"，并认为它们多少已经具备文字的性质。③ 林巳奈夫将良渚文化和大汶口文化出土的各类符号，通称为"图像记号"。④ 王蕴智先生认为时代比甲骨文更早、且与汉字起源有关的出土资料主要指原始社会晚期及有史社会早期出现在陶器上面的刻划或彩绘符号，还包括少量在甲骨、玉石器等上的契刻符号，前者可通称为陶器符号。⑤ 王震中先生称以仰韶陶符为代表的符号为"陶器符号"，把大汶口文化陶符径称为"陶文"，把良渚文化出土的多字并列符号称为"多字陶文"、"多字符号"、"多字刻文"等，总称自新石器时代以来出土的种种符号为"器物符号"。这基本上与高明先生的意见一致。饶宗颐先生把中国新石器时代的古文化遗址出土彩陶与灰陶上面的刻画符号在《符号、初文与字母——汉字树》一书的不同篇章中称为"陶符、刻符、符号、图绘、图绘纹饰、刻划符号"等。

进入 21 世纪，蔡运章先生把中国从裴李岗文化到商代前期的器物符号统称为"刻画符号"。⑥ 徐大力先生把蚌埠双墩遗址出土的陶器符号亦统称为"刻画符号"。⑦

从以上研究成果可以看出，由于大家对中国史前刻画符号性质的认识存在差异，审视的角度也不尽相同，所以在指称这些材料的时候，出现各不

---

① 李学勤：《考古发现与中国文字起源》，见丁宋和、方行主编：《中国文化研究集刊》第 2 辑，上海：复旦大学出版社，1985 年，第 147 页。

② 徐中舒、唐嘉弘：《关于夏代文字的问题》，《夏史论丛》，济南：齐鲁书社，1985 年，第 126—150 页。

③ 陈全方：《周原出土陶文研究》，《文物》1985 年第 3 期。

④ 林巳奈夫：《良渚文化和大汶口文化中的图像记号》，《东南文化》1991 年第 3、4 合期。

⑤ 王蕴智：《史前陶器符号的发现与汉字起源的探索》，《华夏考古》1994 年第 3 期。

⑥ 蔡运章：《远古刻画符号与中国文字的起源》，《中原文物》2001 年第 4 期。

⑦ 徐大立：《蚌埠双墩遗址刻画符号简述》，《中原文物》2008 年第 3 期。

同的名称。可以按照不同的分类标准归纳为以下几种分类形式：（1）从它们是不是文字的角度给予命名，则分别以"符号"、"记号"、"标记"、"符"或"文"、"文字"为核心词组成字面上存在差异但中心意思趋同的各种名称，现将它们按照符号类和文字类罗列于下。符号类名称有：刻划符号、记号、象形符号、图绘纹饰、几何形符号、刻符、符号标记、图形标记、图像、刻划、陶器符号、陶符、刻画符号、图像符号、图像记号、彩绘符号、契刻符号、器物符号、符号、彩绘、图绘等。文字类名称有：字符、陶文、简单文字、刊刻铭文、早期文字、数名、文字、陶器文字、文字符号、图形文字、指事文字、图画文字、多字陶文、多字刻文等。两类共计约有 35 种之多。（2）如果撇开是否是文字的视角，以符号自身的象形与否为标准来衡量，可分为象形类和非象形类。象形类的如：象形符号、图像符号、图形标记、图像记号、图绘、图绘纹饰等；非象形的抽象类如：符号、记号、符号标记、刻符、陶符等。（3）从符号本身的创制方式出发，用刀、锥等工具契刻、刻划而破坏器物表面的方式创制的符号可称为刻划符号，而用不同的颜色、颜料以不破坏器物表面的方式涂、写、绘在器物上的符号可称为绘画符号。前者如刻划符号、刻符、契刻符号、刊刻铭文、多字刻文等；后者如图绘纹饰、彩绘符号、彩绘、图绘、图画文字等。

## （二）现有命名存在的问题

1. "刻划符号"与"刻画符号"混用的问题

由于承载各种早期符号的器物质料不同，加之生成、造就、创制符号的工具、技法、方式各异，所以这类符号其实是品类繁复的，很难用一个统一的名字称谓它们。从前述各家论著中可以发现，目前学界普遍习惯用"刻划符号"或"刻画符号"来称谓它们。但是大家在使用"刻画符号"和"刻划符号"时，并没有严格界定，存在一定程度的混乱。例如受《西安半坡》一书的影响，对于像仰韶文化、马家窑文化、大汶口文化等遗址出土的符号，一般学者都称之为"刻划符号"，但也有的学者如徐中舒、唐嘉弘、蔡运章、徐大立等称之为"刻画符号"。从名称上看，"刻画"与"刻划"是不同的。"刻"字，《说文》刀部的解释是："镂也。从刀，亥声。"《说文》刀部对"划"的解释是："锥刀曰划。从刀从画，画亦声。"段玉裁以为"锥刀"后佚一"画"字，应当为"锥刀画"，[①]即用

---

① 段玉裁：《说文解字注》，中华书局编辑部影印《四部备要》本，见《说文解字四种》，北京：中华书局，1998 年，第 134 页。

"锥形刀"来刻画。可见"刻"与"划"有相似的意义，皆是用刀、锥等契刻，只是前者表示镂刻之事，后者强调契刻的用具是"锥刀"。而"画"字在《说文》聿部的解释为："界也，象田四界，聿所以画之。"《玉篇·书部》亦云："画，分也；界也。"《尚书·周书·毕命》云"申画郊圻，慎固封守"，乃划分郊圻之界。"画"是施以为界的，用某种形式规范出一定的范围，后来引申为"绘画"。《释名·释书契》："画，绘也。以五色绘物象也。"准此，可以把"画"理解为用不同于器物本身的颜色在器物表面划分、描绘出一定的形状。虽然《说文》聿部"画"下有从刀的古文画与"划"的形体很相似，且后来画、划亦有通用之例，但是"画"已被更多地用来表达描绘、绘画之意了。结合早期器物符号而言，契刻而成的我们可以称之为"刻"或"划"，用他色描绘而成的便可称为"画"，刻、划近同，可以用"刻"来通称之，因此，将早期器物的各类契刻和绘画而成的符号合称为"刻画符号"较为妥当。

2. "几何形"与"象形"符号不足以全面准确地命名所有相关符号

有的学者把中国早期出土的器物符号用"几何形符号"和"形象符号"来命名。纵观之前的命名，大体上可归于几何类的诸如：记号、符号标记、陶符、陶器符号、刻符、器物符号、指事文字、文字符号、刊刻铭文、早期文字、陶器文字、字符、刻文、陶文、文字。可归于象形类的诸如：图形标记、图像记号、图绘、彩绘、彩绘符号、图绘纹饰、象形符号、图画文字、图形文字等。似乎中国早期的刻画符号就可以用这两类符号总结了，其实，细究这种划分还有不妥当的地方。二者并不足以概括和划分中国早期的器物刻画符号。它们的划分标准可能是符号形体上是否象形，象形符号是具象的、形象化的构型，几何形符号是形体简化的抽象与提炼。如果是这样，象形类中有几何形符号，几何形符号中亦有象形的个体，二者有互相包含的特征。

用"几何形符号"指称中国早期刻画符号的一类，显然是借用了数学学科中的一个概念。在这里，首先需要说明的是"几何形符号"与"几何符号"的联系与区别。"几何符号"更是纯粹的数学概念，它是数学符号中的一类，初等"几何符号"大致可分为三类：（1）表示几何概念之象形或图形，如"△"表示三角形，"⊙"表示圆等；（2）几何学体系中特有之表意符号，如"⊥"表示垂直，"∥"表示平行线，"≌"表示相似等；（3）初等代数符号，如"＋"、"－"表示加减运算符号等。一般意义上，数学符号中的几何符号包括：⊥（垂直于）、∥（平行于）、∠（角度）、⌒（弧度）、⊙（圆）、○（圆周）、≡（恒等于）、≌（相似于）等。"几何形符号"是指相同、类似于几何形状或几何图形的符号。可见"几何符号"与"几何形符号"并不等同。"几何符号"

是几何学体系中表示几何概念、几何关系和演示几何运算的符号,它涵盖了几何图形符号。

　　人们把中国早期器物符号的一类用"几何形符号"命名,这显然和数学概念中的"几何符号"是有区别的。有些学者把类似仰韶文化、大地湾文化、马家窑文化、龙山文化、大溪文化、崧泽文化、良渚文化和蚌埠双墩等遗址以及二里头、郑州商城、藁城台西、清江吴城等夏商时期各遗址出土陶器符号的主体归为几何形符号,恐怕就是因为它们在形体上更接近于几何学中的这些符号,特别是上述第(1)和(2)类中的符号。但是不同的学者对"几何"一词的所指也不尽相同,如裘锡圭先生所谓的几何符号是非图形的线形符号,①是针对象形符号而言的。饶宗颐先生所谓几何形状是指由圆、方、三角等组成的图案纹饰,②是相对于图形文字和符号而言的,而且把没有圆、方、三角等形体构成的图案纹饰叫简单线条。可见,裘先生和饶先生各自的意见加起来才是数学概念中的几何形符号。

　　象形符号是对可视形体形象化描写而成的符号,比较容易理解。由此看来,讨论早期器物符号时所谓的"几何形符号"应该就是由点、线、面、体等几何元素组成的符号,这些符号中有平面的,也有立体的,但是以平面的为主。

　　很显然,在中国早期的几何形符号中,夹杂着被称为象形符号的形体,比如河南舞阳贾湖遗址出土的陶符"✲"(H35:5)、③姜寨遗址出土的"✲"④既像是一种针叶树种的叶子,又似禾草之形。马家窑文化柳湾遗址出土的"○"、"⊗"、"⊙"等,它们也可以说是象形的符号,具有象形的特征。又如二里头遗址出土的"✲"符号,⑤显然是一株禾苗或草叶的象形;所以把它们笼而统之称为几何形符号颇为欠妥。而被称为象形符号的大汶口文化莒县陵阳河、大朱村等处所出土的符号也不全是象形符号,一些象形符号中包含着几何形符号,如✲、⑥✲⑦中的"○"就是一个几何形符号。

①　裘锡圭:《究竟是不是文字——谈谈我国新石器时代使用的符号》,《文物天地》1993年第2期。
②　饶宗颐:《符号、初文与字母——汉字树》,第7页。
③　河南省文物考古研究所:《舞阳贾湖》。
④　王志俊:《关中地区仰韶文化刻划符号综述》,《考古与文物》1980年第3期;半坡博物馆、陕西省考古研究所等:《姜寨——新石器时代遗址发掘报告》,图版100(C)3。
⑤　中国社会科学院考古研究所:《偃师二里头:1959年—1978年考古发掘报告》。
⑥　王树明:《谈陵阳河与大朱村出土的陶尊"文字"》,《山东史前文化论文集》,济南:齐鲁书社,1986年。
⑦　山东省文管处、济南市博物馆:《大汶口:新石器时代墓葬发掘报告》,北京:文物出版社,1974年,第17—119页,图九四。

所以拿几何形符号和象形符号不足以准确、全面地划分并涵盖所有早期的器物符号。

### （三）我们关于中国早期器物符号命名的意见

为了避免先入为主的偏见，我们不打算使用带有定性意义的词汇和概念（如象形符号、抽象符号、几何符号、图画文字等）来给早期器物符号命名，而是纯客观地着重考察器物符号的形体特征，这样就能有效地防止出现戴着探寻文字起源或把早期器物符号与文字强拉硬扯的有色眼镜来探索、认识这些符号的主观意向。只有这样，才能从符号学的视角来给它们一个较为合理的命名。

如果除去浮雕类符号暂且不论，前文已经指出，多数学者所谓的几何形符号和象形符号在很大程度上是以象形与否来划分的。所以，几何符号实际上就是非象形的符号，我们或者可以称之为抽象符号。但是中国早期器物符号里的象形符号并非只由象形的个体组成，也包含几何形符号；几何形符号也并非全是非象形的抽象符号，亦存在单线条表达的象形符号，如 ∜（姜寨）等。所以，用象形和非象形来划分中国早期器物符号并不妥切。可见，不管是"几何形符号"、"象形符号"，还是与它们相对应的其他名称，都是从对这些符号定性的角度出发给出的名称，存在着主观的偏见，所以就应该撇开这些先入为主的意见，抛开关于它们究竟是不是文字的疑问，单从这些符号本身出发，从其创制的符号学、构形学角度出发，从创制手法的异同着眼，客观地命名。

1. 对器物符号的点、线、面、体等构件的认识

那么如何能抓住符号本身普遍具有的特点，并根据每一个符号都能体现出来的这种特点来给它们命名呢？我们觉得从符号本身的创制手法出发，同时结合体现创制者和使用者认识水平、思想观念的一些因素来命名，不失为是一条有效的路径。当然，同时也可以借鉴平面图像构型学的理论与方法来对器物符号进行分类，因为不同的图像构型方法创制出的各异的符号信息，代表了人们感知自然、认识事物和认识世界的不同方式和观念。例如，当早期人类要在陶器上表达一个可视的事物或表达某种思想的时候，是用绘画的方式把它形象地绘出来呢？还是拿抽象的线段符号来表达呢？可以说，这两种方式背后反映了人们对自然界不同的感知方式和认知程度以及对客观事物的表达技巧。那么这两种信息表达方式客观上是否存在一

个孰早孰晚的发展次序？哪一个代表的文明程度更高？还是两种方式并存，不存在谁高谁低的问题？应该说，这些问题都可以从探索先民创制这些信息符号的构型学原理的视角去思考。显然，这样的分类视角更有利于我们认识早期的器物符号。因为史前的人们在创制这些符号的时候，他们的思想观念里恐怕还没有绘画、文字等的概念和思维，他们只是按照自己的认识水平表达着他们对客观事物的感知。

在这种思路的指导下，我们应该普遍关注、考察每一个符号构成的全部形体构件，即构成某个符号的点、线段、线条、图形、色块、形体等要素。在这些要素中，最为核心的要素莫过于"线条"。因为其他要素都可以通过对"线条"的分解、运用而得来。古希腊的哲学家柏拉图（Plato）认为点是直线的开端或不可分割的线。可见，点是线条中的点。线段是线条的一段，图形和立体形体都可以用线条来描述和表现。线条有直线和曲线之分，哲学概念的直线是看不见的，数学体系中的直线也是不可视的。但是在现实生活中，人们为了表达的方便，需要用一种可视的条状或带状来表示直线，这种直线既代表了理论概念，同时也具备了可视的形体，所以它没有粗细之分，可以无限度粗也可以无限度细。但不管粗细如何，它唯一不变的特性就是有可视的线条本身及不可视的线条左右的两个边。基于这种认识，我们把中国早期平面的器物符号分为线段构形（线段类）和形体造形（形体类）两大类。

从构形学上来说，一个可视事物的边界（包括界面和界线）可以说只存在于人们的思想意识里，是一种抽象的概念，是无法用可见的实体来代表和表达的。可是，为了表达和交流的方便，人们还是利用线条来描述这种边界。在实际的利用过程中，线条就被误认为是事物的边界。实际上，当要通过表现事物的边界的方法来表现事物本身的时候，图案中的线条只被使用了其不可视的左右两边界线中的一边，而不是线条的宽度本身。因为物体的边界本身是看不见的，可视的线条不是边界。可见无论多么粗或多么细的线条，它总是有左右两条边界的，而这左右两条边界才是平面构图中真正使用的对象。

2. 线段构形类器物符号（线段类）

这类符号在《河南早期刻画符号研究》中称"单线条架构类"，①这次做了更加概括、凝练的调整。在中国早期器物刻画符号中，某一个符号是如何

---

① 袁广阔、马保春、宋国定：《河南早期刻画符号研究》，第145页。

使用线条的？是用线条本身可视的宽度来构形呢，还是通过使用线条某一侧不可视的边围限、规范出——在通常情况下——闭合的形体来造形呢？这是区分它们的一条有效途径。如果是用可视的线条本身来构形，它必定是使用了线条中的一段，即线段来造形的，因为我们目前还没有发现任何一个需要两端无限延伸的线条来造形的符号，这种线条实际上也是不需要的。在这类符号中，可视的线段本身(即有一定宽度的条带状形体)就是构成符号的实体。这类符号注重线段本身的造形学功能，即把作为线条一部分的线段当作现实世界物象或意识领域观念体的代表物，利用线条中间的部分，而忽略线条左右两侧的边界。如“Ψ”(半坡)、“T”(半坡)、“ξ”(半坡)、“∫”(临潼姜寨)、“ψ”(临潼姜寨)、“×”(二里头)等。当然线段构形类既可以是刻划符号也可以是彩绘符号，马家窑文化辛店期陶符中就有用彩色线段构成的符号，如“✕(辛店)、⌒”(辛店)等。

要注意的是，有些线段构形符号虽然也是通过多条线段之间的组合来完成的，会构成一定的闭合区域而形似形体造形(详下)，但是这种闭合区域不是创制者有意创造出来的，其中的一条或多条线段在围够成一定闭合区域后，还会向闭合区域以外的地方延伸，这类构形符号，仍然是属于线段构形类，如✕(柳湾)、“井”(柳湾)、“❖”(郑州商城)等形。另外，线段构形类的符号不全是抽象的、非象形的符号，有的时候也是具有象形的特性，如❀(舞阳贾湖)等。这种情况下，一些是用线段描绘出的象形个体，虽然从外表上看，很像是表现一个事物的形体，但由于这种方法依然是用线条本身来代表事物的构成部件，所以仍然是属于线段构形类。对于线段构形符号来说，如果不考虑这类符号的线段本身，则这类符号就不存在了。我们可以把这类符号称为线段构形类符号，简称线段类。

图三　大师姑(H39：17)

3. 形体造形类符号(形体类)

这类符号在《河南早期刻画符号研究》中称“线条造形类”，[1]鉴于这个名称会有歧义，这次我们对它进行了修改。如果早期器物符号中在使用线条时，它所用的是一条或多条线条不可视的左右两边中的任意一边，用这个边来围构出具

---

① 袁广阔、马保春、宋国定：《河南早期刻画符号研究》，第145页。

有一定平面、空间实体的形体,而线条本身可视的宽度无关紧要,这类符号我们可以叫形体造形类。先民们也许并不懂得线条的这一特性,但是客观上他们做到了。由各种形状的闭合区域或说是空间来构形是这类符号的平面特征,这种闭合空间就是由线条的一边围构而成的。用这种造形方法创制出来的符号,通常情况下,具有一定的象形感、立体感和透视效果。如"⬭"(舞阳贾湖)、"⚡"(大溪文化)、"⌣"(柳湾)、"⊙"(柳湾)、"✕"(蚌埠)、"⚘"(大汶口)、"⌐"(大汶口)、"▽"(二里头)、"▽"(郑州商城)、"○"(藁城台西)等。这种形体构形中的线条,由于创制者所使用的笔法、颜料的不同,有的时候线条显得较为粗宽,虽然如此,线条本身仍不是形体的核心。如在大师姑遗址二里头文化的陶片(H39:17)上的手形绘符(图三),其所用的颜料线条就较为粗宽,但很显然,这个符号是要表达"手"的形状,而不是手形的边界。另外,在形体造形的符号中,特别是在一些彩绘符号中,形体本身不是通过线条围构出来的,而是用颜料涂描出较大面积的形体来表现的,即用颜料涂出的面来表现形体,而被表现的形体的边界就是颜料面的边界,是不可视的。如汝州洪山庙遗址陶缸(M1W104:1)上的彩绘手形👉。这样的符号在辛店、马厂、半山类型的马家窑文化陶符中是比较多见的,如马厂类型的👤形符号。这和用线条代表形体界面或用线条的一边来围构出形体本身的表现手法是不同的,但是二者都是属于形体造形类的符号。可见,不管是线段构形还是形体造形,两类创制方式都具有象形造形功能。

当然,线段构形类和形体造形类并不是截然分开的,有些时候,二者在同一个信息符号中是共存的。如舞阳贾湖、辛店、郑州大河村、蚌埠双墩等陶符都有表示太阳的☀形符号,太阳本身是形体造形,而其周围的光芒是线段构形。又如甘肃出土的半山、马厂类型陶符"♂",①就是由一个可以表示圆面或球体的"○"和一条用线段本身来表示的条带状物体组成的。类似的再如郑州二里岗出土的"冗"形、②海马桥出土的"◁—"形、③藁城台

① [瑞典]巴尔姆格伦:《半山及马厂随葬陶器》;中国古生物志丁种(第3号),地质调查所,1927年,第178—179页。
② 河南省文化局文物工作队:《郑州二里岗》,北京:科学出版社,1959年;河南省文物考古研究所:《郑州商城——1953—1985年考古发掘报告》,北京:文物出版社,2001年。
③ 上海市文物管理委员会:《上海马桥遗址第一、二次发掘》,《考古学报》1978年第1期。

西出土的"🜚"形、①侯马牛村出土的"━○"形等。②

还有一点需要指出的是，有一类独体的刻画符号同时兼有线段类和形体类的特征，只有通过不同的视角来审视的时候，才能确定其是属于哪一类的符号。如○（柳湾）、▽（柳湾）、⬠（双墩）、◇（城子崖）、⋈（城子崖）等，我们既可以把它们看成是线段类符号，也可以看成是形体类符号。如果是前者，注重的是周围的线条或线段，而其围构起来的空间区域被忽略了；如果把它们看成是形体类符号，上举数例各是一个形体，其周边的线条被忽略掉了，而边界线里面呈平面的区域部分才是符号的主体。几何符号里有一个很值得注意的做法，就是用○来表示圆环，而用⊙来指示圆，反映的就是这类符号的双重特征。

# 四、结　语

我们在梳理中国早期器物刻画符号资料的基础上，对陶器刻画符号的命名问题提出了两点建议：其一是此前"刻划符号"和"刻画符号"存在混用问题；其二是"几何形符号"和"象形符号"不足以囊括并划分中国早期的器物符号。针对第一个问题，我们提出了用能同时包含"刻划"和"彩绘"两种含义的"刻画符号"一名指称中国早期器物刻画符号的较为妥切的观点。针对第二个问题，我们通过判断早期人类认识事物的水平和表达能力，以及对象形符号和抽象符号理解与使用，结合构形学上对线条的运用原则和方法等因素，提出了以线段构形（线段类）和形体造形（形体类）两类名称总体划分中国早期器物刻画符号的观点。线段类一般是没有象形形体的抽象符号，多用线段构成；形体类是用线条的其中一边或色彩形象表达事物的符号，多由面、块、体等形体构成。

附识：本文为 2013 年国家社科基金重点项目（13AZS003）、北京市哲学社会科学基金项目（12LSB004）的成果。

---

① 季云：《藁城台西商代遗址发现的陶器文字》，《文物》1974 年第 8 期。
② 侯马市考古发掘委员会：《侯马牛村古城南东周遗址发掘简报》，《考古》1962 年第 2 期。

# 中国早期国家阶段石料
# 来源与资源选择策略
## ——基于二里头遗址的石料分析

钱益汇　陈国梁　赵海涛　许　宏　刘　莉

　　二里头遗址于 1959 年发现,是一处以二里头文化为主要内涵,包括二里冈文化的重要遗址,至今已发现包含十余座大型建筑基址、制骨作坊的宫城,拥有青铜器作坊、绿松石作坊等重要遗迹的围垣作坊以及祭祀坑、墓葬、灰坑、窑址等其他遗迹,还发现较为丰富的青铜器、玉器等礼器及数量庞大的陶器、骨器、石器、蚌器、角器等遗物。数十年来,学者们在考古学文化的范围内就该遗址的文化分期、特征、属性等问题进行了深入研究。新世纪以来,多学科合作及新的技术与方法不断运用于二里头遗址的发掘与研究,并取得了丰硕的成果,为我们复原二里头文化与早商阶段的复杂社会提供了多维视角。

　　中国的早期国家阶段主要是指国家的初步形成阶段,即中国青铜时代的早期阶段。本文材料包括二里头遗址所涉及的二里头文化和二里冈文化。这一阶段,石器仍是最重要的社会生产和生活工具之一,石料也是当时最重要的可获取资源之一。石器生产中,石料是完成生产的基本前提,石料特性也会影响石器的生产技术,石料的来源方式与获取策略可以很好地反映古代先民适应自然与改造自然的能力。[①]

---

① William Andrefsky Jr. , "Raw-Material Availability and the Organization of Technology, " *American Antiquity*, nol. 59, 1994, pp. 21 -34; Trudy Doelman, John Webb and Marian Domanski, "Source to Discard: Patterns of Lithic Raw Material Procurement and Use in Sturt National Park, Northwestern New South Wales, " *Archaeology in Oceania*, nol. 36, 2001, pp. 15 - 33; Carolina Mallol, "The Selection of Lithic Raw Materials in the Lower and Middle Pleistocene Levels TD6 and TD10A of Gran Dolina ( Sierra de Atapuerca, Burgos, Spain)," *Journal of Anthropological Research*, nol. 55, 1999, pp. 385 - 407; Richard A. Gould and Sherry Saggers, "Lithic Procurement in Central Australia: A Closer Look at Binford's Idea of Embeddedness in Archaeology," *American Antiquity*, nol. 50, 1985, pp. 117 -136;钱益汇、方辉、于海广、沈辰:《大辛庄商代石器原料来源与开发战略分析》,《第四纪研究》2006 年第 4 期。

本文以二里头遗址 1999—2006 年发掘出土的石器资料为基础,并进行了全部整理和鉴定,同时选取 1959—1978 年间出土的部分石器资料（采纳了《偃师二里头》附录中的石料鉴定结果）。[①] 在此基础上,我们参考该地区的地质构造情况,结合考古与地质调查结果,进行统计学分析,考察二里头遗址石料利用率、石料来源与获取方式,分析夏商时期人类获取与选择石料资源策略的差异,探讨政治变迁、人口变化和社会需求对资源获取方式、生产组织和选择性策略的影响。

## 一、二里头遗址石料利用率及其变化

根据二里头遗址 1958—1978 年以及 1999—2006 年发掘所获资料的统计,石器共有 1532 件,其中已鉴定石料特性者共 1046 件（表一）。

### 表一　二里头遗址出土石器岩性统计表

| 质　地 | 英文名称 | 二里头一期 | 二里头二期 | 二里头三期 | 二里头四期 | 二里冈下层 | 二里冈上层 | 合计 | 总比例（%） |
|---|---|---|---|---|---|---|---|---|---|
| 砂岩 | sandstone | 4 | 72 | 49 | 198 | 16 | 43 | 382 | 36.5 |
| 安山岩 | andesite | 3 | 27 | 32 | 115 | 3 | 58 | 238 | 22.75 |
| 英安岩 | dacite | 0 | 4 | 0 | 22 | 0 | 10 | 36 | 3.44 |
| 片岩 | schist | 0 | 17 | 11 | 30 | 2 | 20 | 80 | 7.65 |
| 灰岩 | limestone | 1 | 11 | 15 | 30 | 0 | 19 | 76 | 7.3 |
| 泥岩 | mudstone | 1 | 3 | 8 | 25 | 3 | 7 | 47 | 4.5 |
| 石英岩 | quartzite | 0 | 6 | 10 | 25 | 0 | 2 | 43 | 4.11 |
| 辉绿岩 | diabase | 2 | 0 | 14 | 7 | 2 | 2 | 27 | 2.6 |
| 白云岩 | dolomite | 0 | 1 | 2 | 13 | 1 | 5 | 22 | 2.1 |

---

① 中国社会科学院考古研究所编著：《偃师二里头——1959—1978 年考古发掘报告》附录三,北京：中国大百科全书出版社,1999 年,第 400—404 页；中国社会科学院考古研究所二里头工作队：《河南偃师市二里头遗址宫城及宫殿区外围道路的勘察与发掘》,《考古》2004 年第 11 期；《河南偃师市二里头遗址 4 号夯土基址发掘简报》,《考古》2004 年第 11 期；《河南洛阳盆地 2001—2003 年考古调查简报》,《考古》2005 年第 5 期；《河南偃师二里头遗址中心区的考古新发现》,《考古》2005 年第 7 期；赵海涛、陈国梁、许宏：《二里头遗址2004—2006 年田野考古的主要收获》,《中国社会科学院古代文明研究中心通讯》2006 年第 12 期。

| 质 地 | 英文名称 | 二里头一期 | 二里头二期 | 二里头三期 | 二里头四期 | 二里冈下层 | 二里冈上层 | 合计 | 总比例（%） |
|---|---|---|---|---|---|---|---|---|---|
| 玢岩 | porphyrite | 0 | 3 | 4 | 4 | 0 | 5 | 16 | 1.53 |
| 辉长岩 | gabbro | 0 | 5 | 1 | 5 | 1 | 1 | 13 | 1.24 |
| 铝土矿 | bauxite | 0 | 0 | 2 | 5 | 3 | 0 | 10 | 0.96 |
| 大理岩 | marble | 1 | 0 | 4 | 2 | 1 | 1 | 9 | 0.86 |
| 闪长岩 | diorite | 1 | 2 | 1 | 2 | 0 | 2 | 8 | 0.76 |
| 斑岩 | porphyry | 0 | 1 | 1 | 2 | 1 | 0 | 5 | |
| 硅质岩 | silicite | 0 | 1 | 1 | 2 | 0 | 1 | 5 | |
| 流纹岩 | rhyolite | 0 | 1 | 0 | 4 | 0 | 0 | 5 | |
| 花岗岩 | granite | 0 | 1 | 0 | 3 | 0 | 0 | 4 | |
| 细晶岩 | aplite | 0 | 1 | 1 | 2 | 0 | 0 | 4 | |
| 片麻岩 | gneiss | 0 | 0 | 1 | 1 | 0 | 0 | 2 | |
| 脉石英 | veinquartz | 0 | 0 | 0 | 1 | 1 | 0 | 2 | |
| 基性熔岩 | basiclava | 0 | 0 | 0 | 1 | 0 | 1 | 2 | |
| 火山岩 | volcanic rock | 0 | 0 | 0 | 1 | 0 | 0 | 1 | 3.7 |
| 滑石岩 | talcoserock | 0 | 0 | 0 | 1 | 0 | 0 | 1 | |
| 绢云母千枚岩 | phyllite | 0 | 0 | 0 | 1 | 0 | 0 | 1 | |
| 玄武岩 | basalt | 0 | 1 | 0 | 0 | 0 | 0 | 1 | |
| 浅粒岩 | leptite | 0 | 1 | 0 | 0 | 0 | 0 | 1 | |
| 角闪岩 | hornblendite | 0 | 1 | 0 | 0 | 0 | 0 | 1 | |
| 石英粗面岩 | trachyte | 0 | 0 | 0 | 1 | 0 | 0 | 1 | |
| 板岩 | slate | 0 | 0 | 0 | 1 | 0 | 0 | 1 | |
| 角闪变粒岩 | granulite | 0 | 0 | 0 | 1 | 0 | 0 | 1 | |
| 透辉石岩 | diopsidite | 0 | 0 | 0 | 0 | 0 | 1 | 1 | |
| 合计 | | 13 | 159 | 157 | 505 | 34 | 178 | 1046 | 100 |

## （一）石料基本构成

由表一可以看出,在二里头遗址生活的先民利用的周围石料种类达到32种,十分丰富,基本包括了周围可用石料的所有类型,主要有砂岩、安山岩、英安岩、灰岩、白云岩、泥岩、片岩、石英岩、辉绿岩、辉长岩、铝土矿、玢岩、闪长岩、大理岩等共 14 种，共计比例达 96.3%，其余 18 种岩石类型仅占 3.7%。

所有石料类型中，以砂岩为最多，达到 382 件，占总数的 36.5%，这些砂岩中，包括中细粒砂岩、粉砂岩、泥砂岩、石英砂岩等多种；其次是安山岩，比例达到总数的 22.75%；英安岩比例占 3.44%，可以归入安山岩系统；灰岩和片岩也是非常重要的石料，所占比例分别为 7.3% 和 7.65%；泥岩和石英岩比例稍小，分别为 4.5% 和 4.11%；辉绿岩、白云岩、玢岩和辉长岩占有一定比例，但是比例较小，分别为 2.6%、2.1%、1.53% 和 1.24%，而铝土矿、闪长岩、大理岩的比例仅占 0.96%、0.76% 和 0.86%。

其余 18 种岩石类型主要包括斑岩、花岗岩、硅质岩、流纹岩、细晶岩、片麻岩、脉石英、基性熔岩、火山岩、滑石岩、绢云母千枚岩、玄武岩、浅粒岩、角闪岩、石英粗面岩、板岩、角闪变粒岩、透辉石岩等。这些岩石类型利用率极低，仅占 3.7%，每种石料类型分布于不同时期，数量极少，但反映了石料选择的多样性。

### (二) 石料的利用率

#### 1. 二里头文化

由表一、表二可知，二里头文化不同时期的石料利用类型有所差异，部分石料继续沿用，有些石料有所增减，有的被重新利用。一期共有石器 13 件，可利用类型 7 种；二期共有石器 159 件，所利用类型达 19 种，新利用石料有英安岩、片岩、石英岩、辉长岩、玢岩、白云岩等；三期共有鉴定标本 157 件，可利用类型有 16 种，部分石料从多到少或无，例如英安岩、辉长岩等，新增辉绿岩、大理岩、铝土矿等，辉绿岩还达到 14 件；第四期鉴定标本有 505 件，可利用类型达 28 种，新出现如英安岩、流纹岩、花岗岩等 12 种石料。尽管目前还不能完全排除二里头文化四期晚段和二里冈下层早段并存的可能性，但所涉及相关遗存很少，对于我们判定二里头文化四期的石料利用率影响较小。为行文方便，我们仍然采用上述鉴定结论。

考虑到发掘面积对石器出土数量的影响，本文引入出土率的概念，即单位面积内出土的标本数量，有利于更为科学地反映石料利用率及其变化。由表二可知，二里头文化时期，以二里头四期的石器出土率最高，为 10.2%，三期次之，为 5.61%，一期、二期出土率基本相同，即 3.25% 和 3.02%（表二）。

表二 二里头遗址各期石器出土率统计表

| 期 别 | 二里头一期 | 二里头二期 | 二里头三期 | 二里头四期 | 二里岗下层 | 二里岗上层 |
|---|---|---|---|---|---|---|
| 石料利用类型(类) | 7 | 19 | 16 | 28 | 11 | 16 |
| 石器数量(件) | 13 | 159 | 157 | 505 | 34 | 178 |
| 发掘面积(平方米) | 400 | 5268.4 | 2798.8 | 4950.85 | 135 | 6790.04 |
| 出土率(%) | 3.25 | 3.02 | 5.61 | 10.2 | 25.19 | 2.62 |

由此可以看出,二里头文化四期石料利用率、数量以及利用种类达到最大化,一定程度上反映了社会生产的发展和人口的增加,人们对资源的数量与种类有持续需求,促使人们尽量寻求更大程度上的可利用资源。

表三 二里头遗址砂岩与安山岩数量统计表

| 质 地 | 二里头一期 | 二里头二期 | 二里头三期 | 二里头四期 | 二里冈下层 | 二里冈上层 | 合 计 |
|---|---|---|---|---|---|---|---|
| 砂岩 | 4 | 72 | 49 | 198 | 16 | 43 | 382 |
| 安山岩 | 3 | 27 | 32 | 115 | 3 | 58 | 238 |

据统计材料,在二里头遗址可利用的石料中,以砂岩和安山岩最为丰富,尤其二里头四期为最多(表三)。但二里头三、四期对砂岩和安山岩的实际利用率远远高于这样的比例,这可能与当时建筑技术的变化相关。二里头遗址发现的早期大型建筑中(目前发现的主要是二期),未见使用柱础石(砂岩),而三、四期建筑中才开始使用砂岩质柱础石。二里头遗址三期、四期建造大型建筑基址使用大量石料,例如面积近一万平方米的一号宫殿基址上无论基槽还是柱础都需要大量石块,其主体殿堂的基础部分铺的鹅卵石即达 1500 平方米,①这些鹅卵石多为安山岩和砂岩。

2. 二里冈文化

由表二可知,二里冈下层阶段石器出土率很高,达到25.19%,这与发掘区域及发掘面积有关,因为近年的发掘集中于二里冈上层遗存相对集中的大型建筑集聚区,即宫城之内,而下层阶段遗存发掘面积小。所以,二里冈下层阶段的石器利用率无法科学地推断。结合遗址文化面貌的变迁,石器

① 中国社会科学院考古研究所编著:《偃师二里头——1959—1978 年考古发掘报告》,第151 页。

数量的减少从侧面反映了二里头遗址的衰落。

二里冈上层阶段石器出土率为 2.62%，较二里头文化各个时期都小。二里冈上层时期有些石料如英安岩、灰岩、石英岩、玢岩和闪长岩等得到了重新利用。考虑到遗址二里冈上层阶段遗存分布广泛，发掘面积较大，遗址制骨作坊中发现有大量二里冈上层时期的骨料，说明二里头遗址在该时期仍有重要地位。但考虑石器出土率、出土数量与种类，遗址在上层阶段的石料利用率不及二里头文化四期。

# 二、二里头遗址石料来源地与获取方式

## （一）洛阳盆地的地质分布与岩石类型

洛阳盆地分布范围大致在黄河以南，西起渑池、洛宁、嵩县，东至巩县一带，现代的洛阳盆地基本形成于 2600 万年前后的新近纪（N），河南东部全面陷落，西部断块上升；距今约 200—300 万年的第四纪（Q）时，基本继承了新近纪的构造格局和地貌景观，由于豫西地区进一步抬升，盆地中主要为河流洪积和冲击相沉积；到距今 1—1.2 万年第四纪全新世（Q4）时，主要为伊河、洛河、涧水等河流冲击相沉积，并形成河漫滩及超河漫滩阶地。二里头遗址即建立在洛河河谷超河漫滩阶地之上。

洛阳盆地周围山群的地质构造较为复杂，有年代较近的第四系、新近系，还有较为年长的古近系、三叠系、二叠系、石炭系、寒武系，这些不同地质年代的岩石类型可划分为汝阳群、熊耳群、嵩山群及登封群等。根据二里头遗址石料的岩性，主要涉及以下不同地质年代的岩石类型。① 周围方圆几十公里内遍布有第四纪地层，西部和北部地带盛产安山岩、英安岩等，属于熊耳群；西部熊耳群和第四纪交界处存在汝阳群地层，富产砂岩、泥岩等；在南部山区的西边缘，存在登封群的地层，是盛产片麻岩之地；南部山区南部边缘存在嵩山群地层，主要产大理岩和石英岩；南部山区北麓以及北部山区与第四纪交界区域出露寒武纪地层，主要是灰岩和白云岩；洛阳盆地北部丘陵边缘东部出露二叠系地层，盛产砂岩（表四、图一）。

① 河南省地质矿产局：《中华人民共和国地质矿产部地质专报——河南省区域地质志》（区域地质第 17 号），附图一，北京：地质出版社，1989 年。

表四 洛阳盆地地质年代与岩石类型分布表

| 地层单位 | | 地质年代 | 岩 石 类 型 |
|---|---|---|---|
| 登封群 Ardn | | 太古界 | 片麻岩 |
| 嵩山群 Pt₁s | 花峪组 | 下元古界 | 绢云千板岩、白云石大理岩 |
| | 庙坡组 | 下元古界 | 石英岩夹磁铁矿条带 |
| | 五指岭组 | 下元古界 | 石英岩、绢云石英片岩夹大理岩 |
| | 罗汉洞组 | 下元古界 | 底砾岩及石英岩 |
| 熊耳群 Pt₂¹xn | 马家河组 | 中元古界下部 | 安山岩夹玄武安山岩、英安岩、凝灰岩 |
| | 鸡蛋坪组 | 中元古界下部 | 石英斑岩、流纹岩夹火山碎屑岩、大斑安山岩 |
| | 大古石组及许山组 | 中元古界下部 | 底部砂砾岩,主要为安山岩、夹玄武岩 |
| 寒武系∈ | 上寒武统 | 寒武统 | 泥质条带灰岩、白云岩、薄层灰岩 |
| | 中寒武统 | 寒武统 | 鲕状灰岩、白云岩 |
| | 下寒武统 | 寒武统 | 紫红色页岩夹灰岩、白云岩、粉砂岩 |
| 二叠系P | 下二叠统 | 二叠系 | 砂岩,黄绿色灰色砂岩、长石砂岩、粉砂岩、煤 |
| | 上二叠统 | 二叠系 | 黄绿色砂岩、粉砂岩泥岩、上部紫红色长石石英砂岩、粉砂岩 |
| 汝阳群 Pt₂²ry | | 中元古界上部 | 轻微变质的石英砂岩、长石砂岩、粉砂岩、泥岩(页岩)、夹少量白云质灰岩 |
| 中上石炭统 C | | 晚古生界 | 下部铝土矿、耐火黏土、上部燧石条带灰岩,薄煤层 |

## (二) 石料来源地与获取方式

根据研究,古人类在开发利用石料资源上投入与产出之间的比例取决于三个因素:原料的分布、人类相对原料源地的迁徙运动方式和对获得原料所做出的时间和体力上的安排。[①] 而原料的分布与质量影响石器工业质量与石器类型。

洛阳平原河流纵横,河南龙山文化晚期,气候温暖湿润,二里头文化时

---

① 裴树文、侯亚梅:《东谷坨遗址石制品原料利用浅析》,《人类学学报》2001年第4期;Kuhn S. L, *Mousterian Lithic Technology: An Ecological Perspective*, Princeton: Princeton University Press, 1995.

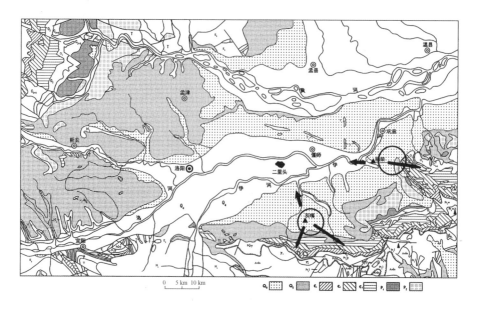

图一　洛阳盆地地质类型及原料来源方式示意图（底图据《河南省区域地质志》改绘）

　　图片来源：河南省地质矿产局：《中华人民共和国地质矿产部地质专报——河南省区域地质志》（区域地质第 17 号），附图一：中华人民共和国河南省地质图。

期，属于全新世大暖期后期，属于温凉湿润气候。[①]　在龙山时代晚期、新砦文化时期，中原地区发生了一场大的洪水，大大影响了本地区考古学文化的变迁，促生了中国的二里头文化和早期国家文明。[②]　文献记载传说的五帝时代晚期，中国出现了大洪水的环境变迁事件，如大禹治水等。种种证据表明，二里头文化形成之前，洛阳盆地曾出现洪灾事件。

　　洛阳盆地南有嵩山，西有熊耳山，北有邙山和黄河，盆地中水系主要是洛河、伊河，二者汇合后形成伊洛河，另有其他大小支流多条，从四周山上发源由高到低汇聚到洛河、伊河和伊洛河中，由西向东流经洛阳盆地。当时的古河道西高东低，有足够的水动力和下切力，将石料运输到洛阳盆地的下游，二里头遗址发现的几乎所有石料类型都可在伊洛河两侧出露的地层及岩体中找到。这些出露的岩石经过风化崩解后，经洪水搬运汇聚至洛阳盆地伊洛河及其支流的河床中，为古人就近取材、量材加工提供了便捷的

① 宋豫秦、郑光、韩玉玲、吴玉新：《河南偃师市二里头遗址的环境信息》，《考古》2002 年第 12 期。

② 夏正楷、杨晓燕：《我国北方 4kaB. P. 前后异常洪水事件的初步研究》，《第四纪研究》2003 年第 6 期；吴文祥、刘东生：《4000 a B. P. 前后降温事件与中华文明的诞生》，《第四纪研究》2001 年第 5 期。

条件。

二里头遗址共利用石料种类达 32 种,基本包括了周围可用的所有类型。安山岩的比例很高,尤其在二里头文化三期、四期使用数量最多,主要发育于古阶地的下部粗碎屑层,现代的安山岩、流纹岩、安山玢岩主要分布于洛阳盆地西部熊耳群,大约位于二里头遗址西 50—80 公里,距离较远,大规模的运送似乎不大容易。一号宫殿基槽内出土的大量鹅卵石均为安山岩。位于二里头遗址南缘的洛河故道中存在大量的砾石原料,遗址出土的部分石料标本上保留有明显的河流砾石外形及表面特征。可见,二里头遗址所利用的安山岩极大可能就近取材于遗址周围的河流中,例如古洛河。

二里头遗址中使用砂岩数量最多,比例高达 36.5%,而且用砂岩制作的工具类型广泛。在嵩山北麓分布有连续广泛的汝阳群,与寒武系地层相邻,较致密坚硬的砂岩、石英砂岩(紫红色)、粉砂岩以及浅灰色、泥灰岩可能来自汝阳群,而结构相对疏松、硬度较低的黄绿色砂岩、泥质砂岩、粉砂岩则可能来自位于洛阳盆地北部山区一带的二叠系,但距离二里头遗址很远,直接获取不易。二里头遗址中蓝灰色与灰黑色晶质灰岩、鲕状灰岩、白云岩在二里头遗址使用率都较高,都较为集中地出露于洛阳盆地北部山麓西南缘和嵩山北麓与东麓的寒武系地层中。洛阳盆地北部山麓西南缘寒武系地层距离二里头遗址 90—100 公里,采集石料难度较大。从距离和运输可能性的角度,二里头先民们也很有可能向北约 5 公里到达邙山山底直接采集石料,但这一带属于第四纪地层,年代较晚,较少发育可用于制作石器的岩石类型。如果越过邙山到黄河边缘去采集砾石标本,直线距离近 13 公里,如果绕道,最近距离也近 20 公里,如果大规模采集和运输石料,成本很高,附近也无发育完善的可利用石料。

除灰岩、白云岩、砂岩主要发育于嵩山北麓外,二里头遗址中个别大理岩或白云石大理岩可能来自嵩山群夹层;石英岩及石英片岩类均可能来自嵩山群中;其他如辉绿岩、闪长岩、花岗岩、脉石英、方解石等在出露的岩体和岩脉中均可找到。可以看出,嵩山北麓主要发育灰岩、白云岩、砂岩、石英岩、辉绿岩、片麻岩等,曾有学者专门做过地质调查与分析。[1]

---

[1] John Webb, Anne Ford and Justin Gorton, "Influences on selection of lithic raw material sources at Huizui, a Neolithic/Early Bronze Age site in Northern China," *Indo-pacific Prehistory Association Bulletin*, nol. 27, 2007, pp. 76–86.

石料在夏商时期也是十分重要的战略资源。夏商时期,人口的扩张和核心地区的政治中心在周边地区建立的据点或城池,才真正体现了对重要资源的追逐和控制。当时的国家能够通过把人口迁移到生产这些物资的地区,在主要的交通要冲设立据点,控制生产者而达到垄断这些物资的生产和流通。① 从历年来多次的区域系统调查和发掘可以看出,②稍柴遗址和灰嘴遗址都是洛阳盆地二里头文化时期非常重要的二级遗址。稍柴遗址位于坞罗河和伊洛河交汇的台地上,属于二里头文化一期、二期、三期。③ 稍柴遗址距离嵩山东麓广泛分布的寒武系灰岩和白云岩很近,仅5公里左右,"很可能是被二里头聚落控制的开采地方资源的地方中心聚落",④采集石料后是否在该遗址初步加工再运送二里头遗址目前缺乏证据。

灰嘴遗址西址是单纯的二里头文化时期遗存,主要属于二里头文化二、三期,H1共出土有各类石制品8000多件,多见石料、半成品、石片、石屑等,还有砺石等与石器加工相关的遗物,遗址中少见成品,证明主要供应其他地区居民。灰嘴的石制品原料主要是石灰岩(鲕状灰岩和白云质灰岩)、砂岩和辉绿岩,大多数石器半成品由灰岩制成,而石灰岩和砂岩多从嵩山上开采。⑤

表五 二里头遗址石铲岩性统计表

| 名称 | 岩 性 | | | | |
|---|---|---|---|---|---|
| 石铲 | 白云岩 | 鲕状白云岩 | 鲕状灰岩 | 灰岩 | 砂岩 |
| 数量 | 9 | 6 | 14 | 30 | 14 |

由表五可知,二里头遗址发现的灰岩和白云岩主要用于石铲的制作,其中鲕状灰岩和白云岩有一定比例。灰嘴遗址灰坑内堆积的大量与石铲加工相关的鲕状白云岩石块、石片、石屑,证明这里也是以石铲加工为主的石器专业生产中心之一。⑥ 在灰嘴遗址周围10公里的范围内,也调查发现4

① 刘莉、陈星灿:《城:夏商时期对自然资源控制的问题》,《东南文化》2000年第3期。
② 中国社会科学院考古研究所二里头工作队:《河南洛阳盆地2001—2003年考古调查简报》,《考古》2005年第5期;陈星灿、刘莉等:《中国文明腹地的社会复杂化进程——伊洛河地区的聚落形态研究》,《考古学报》2003年第2期。
③ 河南省文物研究所:《河南巩县稍柴遗址发掘报告》,《华夏考古》1993年第2期。
④ 刘莉、陈星灿:《中国早期国家的形成:二里头和二里岗时期中心和边缘的关系》,《古代文明》第1卷,北京:北京大学出版社,2002年。
⑤ 陈星灿、刘莉等:《中国文明腹地的社会复杂化进程——伊洛河地区的聚落形态研究》,《考古学报》2003年第2期。
⑥ 中国社会科学院考古研究所河南第一工作队:《河南偃师市灰嘴遗址西址2004年发掘简报》,《考古》2010年第2期。

个类似的二里头文化时期的石铲专业制造场。① 早在二里头文化早期就已经发现双轮车的车辙，②到商代已有交通道路的开辟和修筑，交通道路有陆路和水路之分，陆上交通工具主要是牛车和马车，而马车更多地应用于狩猎和军事需要。③ 商代涉河的主要交通工具为舟。④ 根据民族学的调查估算出，大多数农耕群体的开发领域通常是在5公里或一小时步行的半径范围内。⑤ 灰嘴遗址属于二里头遗址的二级聚落，距嵩山北麓仅5公里左右。

同时我们又发现，二里头文化二、三期的生产废料和石坯发现较少，而第四期则发现很多，是否说明二里头文化二、三期时大量石器生产主要由周围聚落供应，而第四期因为政治的变迁，二里头遗址地位的变化导致功能的转变，大量的石器生产在遗址内完成？若此，该遗址很有可能承担着灰岩、白云岩、砂岩、辉绿岩等石料采集工作，同时还承担石器尤其石铲的初步加工，"至少部分是从灰嘴及其周围地区石器制造场传播到二里头中心及其他遗址的"。⑥ 尽管二里头遗址南边有洛河故道相隔，考虑运输方式和采集成本，比直接去遗址北边采集标本要容易，成本低很多。

综上，二里头遗址石料的主要获取方式是就地取材，主要来源于周边河流，如古洛河；同时应当部分存在政治控制下的二级聚落石料获取与初步加工模式，而稍柴和灰嘴遗址很有可能承担这样的角色，直接从嵩山东麓和北麓获取石料并进行初步加工。至于在不同时期，各种获取方式所占比例，不同种类石器的制作各有怎样的专业化模式，采用何种方式路径进行传输和配送，按照什么样的原则来分配使用等，我们将专文讨论。

---

① Liu Li, Xincan Chen and Baoping Li, "Non-state Crafts in the Early Chinese State: An Archaeological View from the Erlitou Hinterland," *Bulletin of the Indo-pacific Prehistory Association*, nol. 27, 2007, pp. 93 - 102；陈星灿：《从灰嘴发掘看中国早期国家的石器工业》，《中国考古学与瑞典考古学——第一届中瑞考古学论坛文集》，北京：科学出版社，2006年。

② 中国社会科学院考古研究所二里头工作队：《河南偃师市二里头遗址宫城及宫殿区外围道路的勘察与发掘》，《考古》2004年第11期。

③ 刘志玲：《试论商代的交通》，《四川师范学院学报》1998年第3期。

④ 吴浩坤：《甲骨文所见商代的水上交通工具》，《陕西师范大学学报》1995年第4期。

⑤ Colin Renfrew and Paul Bahn, *Archaeology: Theories Methods and Practice*, London: Thames & Hudson Ltd, 2000, p.242.

⑥ Liu, Li, Xincan Chen and Baoping Li, "Non-state Crafts in the Early Chinese State: An Archaeological View from the Erlitou Hinterland," *Bulletin of the Indo-pacific Prehistory Association*, nol. 27, 2007, pp. 93 - 102；陈星灿：《从灰嘴发掘看中国早期国家的石器工业》。

# 三、二里头先民对石料的选择策略

长期的生产实践中，人们对一些重要石料自然属性的认知度越来越高，开发石料过程中总能根据石器工具的功能需求选择合适的石材，以提高石器工具的生产效率和使用效率。对石料选择性开发体现了二里头先民对自然资源的认知能力和利用度（表六）。

第一，对石料的开发有选择性。在二里头遗址所开发的石料中，主要集中于几种石材：以砂岩为最多，安山岩次之，其余还有灰岩、片岩、泥岩、石英岩和辉绿岩等。这一现象反映了二里头先民对石料特性已有清楚认识，并能够加以充分利用。

第二，影响工具形态的物理特性主要有硬度、密度、脆度和粗糙度。[1]石料开发和利用过程中，充分结合石材特性和石器功能，一种石料用于制作一种或几种主要石器工具类型。

砂岩在二里头遗址是被开发和利用最多的石料，鉴定的砂岩中有55.2%被用来制作砺石；其次还被用来制作石刀、石镰和石铲等工具，在生产和使用废料中也发现有较多数量的砂岩。砺石作为打磨工具，石刀、石镰属于收割工具，用砂岩来制作能够充分发挥岩性特点。

安山岩在二里头遗址发现数量较多，其主要成分相当于闪长岩，常呈斑状岩理，颜色较深，密度较大，多为基性岩，硬度5—6度。英安岩是相当于石英闪长岩的喷出物，属火山岩系。二里头遗址发现的安山岩主要用来制作石斧、石镰，所占比重分别为22.7%、16.8%；安山岩也用来制作石锛和石镞，所占比例分别为10.1%和7.1%。英安岩主要用来制作石镰，比重为55.6%。石斧和石锛等对石料的硬度有较高要求，石镰和石镞对石料密度也有一定的要求。

灰岩属于沉积岩系列，有薄页状或薄片层状的节理，一般硬度为3度，颜色多为灰色、浅灰色，在二里头遗址周边的南山、北岭都成片分布，易于取材和制作。在二里头遗址，灰岩使用率不是太高，但遗址出土总数的57.9%用来制作石铲。同样性质的白云岩68.2%用于制作石铲。

---

[1] Wright K, "A Classification System for Ground Stone Tools from the Prehistoric Levant," *Paléorient*, nol. 18, no. 2, 1992, pp. 53-81.

表六　二里头遗址主要石料材质与工具类型分布表

| 石材质地 | 石镞 | 石戈 | 石矛 | 生产废料 | 使用废料 | 石坯 | 石片 | 石饼 | 石铲 | 石杵 | 刮削器 | 砍砸器 | 石斧 | 石锛 | 石镰 | 石刀 | 砺石 | 石球 | 石凿 | 石锤 | 石臼 | 纺轮 | 网坠 | 石拍 | 钻具 | 磨制工具 | 石坠 | 石盘 | 石组 | 未定名器 | 铜矿氧化石 | 合计 |
|---|---|---|---|---|---|---|---|---|---|---|---|---|---|---|---|---|---|---|---|---|---|---|---|---|---|---|---|---|---|---|---|---|
| 砂岩 | 24 | | | 50 | 47 | 2 | | 4 | 14 | 4 | | | | | 15 | 28 | 211 | 1 | 3 | | | | 1 | 1 | | | | 1 | | | | 382 |
| 安山岩 | 1 | 1 | | 26 | 33 | 9 | 1 | 17 | 5 | 3 | | | 54 | 7 | 40 | 4 | | 1 | 8 | 1 | | 1 | | 1 | | | | | | | | 238 |
| 英安岩 | 1 | | | 1 | 3 | | | 1 | 2 | | | | 7 | | 20 | | | 1 | | | | | | | | | | | | | | 36 |
| 灰岩 | 3 | 1 | | 4 | 11 | 1 | | 3 | 44 | 2 | | | 1 | 2 | 1 | 1 | | | | 1 | | | | | | | | | | | | 76 |
| 片岩 | | | 1 | 2 | 1 | 3 | | 6 | 6 | 2 | | | 1 | 2 | 1 | 64 | | | | 1 | | | | | | | | | | | | 80 |
| 泥岩 | | 1 | | 2 | 2 | | | 1 | 6 | 1 | | | 1 | 1 | 2 | 1 | 1 | | 5 | | 1 | | 1 | | | 1 | 1 | | | | | 47 |
| 石英岩 | 12 | | | 17 | 1 | | | 2 | 6 | 1 | | 1 | 2 | 1 | 9 | 6 | 1 | | | | | | | | | | | | | | | 43 |
| 辉绿岩 | | | | 2 | 1 | 2 | | 2 | | | | | 2 | 1 | 4 | 2 | 1 | 4 | | 1 | 3 | | | | | 1 | | | | 1 | | 27 |
| 白云岩 | 1 | | | 2 | 1 | 3 | 1 | 1 | 15 | | | | 3 | | 1 | | | | 1 | | | | | | 1 | | | | | | | 22 |
| 玢岩 | | | | 2 | 1 | 3 | | | | | | | | | 3 | 1 | | | | 1 | | | | 1 | | | | | | | | 16 |
| 辉长岩 | | | | | | | | | | | | | 9 | | 2 | 2 | | | · | | | | | | | | | | | | | 13 |

续　表

| 石材质地 | 石镞 | 石戈 | 石矛 | 生产废料 | 使用废料 | 石坯 | 石片 | 石辫 | 石饼 | 石铲 | 石杵 | 刮削器 | 砍砸器 | 石斧 | 石铖 | 石镰 | 石刀 | 砺石 | 石球 | 石凿 | 石锤 | 石臼 | 纺轮 | 网坠 | 石拍 | 钻具 | 磨制工具 | 石坠 | 石盘 | 石祖 | 未定名器 | 铜矿氧化石 | 合计 |
|---|---|---|---|---|---|---|---|---|---|---|---|---|---|---|---|---|---|---|---|---|---|---|---|---|---|---|---|---|---|---|---|---|---|
| 铝土矿 | 1 |  |  |  |  |  |  | 4 |  |  |  |  |  | 1 |  |  |  |  |  | 3 |  | 1 |  |  |  |  |  |  |  |  |  |  | 10 |
| 大理岩 |  | 1 |  |  |  |  |  | 1 |  | 1 | 1 |  |  | 2 | 1 |  |  |  |  |  |  |  | 2 |  |  |  |  |  |  |  |  |  | 9 |
| 闪长岩 |  |  |  |  | 1 |  |  |  | 2 |  |  |  |  | 1 |  | 3 | 1 |  |  |  |  |  |  |  |  |  |  |  |  |  |  |  | 8 |
| 斑岩 |  |  |  |  |  |  |  | 1 |  |  |  |  | 1 | 1 |  | 2 |  |  |  |  |  |  |  |  |  |  |  |  |  |  |  |  | 5 |
| 硅质岩 |  |  |  | 2 | 1 |  |  |  |  |  |  |  |  |  |  |  |  |  |  |  | 1 |  |  |  |  |  |  |  |  |  |  | 1 | 5 |
| 流纹岩 |  |  |  |  |  |  |  | 1 |  |  |  |  |  |  |  | 4 |  |  |  |  |  |  |  |  |  |  |  |  |  |  |  |  | 5 |
| 花岗岩 |  |  |  |  |  |  |  |  |  |  |  |  |  | 1 | 2 |  |  |  | 1 |  |  |  |  |  |  |  |  |  |  |  |  |  | 4 |
| 细晶岩 |  |  |  |  |  |  |  |  |  |  |  |  |  |  |  |  |  |  | 1 | 1 |  |  |  | 1 |  |  |  |  |  | 1 |  |  | 4 |
| 片麻岩 |  |  |  |  | 1 |  |  |  |  |  |  |  |  |  |  | 1 |  |  |  |  |  |  |  |  |  |  |  |  |  |  |  |  | 2 |
| 脉石英 |  |  |  |  | 1 |  |  |  |  |  |  |  |  |  |  |  |  |  |  |  |  |  |  |  |  |  | 1 |  |  |  |  |  | 2 |
| 基性熔岩 |  |  |  |  |  |  |  |  |  |  |  |  |  |  |  | 1 |  |  |  | 1 |  |  |  |  |  |  |  |  |  |  |  |  | 2 |

续　表

| 石材质地 | 石镞 | 石戈 | 石矛 | 生产废料 | 使用废料 | 石坯 | 石片 | 石锛 | 石饼 | 石铲 | 石杵 | 刮削器 | 砍砸器 | 石斧 | 石钺 | 石铖 | 石镰 | 石刀 | 石球 | 石凿 | 石锤 | 石臼 | 纺轮 | 网坠 | 石拍 | 钻具 | 磨制工具 | 石坠 | 石盅 | 石祖 | 未定名器 | 铜矿氧化石 | 合计 |
|---|---|---|---|---|---|---|---|---|---|---|---|---|---|---|---|---|---|---|---|---|---|---|---|---|---|---|---|---|---|---|---|---|---|
| 火山岩 | | | | | | | | | | | | | | | 1 | | | | | | | | | | | | | | | | | | 1 |
| 滑石岩 | | | | | | | | | | | | | | | | | | 1 | | | | | | | | | | | | | | | 1 |
| 绢云母千枚岩 | | | | | | | | | | | | | | | | | | 1 | | | | | | | | | | | | | | | 1 |
| 玄武岩 | | | | | | | | 1 | | | | | | | | | | | | | | | | | | | | | | | | | 1 |
| 浅粒岩 | | | | | | | | | | | | | | | | | 1 | | | | | | | | | | | | | | | | 1 |
| 角闪岩 | | | | | | | | | | | | | | | | | 1 | | | | | | | | | | | | | | | | 1 |
| 石英粗面岩 | | | | | | | | | | | | | | | | | 1 | | | | | | | | | | | | | | | | 1 |
| 板岩 | | | | | | | | | | | | | | | | | | 1 | | | | | | | | | | | | | | | 1 |
| 角闪变粒岩 | | | | | | | | | | | | | | | | | 1 | | | | | | | | | | | | | | | | 1 |
| 透辉石岩 | | | | | | | | 1 | | | | | | | | | | | | | | | | | | | | | | | | | 1 |
| 合计 | 42 | 3 | 2 | 108 | 102 | 20 | 1 | 40 | 10 | 93 | 10 | 1 | 1 | 101 | 16 | 112 | 214 | 112 | 9 | 22 | 5 | 5 | 3 | 3 | 2 | 1 | 3 | 1 | 1 | 1 | 1 | 1 | 1046 |

片岩是有片理构造的变质岩，一般为鳞片变晶结构、纤状变晶结构和斑状变晶结构。二里头遗址发现的片岩80%用于制作石刀。因为石刀器体较薄，片岩的层理构造有利于制作过程的完成，因而为专业化的生产提供了可能。泥岩和页岩同为泥质岩的一种，是分布最广的一类沉积岩。泥岩成分与构造和页岩相似但较不易碎，具有可塑性、耐火性、烧结性、吸附性、吸水性等。在二里头遗址，其总体利用率也不高，主要用于制作石镞和石镰、石刀。

辉绿岩多细中粒，含较多填隙石英，相对硬度达到7—8度，具有高度的耐磨性。这种特性非常符合石斧作为工具的要求，所以主要用于石斧的制作。二里头遗址发现的辉绿岩59.3%被用来制作石斧。因辉绿岩分布不如安山岩广泛，所以石斧的制作中主要采用安山岩，其次为辉绿岩。

第三，每一种石器工具都由一种或几种主要岩性构成，对石料有一定倾向性选择，反映二里头先民对石器功能与主要石料特性的认识度较高。在鉴定的石器标本中，石镞主要以安山岩、泥岩制作；石锛主要采用安山岩制作；石铲则主要以灰岩、砂岩和白云岩制成；石斧主要用安山岩和辉绿岩制成；石镰采用安山岩、英安岩的比例较高，细粒砂岩和泥岩的比例较低；石刀主要以片岩为主，其次以细粒砂岩制成；而制作砺石的主体岩性为砂岩。

第四，对沉积岩的选择性利用和开发。在石材的总数量中，沉积岩系列的比例达到50.9%，火成岩比例为35.5%，变质岩只有13.6%。不同成因的岩石系列中，沉积岩系以砂岩为最多，火成岩系主要以安山岩为最多，而变质岩系的片岩居半。

以上信息说明，夏商时期的人们已经很好地认识到各种成因、不同种类岩石的物理属性，并能够充分利用石料特点进行高效率的石器制作与生产。人们对石料的选择性开发过程，反映了人们对石料的认知度和选择度的变化。值得注意的现象是，从二里头一期到四期，逐步出现部分石料开发集中的现象，而且不同时期集中开发的石料类型有所变化，尤其二里头四期多种石料类型集中于某类工具生产的比例达到最高，这是否说明二里头先民对石料的认知度、范围和开发程度存在逐步提高的过程？这一问题尚待分析。

# 结　语

中国早期国家阶段的石器生产是社会生产的重要部分，石料资源仍是当时最重要的资源之一。二里头遗址是早期国家阶段最重要的遗址之一，从石料来源、选择策略的角度研究石器生产，有利于认识早期国家阶段人类资源开发与选择能力。

二里头遗址共利用石料种类达 32 种，以砂岩为最多，其次安山岩、灰岩、片岩、辉绿岩、白云岩等占一定比例。不同时期的石料种类和利用率差异很大，尤其二里头四期，总量明显增加，石料利用率达到最大化。

就近取材方式应当是二里头人开采石料最方便快捷的资源获取模式，对于那些集中出露且使用率高的砂岩、灰岩、白云岩、石英岩、辉绿岩等，二里头文化三期、四期遗址对石材和石器工具有大量需求，那些被二里头聚落控制的不同等级聚落都有可能承担石材输送和石器初步加工生产的任务，如稍柴、灰嘴遗址。

长期的生产实践中，人们对石料这一重要资源特性的认知度越来越高，开发石料过程中总能根据工具功能特性选择合适的石材，以提高生产效率和使用效率。这种认知度的选择性在中国早期国家时期的不同阶段是否存在较大差异尚需深入分析。对石料选择性开发体现了早期国家阶段先民对自然资源的认知能力和利用度，而政治变迁、人口变化和社会需求都会影响人们对资源的利用方式与选择性策略。

附识：本文原刊《考古》2014 年第 7 期。

# 先农与灵星：秦汉地方农神祭祀丛考

田　天

　　稷、先农与灵星祀，是秦汉时期三种重要的农神祭祀，稳定地存在于地方官方祭祀中。前人对稷祀的研究相对较为充分，①先农与灵星祭祀中尚有一些问题有待廓清。西汉以来，先农在国家祭祀中始终占有一席之地，但传世文献中对先农祭祀的记载相当简略。近年出土的里耶秦简中发现了祭祀先农的记录，使我们有可能更深入地理解地方先农祭祀的仪式与性质。自西汉高祖朝始，郡县广设灵星祠，至少到西晋，灵星祠仍广泛存在于郡县官方祭祀中。

　　本文考察秦汉郡县先农祭祀之仪节与性质，并考辨灵星祭祀的具体对象，以图对秦汉时期农神祭祀的认识略有推进。

## 一、秦汉的郡县先农祭祀及其性质

　　作为中国古代重要的农神祭祀，"先农"自东汉起便稳定地存在于南郊郊祀中，身份为配享之神。东汉时期郊祀祭坛上有先农神，《续汉书·祭祀志上》载郊祭诸神坛位，曰："背外营神，二十八宿外官星，雷公、先农、风伯、雨师、四海、四渎、名山、大川之属也。"②独立的、不附于郊坛的祠先农礼，则往往与籍田礼相结合。西汉的籍田礼始自文帝前元二年（前178），《汉书·文帝纪》载前元二年文帝诏书曰："夫农，天下之本也，其开藉田，朕亲帅耕，以给宗庙粢盛。"③至东汉，籍田礼的操作已较为规范。《续汉书·礼仪志

---

　　①　可参魏建震《先秦社祀研究》第4章第3节《社祀与稷祀关系研究》中对前人研究的总结（《先秦社祀研究》，北京：人民出版社，2008年，第162—174页）。
　　②　《续汉书》志7《祭祀上》，《后汉书》，北京：中华书局，1965年，第3160页。
　　③　《汉书》卷4《文帝纪》，北京：中华书局，1962年，第117页。

上》记曰："正月始耕,昼漏上水初纳,执事告祠先农,已享。"①《后汉书·明帝纪》注引《汉旧仪》曰："先农即神农炎帝也。祠以太牢,百官皆从。皇帝亲执末耜而耕。"②可见此时籍田礼的流程是：每年正月始耕之时,先以太牢告祠先农,再由皇帝群臣亲推末耜以成礼。

皇帝行籍田礼前先祀先农神的依据,史籍中没有明确记载。不过,国家祭祀中祭先农与籍田相结合,并无疑问。《后汉书·黄琼传》载顺帝即位后不行籍田之礼,黄琼上疏曰："迎春东郊,既不躬耕,先农之礼,所宜自勉。"③可见籍田礼中有祭祀先农一项,《风俗通义·祀典》也以为先农与籍田为一事。④

综上,郊祀制成立后,国家祭祀中的先农祭祀殆无疑义。其祭祀对象为炎帝,除郊坛上有先农之位外,正月的籍田之礼即先农祭祀。

比起国家祭祀,郡县的官方祭祀对先农的祭享更为频繁,先农神在地方祭祀中的地位也更为重要。传世文献对郡县先农祭的记载十分简略,时代也偏晚,以《续汉书·祭祀志》为起点。近年,里耶秦简中发现了一组祠先农校券,为当地官方先农祭祀的记录。由此正可发明先秦秦汉郡县中的先农之祭,也有助于我们理解先农祭祀的不同层次及其性质。为便于讨论,先将相关内容引用于下：

（14）4 ……盐四分升一以祠先农。

（14）62 ……祠先农。是手。

（14）639、762 ……卅二年三月丁丑朔丙申,仓是佐狗出羒□以祠先农。

（14）651…… 以祠先农

（14）656、（15）434 卅二年三月丁丑朔丙申,仓是佐狗出黍米四斗以祠先农。

---

① 《续汉书》志4《礼仪上》,《后汉书》,第3106页。
② 《后汉书》卷2《明帝纪》,第108页。《太平御览》卷532所引《汉旧仪》此条曰："春始东耕于籍田官,祠先农。先农即神农炎帝矣。祠以一牢,百官皆从,大赐三辅、二百里孝悌、力田、三老布帛。"《太平御览》卷532《礼仪部一一》"先农",北京:中华书局,1960年,第2417页。
③ 《后汉书》卷61《左周黄传》,第2035页。
④ 应劭著,王利器校注:《风俗通义校注》卷8《祀典》："周四月,今二月也,先农之时也。孝文帝二年正月诏曰:'农者,天下之本,其开籍田,朕躬帅耕,以给宗庙粢盛。'今民间名曰田官。古者,使民如借,故曰藉田。"北京:中华书局,1981年,第353页。"田官",卢文弨《群书拾补》作"官田",吴树平《风俗通义校释》据改(天津古籍出版社,1980年,第294—295页),误,参上《太平御览》所引《汉旧仪》。

（14）693 ……祠先农。

（14）748 ……先农。

（14）66 卅二年三月丁丑朔丙申，仓是佐狗出祠先农馀 彻 食七斗
卖……

（14）300、764 卅二年三月丁丑朔丙申，仓是佐狗杂出祠先农馀彻
羊头一足四卖于城旦赫所取钱四□……

（14）641 ……头一足四卖于城旦赫所取钱四衡之头 一 二钱四足
□钱。令史尚视平。

（14）649、679 卅二年三月丁丑朔丙申，仓是佐狗出祠[先]农馀彻
豚肉一斗半斗卖于城旦赫所取钱四。令史尚视平，狗手。

（14）650、652 卅二年三月丁丑朔丙申，仓是佐狗出祠[先]农馀彻
酒一斗半斗卖于城旦冣所取钱一衡之一斗半斗一钱。令史尚视平，
狗手。

（14）654 卅二年三月丁丑朔丙申，仓是佐狗出祠[先]农馀肉汁二
斗卖于城旦□所……

（14）675 卅二年三月丁丑朔丙申，仓是佐狗出祠先农馀彻肉二斗
卖……

（14）685 卅二年三月丁丑朔丙申，仓是佐狗杂出祠先农余……

（14）698 卅二年三月丁丑朔丙申，仓是佐狗杂出祠先农余彻酒一
斗半斗卖于城……

（14）719 卅二年三月丁丑朔丙申，仓是佐狗杂出祠先农余彻食
十……

（15）480 卅二年三月丙申，仓是佐狗杂出祠先农余彻肉汁二
斗……

（15）490 卅二年三月丁丑朔丙申，仓是佐狗出祠先农余彻肉二斗
卖于大……

（15）511 卅二年三月丁丑朔丙申，仓……

（15）595 ……斗半斗一钱。令史尚视平，狗手。

（14）57 隶妾宵先农先农农农农农……①

---

① 湖南省文物考古研究所：《里耶发掘报告》，长沙：岳麓书社，2007 年，第194—195 页。

目前所公布的祠先农校券都来自举行于同一日（秦始皇三十二年三月丙申）的一次先农祭祀活动。整理者指出："1—7号简为准备物品以供祭祀，8—21号简为祭祀结束后分胙，22号简书写随意，应是练习写字后留下。"祠祭先农所用物品有米、盐、牂等，祭祀结束后卖于城旦的剩余祭品有羊的肢体、豚、肉、肉汁、酒等。剩余祭品中有"羊头一足四"，又有"豚肉"等物品，整理者认为这是祭牲为羊、豕的少牢祭祀。[①]

对于里耶祠先农简所载祠先农的具体祭品、操作及祠祭方式，学者已有较为详尽的研究。[②] 郡县所祠"先农"也为炎帝，与后稷无关。[③] 本文关注的，是郡县先农祭祀区别于其他祭祀之处。基层先农祀与皇家籍田礼的性质与祭祀流程皆不相同。《续汉书·祭祀志下》曰："县邑常以乙未日祠先农于乙地，以丙戌日祠风伯于戌地，以己丑日祠雨师于丑地，用羊豕。"[④]《续汉书》所载之祭祀时间与祭品与里耶简文完全吻合。里耶简文中仓吏狗发卖剩余祭品的日期是三月丙申，为乙未后一日，祀日即乙未日。《续汉书》所载先农祭品也为羊、豕二牲，也与里耶简文相同。从这两点来看，里耶祠先农简中所载先农祭祀，与《续汉书》中县邑之祭的性质相同。《续汉书》所载东汉祠先农的仪节，当是上承秦与西汉而来。这种地方性的官方祠祀不领于太祝，属地方官员统领。从里耶校券可知，其财务收支、祭祀流程也都由地方支配。而国家祭祀中的祠先农则领于太祝，由国家承担费用，并与籍田礼相结合，一岁一举。与秦汉间变动剧烈的国家祭祀相比，基层祭祀的仪式相对稳定。因此，在秦汉以祠畤祭祀为特点的国家祭祀体系崩溃后，[⑤]县邑的先农祭祀变化不大。

此外，值得一提的是，周家台秦简中也发现了"祠先农"简（如图）。[⑥] 其简文曰：

---

① 湖南省文物考古研究所：《里耶发掘报告》，第196页。

② 参张春龙：《里耶秦简祠先农、祠窌和祠隄校券》，《简帛》第2辑，上海：上海古籍出版社，2007年，第393—396页；彭浩：《读里耶"祠先农"简》，《出土文献研究》第8辑，上海：上海古籍出版社，2007年，第18—24页；史志龙：《秦"祠先农"简再探》，《简帛》第5辑，上海：上海古籍出版社，2010年，第77—90页。

③ 参上引史志龙文。

④ 《续汉书》志9《祭祀志下》，《后汉书》，第3204页。

⑤ 关于秦汉时期国家祭祀的变迁，可参田天：《秦汉国家祭祀史稿》，北京：三联书店，2015年。

⑥ 见于湖北省荆州市周梁玉桥遗址博物馆编：《关沮秦汉墓简牍》，北京：中华书局，2001年，第51—52页。

·先农：以腊日，令女子之市买牛胙、市酒。过街，即行揳(拜)，言曰："人皆祠泰父，我独祠三四七先农。"到囷下，为一席，东乡(向)，三腏，以酒沃，祝曰："某以壶露、牛胙，为先农除三四八舍。先农笱(苟)令某禾多一邑，先农柜(恒)先泰父食。"到明出种，即□邑最富者，三四九与皆出种。即已，禹步三，出种所，曰："臣非异也，农夫事也。"即名富者名，曰："某不能三五○肠(伤)其富，农夫使其徒来代之。"即取腏以归，到囷下，先待(持)豚，即言囷下曰："某为三五一农夫畜，农夫笱(苟)如□□，岁归其祷。"即斩豚耳，与腏以并涂囷膋下。恒三五二以腊日塞祷如故。三五三①

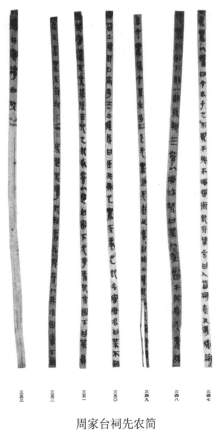

周家台祠先农简
(《关沮秦汉墓简牍》，第51—52页)

有学者认为周家台祠先农简与里耶简性质相同，将两者比较讨论。事实上，周家台之"祠先农"简并非官府祠祭记录，而是一种巫术祝祷。

首先，周家台简祠祭先农的时间为腊日，与前引秦汉官方祠先农时间不合。其次，其祝辞先曰"人皆祠泰父，我独祠先农"，表明祝祷人祠祭的并非与他人相同的常规神祇。在祝辞中还许愿"先农恒先泰父"，意为若先农满足其愿望，则以永置"先农"于"泰父"之上作为报偿。这种媚神的祷祝之辞，与常规的郡县官方之祭大异其趣。其三，周家台祠先农简所载祭祀流程也不同于里耶祠先农校券，其祭祀活动并非在一天完成，而是分为数个步骤，进行于不同的时间和地点：先在囷下作三腏之祝，继而在出种之处行禹步、祝祷，再回到囷下斩豚耳、与腏并涂囷膋下。整个祭祀流程杂以禹步、斩豚耳涂囷膋下和反复祝诅等繁复的巫术仪式，也都不见于常规祭祀。

---

① 湖北省荆州市周梁玉桥遗址博物馆编：《关沮秦汉墓简牍》，第132页。

此外，周家台"祠先农"简中屡次出现"农夫"一词，揆之上下文，"农夫"即指先农。如第351、352两简，祝祷者持豚至囷下，言"某为农夫畜"，即祝祷者持豚祭祀"农夫"。此处的"农夫"显然是指"先农"。352简下文又有"农夫苟如□□"，苟如后两字大概为"所请"、"所愿"或与之涵义相类的词。第351简整理者释为"农夫使其徒来代之"，文义不明，原简中整理者释为"其"字的 𦀷 ，似当释为"某"字。如此，此句可读为"农夫使某徒来代之"。结合上下文，简349"到明出种"至351"来代之"可解释为：祈祷人与邑中最富之人一同出种。出种完成后，作禹步三于出种之所，祝祷道："臣非异也，农夫事也。"继而，祈祷人呼富者之名曰："我无法减少他的财富，请先农神让我取代他。"如这种解释成立，那么这种先农祭祀则带有诅咒他人以满足自己愿望的巫术性质，这种祝辞，也不可能出现于一般的官方先农祭祀。①

睡虎地秦简之《日书甲种》中有"祠马禖"简数支，其格式与周家台"祠先农"简颇为类似，可互为参证。兹录其释文如下：

马禖：

祝曰："先牧日丙，马禖合神。"·东乡（向）南乡（向）各一马□□□□□中土，以为马禖，穿壁直中，中三脄—五六背，四厩行："大夫先牧兇席，今日良日，肥豚清酒美白粱，到主君所。主君筍屏詷马，毆（驱）其央（殃），去—五七背其不羊（祥），令其□者（嗜）□，□者（嗜）饮，律律弗御自行，弗毆（驱）自出，令其鼻能糪（嗅）鄉（香），令—五八背耳恩（聪）目明，令头为身衡，勃（脊）为身刚，脚为身□，尾善毆（驱）□，腹为百草囊，四足善行。主君勉饮勉食，吾—五九背岁不敢忘—六〇背。"②

其具体祭祀方式与周家台秦简略有区别，但仪式与祝语构成有相似之处。就祭祀地点而言，周家台祠先农于囷下，睡虎地祠马禖则至于厩下，皆从"就

---

① 就祝文内容而言，2004年2月湖南省郴州市苏仙桥第10号古井也发现了地方官吏祭祀先农的"正月祠先农祝文"，现在发表的可能不是全部祝文，其内容有"祖君来降，灵驾楚楚"、"松柏为主、白茅为籍"等语（参《湖南郴州苏仙桥遗址发掘简报》，《湖南考古辑刊》第8集，长沙：岳麓书社，2009年，第93—117页）。绝无媚神或祝诅之语，虽年代相距较远，但仍可作为官方祭祀祝祷文之参考。夏德安也提到过周家台祠先农简，认为"这四次祝不像J10官方祭祀先农祝文"。参夏德安：《湖南郴州苏仙桥西晋古井J10的"正月祠先农祝文"》，《甘肃省第二届简牍学国际学术研讨会会议论文集》，2011年，第535页。

② 睡虎地秦墓竹简整理小组：《睡虎地秦墓竹简》，北京：文物出版社，1990年，第227—228页。

近”、“相关”之原则。二者皆置三腏而祝，无少牢之祀。再者，在其祝祷过程中皆反复向求祝对象许诺。这些都说明这两种文献性质相类。睡虎地秦简之“祠马禖”简与日书合抄，可见并非常规官方祭祀，而是某种民间的祠祀活动。从周家台“祠先农”简整理本前后数简的内容来看，也与睡虎地情况十分相似。其前一简曰：

> ·马心：禹步三，乡（向）马祝曰：“高山高郭，某马心天，某为我已之，并□侍之。”即午画三四五地，而最（撮）其土，以靡（摩）其鼻中。三四六①

从内容来看，这也是一种巫术性质的祝祷。周家台“祠先农”简与其他有巫术性质的祠祷简合抄，也可从一个侧面旁证其性质。

周家台祠先农简与里耶祠先农校券，祭祷对象虽然相同，但祭祷方式以及祭祀目的都有根本的差别。前者为巫术性质浓厚的民间祠祭，后者为地方官方祭祀，性质完全不同。因祭祀方式、施祭人群的不同，一些祭祀对象相同的祭祀性质有别。对于这种情况，应小心甄别，不宜混为一谈，互作比较。

总之，先农祭祀同时存在于国家祭祀、地方官方祭祀和民间祭祀三个层次中。先农在郊祀中为配享小神之一，每年正月行籍田礼时，先以太牢祠先农。郡县官方以乙未日祠先农，祭牲为羊豕，自先秦至东汉。这一层次的先农祭祀礼节相对较为稳定。秦汉民间祠祀中的先农祭祀，目前所见的材料极为有限，或与巫术有关。民间祠祀不可能像统一帝国官方祭祀那样整齐划一，其祭祀时间与具体祭仪都应区别探讨，不宜混为一谈。

## 二、灵星与灵星祠

《续汉书·祭祀志下》注引《汉旧仪》曰：“古时岁再祠灵星，春秋用少牢礼也。”②用少牢、一岁再祠灵星，皆非汉代制度，这条材料中的“古时”，或指先秦而言。不过，就目前能见的材料而言，灵星之祠不见于先秦，传世典籍

① 湖北省荆州市周梁玉桥遗址博物馆编：《关沮秦汉墓简牍》，第132页。
② 《续汉书》志9《祭祀志下》，《后汉书》，第3204页。

载其始于西汉高祖五年（前202），《封禅书》载：

> 或曰周兴而邑郜，立后稷之祠，至今血食天下。高祖制诏御史："其令郡国县立灵星祠，常以岁时祠以牛。"①

以《封禅书》之文义，汉复立周王室后稷之祠，以灵星祠当之。不过，在《封禅书》的记载中，"灵星"的具体所指及其与后稷的关系非常模糊。至于东汉，人们已经弄不清楚灵星祠的祭祀对象。《风俗通义》卷八《祀典》"灵星"条曰：

> 俗说：县令问主簿："灵星在城东南，何法？"主簿仰答曰："唯灵星所以在东南者，亦不知也。"《汉书·郊祀志》，高祖五年初置灵星，祀后稷也，欧爵簸扬，田农之事也。谨按：祀典，既以立稷，又有先农，无为灵星复祀后稷也。左中郎将贾逵说以为龙第三有天田星，灵者神也，故祀以报功。②

《风俗通义》廓清灵星所祭并非后稷，并引贾逵说，以灵星为心宿第三星天田星。《论衡·祭义》则曰：

> 灵星之祭，祭水旱也，于礼旧名曰雩。雩之礼，为民祈谷雨，祈谷实也。……春雩之礼废，秋雩之礼存，故世常修灵星之祀，到今不绝。名变于旧，故世人不识；礼废不具，故儒者不知。世儒案礼，不知灵星何祀……③

王充以灵星为秋雩礼。他还指出，在东汉，灵星的祭祀对象已经"世人不识"、"儒者不知"了。

《史记·封禅书》"立灵星祠"条《集解》引张晏曰："龙星左角曰天田，则

---

① 《史记》卷28《封禅书》，北京：中华书局，1959年，第1380页。
② 《风俗通义校注》，第358—359页。笔者据自己的理解重新点断，标点与原书微异。
③ 黄晖：《论衡校释》卷25《祭义篇》，北京：中华书局，1990年，第1061—1062页。《论衡校释》卷15《明雩篇》也有相似的说法："当今灵星，秋之雩也。春雩废，秋雩在。故灵星之祀，岁常祭也……今有灵星，古昔之礼也，况岁气有变，水旱不时，人君之惧，必痛甚矣。虽有灵星之祀，犹复雩，恐前不备，肜绎之义也。"第677—680页。

农祥也，晨见而祭。"认为灵星是龙星之左角，即心宿中的第三星天田星，与前引应劭说同。《封禅书》《正义》又引《汉旧仪》云："五年，修复周家旧祠，祀后稷于东南，为民祈农报厥功。夏则龙星见而始雩。龙星左角为天田，右角为天庭。天田为司马，教人种百谷为稷。灵者，神也。辰之神为灵星，故以壬辰日祠灵星于东南，金胜为土相也。"①《汉旧仪》以灵星为"辰之神"。古书所谓"大辰"，即房、心、尾三宿的合称，②"辰之神"即包括了属心宿的天田星，与张晏说略异。不过，《汉旧仪》同时又杂用《封禅书》之说，以为灵星的祭祀对象是后稷。关于灵星与后稷的关系，《续汉书·祭祀志下》"灵星"条则云："言祠后稷而谓之灵星者，以后稷又配食星也。"③以灵星祭祀为后稷之配享。

总结以上诸说，古人对灵星所祀对象的看法大凡可分为三类：其一以灵星即龙星，灵星非祠后稷；其二以灵星配享后稷，故以之为稷祠；其三以祠灵星为秋雩。秋雩之说不可信，前人已有驳正，④此不赘述。不过，《论衡》将祠灵星与求雨联系起来则是正确的。《史记·封禅书》载武帝时立灵星祠：

> 其明年，伐朝鲜。夏，旱。公孙卿曰："黄帝时封则天旱，干封三年。"上乃下诏曰："天旱，意干封乎？其令天下尊祠灵星焉。"⑤

武帝封禅后天下大旱，方士说服他相信这是天意，正可使泰山封土得以风干。于是，武帝令全国尊崇灵星祠，其目的是缓解旱情，这是西汉第二次大兴灵星祭祀。此外，《艺文类聚》引《益部耆旧传》曰："赵瑶为阆中令，遭旱，请雨于灵星，应时大雨。"⑥也可为一证。

既然祠灵星能够解旱祈雨，由此推断，以上三说中第一说最为可信。龙星（心宿）一直与祈雨礼联系在一起，《左传》桓公五年："凡祀，启蛰而郊，龙见而雩。"杜注曰："龙见，建巳之月，苍龙宿之体昏见东方。万物始盛，待雨

---

① 《史记》卷28《封禅书》，第1380页。
② 《尔雅注疏》卷6《释天》："大辰，房、心、尾也。"《十三经注疏》本，北京：中华书局，1980年，第2609页上栏。
③ 《续汉书》志9《祭祀志下》，《后汉书》，第3204页。
④ 参黄晖在《论衡校释》中的辨正，第1063—1064页。
⑤ 《史记》卷28《封禅书》，第1400页。
⑥ 欧阳询：《艺文类聚》卷2《天部下》"雨"，上海：上海古籍出版社，1999年，第27页。

而大,故祭天,远为百谷祈膏雨。"①心宿一般于夏季首月出现于东方,是谷物长势最好的时间,为秋收计,祈雨正得其时。以此来看,灵星祭祀和后稷并无直接关系。

不过,既然《封禅书》以为灵星与后稷有关,似不宜全从《风俗通义》,断然否定二者之间的联系。《国语·周语》伶州鸠答周景王问律,云:"月之所在,辰马农祥也。我太祖后稷之所经纬也,王欲合是五位三所而用之。"②韦昭注云:"辰马,谓房、心星也。心星所在大辰之次为天驷。驷,马也,故曰辰马。……房星晨正,而农事起焉,故谓之农祥。稷播百谷,故农祥,后稷所经纬也。"③以房、心二宿为"后稷所经纬",即认为后稷为房宿与心宿所主,前引《汉旧仪》说以后稷为灵星之配享,或亦承此而来。《太平御览》引《周书·作雒》曰:"乃设兆于南郊,祀以上帝,配以后稷农星,先王皆与食。"④以后稷和"农星"为上帝之配享。秦蕙田怀疑所谓"农星"就是灵星,⑤也可备一说。

综上,灵星所祀对象为心宿(龙星)中的一组小星,功用是祈雨。因与农事相关,典籍中往往将其与后稷连言。就西汉一朝而言,立于长安的灵星祠也许领于天子祝官,郡县的灵星祠则进入了地方性官方祭祀的行列。后代郊坛上或有灵星为配享,但为地位不太重要的小神。⑥郡县的灵星祭祀更为重要,历代承袭也更为稳定。《魏书·刘芳传》刘芳上疏引《晋祠令》云:"郡、县、国祠稷、社、先农,县又祠灵星。"⑦可见至少至西晋,灵星祠仍广泛分布于郡县。

## 三、结　论

秦汉农神祭祀,除社稷外,最重要的是先农与灵星。先农在先秦时期已

① 《春秋左传注疏》,《十三经注疏》本,第1748页中—1749页上。
② 上海师范学院古籍整理组:《国语》卷3《周语下》,上海:上海古籍出版社,1978年,第138页。
③ 《国语》卷3《周语下》,第140页。
④ 《太平御览》卷527《礼仪部六》"郊丘",第2391页上。
⑤ 秦蕙田:《五礼通考》卷35《吉礼》,文渊阁《四库全书》本。此外,《太平御览》卷532《礼仪部一一》"灵星"又将上引《周书·作雒》"农星"一条置于礼仪部"灵星"条,可能也是出于相同的考虑,第2417页下。
⑥ 如《隋书》卷6《礼仪一》载后齐制:"圆丘则以苍璧束帛,正月上辛,祀昊天上帝于其上……日月、五星、北斗、二十八宿、司中、司命、司人、司禄、风师、雨师、灵星于下丘,为众星之位,迁于内壝之中。"北京:中华书局,1973年,第114页。不过,郊坛上的灵星祭祀并不稳定,时兴时废,本文专论秦汉时期的灵星祭祀,此不赘言。
⑦ 《魏书》卷55《刘芳传》,北京:中华书局,1974年,第1224页。

见于官方祭祀,汉以后与籍田礼相结合,成为国家祭祀的一部分。从里耶秦简祠先农校券来看,秦代郡县已有规律的先农祭祀活动,其传统应可以上溯至先秦。与《续汉书·礼仪志》相对照,可知自秦至于东汉,地方的官方先农之祭相当稳定。此外,民间祭祀或巫术祝祷中也有对象为先农者,但其性质与官方祭祀有根本不同。

灵星祭祀始发于西汉,所祀对象为心宿(龙星)中的一组小星,以祈雨为主要诉求,西汉高祖、武帝两次令天下祀灵星,至少到西晋时期,灵星祠仍在郡县有广泛分布。

农神见于国家重祭,但因与农业生产与基层事务的运作息息相关,农神祭祀更盛于郡县的基层官方祭祀,地位也更为重要。地方农神祭祀的频繁程度远过于国家祭祀,同时,还存在着农神的民间祭祀或其他附属祭祀。后代地方的农神祭祀,多承自秦汉。其传统相当稳定,易代而不改。


附识:本文原刊于《中国国家博物馆馆刊》2013 年第 8 期,此为修订稿。

# 齐王攸就国考论

## ——晋武帝"必建五等"的历程之一

顾江龙

## 一、小　　引

司马攸(248—283)是司马昭次子,幼年出继司马师。西晋建立后,他作为晋武帝唯一的同母弟获封齐王,累官至司空、领太子太傅。[①] 从《晋书》本传和其他材料来看,在晋初的政治进程中齐王攸算不上呼风唤雨的一个人物,但是太康三年(282)末武帝一纸诏书逼迫齐王攸归藩镇守青州,却激起朝廷内外的强烈抗议,成为晋初最令人瞩目的政治事件之一。根据《晋书》纪传和《资治通鉴》的描述,齐王攸就国的原委和经过大体如下:[②]

(一)太康三年十二月,因为受中书监荀勖、侍中冯𬘩的蛊惑,武帝对齐王攸产生疑心,下诏任命他为大司马、都督青州诸军事、镇东大将军。同时,武帝命叔父汝南王亮自豫州入居太尉、录尚书事,并兼领太子太傅;稍后又以荀勖、冯𬘩的同谋外戚卫将军杨珧领太子少傅,"参辅东宫"。[③]

(二)太康四年正月,武帝再度下诏令齐王攸赴任,并命令太常拟"议崇锡齐王之物"。

---

① 《晋书》卷38《文六王·齐王攸传》,北京:中华书局,1974 年,第 1130—1135 页。本传记载齐王攸的年龄前后抵牾,据早年的两条材料推算,他应生于公元246 年,据传末太康四年卒"时年三十六"推算,则生于 248 年;今暂从后者。

② 《晋书》卷3《武帝纪》,第 74 页;同书卷38《文六王·齐王攸传》,第 1133—1135 页;同书卷39《冯𬘩传》,第 1162 页;同书卷40《杨珧传》,第 1180 页;《资治通鉴》卷81《晋纪三》,北京:中华书局,1956 年,第 2581—2585 页。

③ 杨珧原任太子詹事,改任太子少傅乃出于荀勖的推荐(《晋书》卷39《荀勖传》,第1156 页)。

（三）二月，攸子司马寔由广汉王改封北海王，①以济南郡增益齐国，太常也议定了各种加崇礼仪。

（四）三月，齐王攸"愤怨发疾"，武帝派御医诊视，"诸医希旨，皆言无疾"。在疾病转笃的情况下，攸入辞武帝，"辞出信宿，呕血而薨"。②

武帝诏令齐王攸就国遇到始料未及的阻力。除去光禄大夫李熹、河南尹向雄、司隶校尉刘毅等一般的朝廷重臣，③武帝最亲近的一些人成为立场最鲜明的反对派。姻亲、乡里长老山涛，固辞司徒之命，"舆疾归家"。④ 叔父，"宗室之中最为俊望"的扶风王骏，因切谏不从而发病。⑤ 甄德、王济使出了派妻子哭谏的歪招；德妻是武帝姊妹，济妻是武帝女儿。⑥ 王济之父、征东大将军王浑也从扬州上书劝阻，且云"臣而不言，谁当言者"。⑦ 外戚羊琇"少与武帝通门，甚相亲狎"，更采取最激烈的行动，试图与北军中候成粲"手刃"杨珧。⑧ 对于这些公开的谏诤，武帝只是简单拒绝，做出过激行为的王济、羊琇等人也仅仅受到"左迁"的处分。

不过，当太康四年正月太常受命议齐王加崇典礼的时候，武帝与反对者之间原本相对克制的情绪陡然紧张起来。庾旉等七名太常博士抛开礼官份内工作，联名上表请留齐王攸；太常郑默、国子祭酒曹志不加禁止，曹志还单

---

① 《资治通鉴》所载月日多据《晋书·武帝纪》，惟"以济南郡益齐国"一事，《纪》无，《攸传》亦不载月日，而《通鉴》系于二月，《资治通鉴》卷81《晋纪三》，第2585页。另据《晋书》卷38《文六王·广汉王广德传》，寔先前已封广汉王（第1137页）。

② 据《金楼子》卷3《说审》的记载，齐王攸"结气病黄，暴薨"，见萧绎撰，许逸民校笺：《金楼子校笺》，北京：中华书局，2011年，第632页。

③ 《晋书》卷41《李熹传》，第1190页；同书卷48《向雄传》，第1336页。《世说新语·品藻篇》刘孝标注引《晋阳秋》："（齐王攸）呕血薨。帝哭之恸。冯统侍曰：'齐王名过其实，而天下归之。今自薨殒，陛下何哀之甚？'帝乃止。刘毅闻之，故终身称疾焉。"（刘义庆著，刘孝标注，余嘉锡笺疏：《世说新语笺疏》，北京：中华书局，2007年，第616页）按，刘毅后来担任尚书左仆射，称疾告老应在太康五年末。《晋阳秋》叙事虽不准确，其背景应当可信。《晋书》卷45《刘毅传附子刘暾传》载"毅终冯统奸佞，欲奏其罪，未果而卒"（第1280页），与《晋阳秋》正相呼应。另，向雄劝谏一事《通鉴》系于三月齐王攸发病之后，未知何据。

④ 《晋书》卷43《山涛传》，第1226—1227页。传云涛"不欲任杨氏，多有讽谏，帝虽悟而不能改"。

⑤ 《晋书》卷38《宣五王·扶风王骏传》言"发病薨"，第1125页。据同书卷3《武帝纪》，骏实薨于太康七年（第76页）。

⑥ 《晋书》卷42《王浑传附子王济传》，第1205页。

⑦ 《晋书》卷42《王浑传》，第1203—1204页。本传将此事系于"征拜尚书左仆射"之下，误。王浑任左仆射在太康六年，见同书卷3《武帝纪》，第76页；所以《通鉴》叙此事但作"征东大将军王浑上书云云"。

⑧ 《晋书》卷93《外戚·羊琇传》，第2411页；同书卷40《杨珧传》，第1180页。

独奏议支持博士们的意见。①武帝因为博士们"不答所问,答所不问"而勃然大怒,将郑默、曹志免官,庚旉等七人收付廷尉。廷尉刘颂"奏旉等大不敬,弃市论,求平议"。尚书朱整、褚䂮主张从严惩处,而尚书夏侯骏"独为驳议",并得到左仆射魏舒、右仆射下邳王晃等人的支持。尚书平议的结果显示,同情博士的舆论占据明显上风。武帝对此默然无以回应,"奏留中七日",才发布一道措辞强硬、实质却是退让的诏书,仅将庚旉等人除名。

针对太常博士的定罪风波消弭之后,朝臣们很清楚武帝排出齐王攸的决心全然不可逆转;《晋书·杨珧传》说羊琇被左迁太仆之后"举朝莫敢枝梧",反映出朝臣以沉默代替了抗议。齐王攸愤怨发疾而迁延无策,不久暴薨。

齐王攸的悲剧,唐初史臣归结为"地疑致逼"。②司马光基本采信《晋书·冯紞传》的一段话,云:"初,帝爱攸甚笃,为荀勖、冯紞等所构,欲为身后之虑,故出之。"这与唐初史臣的看法相同。清代学者就此事也未做过多的发挥。

20世纪40年代吕思勉先生著《两晋南北朝史》,专立"齐献王争立"一节,③详细梳理了《晋书》中关于晋初主要政治斗争和党派分野的史料,认为齐王攸就国事件实际是拥右太子与谋废太子的朋党之争。本节开篇说"八王之乱,原于杨、贾之争,杨、贾之争,又原于齐献王之觊觎大位",明确指出齐王攸是谋废太子一党的主角。

吕思勉先生所论深刻地影响到后续的研究。20世纪80年代关于"八王之乱"爆发原因的讨论中,一些学者便将上述观点作为默认的前提。④曹文柱《西晋前期的党争与武帝的对策》分析了晋初三次党争,用"争夺储位人选"来概括齐王攸就国事件的性质。⑤安田二郎《西晋朝初期政治史试论》深入剖析了武帝与齐王攸的对立关系以及身处其间的贾充的复杂立场。该文在史料辨析和解说方面颇见新意,但齐王攸"夺嫡"仍然作为一个先入的观点贯穿着全文。⑥

---

① 《晋书》卷50《庚纯传附子庚旉传》,第1402—1403页;同书同卷《曹志传》,第1390—1391页。
② 《晋书》卷38《文六王·齐王攸传》史臣曰,第1138—1139页。
③ 吕思勉:《两晋南北朝史》(初版1948年),上海:上海古籍出版社,2005年,第32—38页。
④ 相关论著难以遍举,对齐王攸和惠帝的竞争关系论述较多者,有何吉贤:《试论八王之乱爆发的原因》,《河北师范大学学报》1981年第4期;张金龙:《关于"八王之乱"爆发原因若干问题考辨》,《兰州大学学报》(社会科学版)1987年第4期。
⑤ 曹文柱:《西晋前期的党争与武帝的对策》,《北京师范大学学报》1989年第5期。
⑥ 安田二郎:《西晋朝初期政治史试论》(初刊1995年),收入氏著《六朝政治史の研究》,京都:京都大学学术出版会,2003年,第5—41页。同氏《西晋武帝好色攷》(初刊1998年)的精彩长文也是依据类似的政治背景展开,收入上揭书,第43—161页。

最近十年，晋初政治史的研究重新受到关注。学界虽众说纷纭，总跳不出齐王攸"夺嫡"的思路，而且沿着吕思勉和安田二郎两位先生的研究轨迹，"夺嫡说"被不断重申、补充与强化。王永平《晋武帝立嗣及其斗争考论——以齐王攸夺嫡为中心》，文如其题；鲁力《晋武帝立嗣问题考辨》直云"在西晋初期，武帝与齐王攸的矛盾是统治阶级最高层的主要矛盾"；韩树峰《武帝立储与西晋政治斗争》认为，武帝立惠帝为太子、纳贾充女为太子妃等系列举措，"目的均是为了抑制齐王，以保证帝位万年一系"；范兆飞《西晋社会整合的新视角——再论齐王攸》更从侧面推论，齐王攸的暴薨是因为御医受武帝指使而暗施手脚。[①] 小池直子和权家玉对泰始七年贾充出镇的解读，田中一辉和刘啸对晋初东宫的分析也各从不同角度深化了"夺嫡说"。[②]

在"夺嫡"思路的引导下，魏末晋初的很多大小事件被挖掘和解释。其中最直接相关的，一是司马昭生前曾经考虑舍弃武帝而改立齐王攸为世子，可称之为第一次夺嫡；二是咸宁（275—279）前期武帝病危得愈之后，整备东宫、削弱贾充和改革分封制度的重大政治措施。关于后者与齐王攸就国的关联，自吕思勉先生以来存在详略不等的解说，一般将之视作第二次夺嫡斗争的先声。最近，仇鹿鸣《咸宁二年与晋武帝时代的政治转折》指出：武帝病重之际朝廷出现拥立齐王攸的密谋，武帝痊愈后果断反击，因此太康三、四年之交的政治风暴在咸宁二年已经开始酝酿。在稍后《齐王攸与魏晋政治变局考论》一文中，他全面探讨了"齐王攸与晋武帝两人之间缠绕一生的竞争关系"，并赋予齐王攸在竞争过程中鲜明的主动性。[③] 仇鹿鸣的两篇文章是目前所见对"夺嫡说"的最系统分析。

---

① 王永平：《晋武帝立嗣及其斗争考论——以齐王攸夺嫡为中心》，《河南科技大学学报》（社会科学版）2004 年第 3 期；鲁力：《晋武帝立嗣问题考辨》，《历史教学》2005 年第 5 期；韩树峰：《武帝立储与西晋政治斗争》，《中国人民大学学报》2009 年第 1 期；范兆飞：《西晋社会整合的新视角——再论齐王攸》，《兰州学刊》2005 年第 6 期。按，王永平对齐王攸的死因也有质疑，但行文语气并不肯定。

② 小池直子：《賈充出鎮——西晋泰始年間の派閥抗争に関する一試論》，《集刊東洋學》85，2005 年，第 20—40 页；同氏：《賈南風婚姻》，《名古屋大學東洋史研究報告》第 27 号，2003 年，第 28—61 页；权家玉：《晋武帝立嗣背景下的贾充》，《魏晋南北朝隋唐史资料》第 26 辑，2006 年，第 58—70 页；田中一辉：《西晋の東宮と外戚楊氏》，《東洋史研究》68—3，2009 年，第 389—417 页；刘啸：《再论晋初太子之争——以太子太傅、少傅、詹事的设置为中心》，《历史教学问题》2010 年第 3 期。

③ 仇鹿鸣：《咸宁二年与晋武帝时代的政治转折》，《学术月刊》2008 年第 11 期；同氏：《齐王攸与魏晋政治变局考论》，《国学研究》第 27 卷，北京：北京大学出版社，2011 年，第 143—173 页。

　　然而,齐王攸真如各家所论是帝位的觊觎者么? 大臣们之所以拥戴齐王攸,是期望他夺嫡为嗣么? 能够支撑以上观点的直接史料毋宁说是贫乏的。而间接史料的诠释与引申,则是见仁见智的。南齐臧荣绪《晋书》杂糅东晋以来各种良莠不齐的晋史而成书,本非良史,唐修《晋书》以臧书为蓝本,加之编纂仓促,所以叙事无序、前后抵触的缺陷非常突出。唐修《晋书》又服从当代政治的需要,对武帝与齐王攸、齐王攸与惠帝的竞争关系肆加渲染,不惜曲笔、添饰,某些记述尤其要慎重甄别。安田氏等少数论者已经意识到必须审慎运用《晋书》材料,但在细致辨析史料以及在辨析中充分利用旧晋史佚文方面,目前的状况难以让人满意。

　　以笔者对史料的分析看,齐王攸并无夺储的野心,受大臣拥戴只是因为他被视作最佳的辅政人选,太康三年武帝诏令齐王攸就国某种意义上仅是他惑于谗言而采取的突发行动。这一点与《晋书》列传的大部分记载契合。但《晋书》部分列传因为辗转引用旧晋史出现失真现象,又给读者造成自咸宁以来武帝即提防、压制齐王攸的印象。至于魏末两人竞争世子,事属可疑,或出于唐初史臣的改窜与臆造。

　　齐王攸的就国应有更深刻的背景,即武帝“必建五等”的决心。荀勖、冯紞为了说服武帝举出两个理由:一,以齐王攸辅政可能会威胁惠帝储位;二,要真正实施“五等之制”,必须让齐王攸作表率。“夺嫡说”关注其一而忽略其二,使得这一能够揭示西晋复古改制进程的重要事件被隐藏在传统的政治斗争的解说之下。

# 二、齐王攸“夺嫡说”的史料辨析

## (一) 齐王攸“第二次夺嫡说”

　　清人王鸣盛论《晋书》所载荀勖、冯紞谗谮齐王攸之事,“散见诸传中者,语多重出,繁复可厌。凡两传同述一事者,宜云‘详见某传’可矣”。[①] 王鸣盛只看到《晋书》各卷记载的雷同之处,却忽视了之间的相异之处;而相异之处恰是甄辨材料的关键。《晋书》志、传有四处讲到武帝逼遣齐王攸就国

---

① 王鸣盛:《十七史商榷》卷48《晋书六》“冯紞等构太子齐王”条,南京:凤凰出版社,2008年,第275页。

的原因。

《齐王攸传》：及帝晚年，诸子并弱，而太子不令，朝臣内外，皆属意于攸。中书监荀勖、侍中冯紞皆谄谀自进，攸素疾之。勖等以朝望在攸，恐其为嗣，祸必及己，乃从容言于帝曰："陛下万岁之后，太子不得立也。"帝曰："何故？"勖曰："百僚内外皆归心于齐王，太子焉得立乎！陛下试诏齐王之国，必举朝以为不可，则臣言有征矣。"紞又言曰："陛下遣诸侯之国，成五等之制者，宜先从亲始。亲莫若齐王。"帝既信勖言，又纳紞说，太康三年乃下诏（云云）。

《冯紞传》：（吴平之后）迁御史中丞，转侍中。帝病笃得愈，紞与勖见朝野之望，属在齐王攸。攸素薄勖。勖以太子愚劣，恐攸得立，有害于己，乃使紞言于帝曰："陛下前者疾若不差，太子其废矣。齐王为百姓所归，公卿所仰，虽欲高让，其得免乎！宜遣还藩，以安社稷。"帝纳之。及攸薨，朝野悲恨。初，帝友于之情甚笃，既纳紞、勖邪说，遂为身后之虑，以固储位。既闻攸殒，哀恸特深。紞侍立，因言曰："齐王名过于实，今得自终，此乃大晋之福。陛下何乃过哀！"帝收泪而止。

《杨珧传》：珧初以退让称，晚乃合朋党，构出齐王攸。中护军羊琇与北军中候成粲谋欲因见珧而手刃之。

《职官志》：咸宁三年，卫将军杨珧与中书监荀勖以齐王攸有时望，惧惠帝有后难，因追故司空裴秀立五等封建之旨，从容共陈时宜于武帝，以为"古者建侯，所以藩卫王室。今吴寇未殄，方岳任大，而诸王为帅，都督封国，既各不臣其统内，于事重非宜。又异姓诸将居边，宜参以亲戚，而诸王公皆在京都，非扞城之义，万世之固"。帝初未之察，于是下诏议其制。……及吴平后，齐王攸遂之国。[①]

细读各篇记载，疑窦丛生。第一，据《攸传》，荀勖首进夺嫡谗言，冯紞复以"必建五等"为说词；据《紞传》，荀勖指使冯紞进谗，自己并未出面。考《攸传》勖之谗言与《紞传》紞之谗言，意思相近而文句迥异；官修《晋书》两传所依据的旧晋史恐非一源。

---

① 《晋书》卷38《文六王·齐王攸传》，第1133—1134页；同书卷39《冯紞传》，第1162页；同书卷40《杨珧传》，第1180页；同书卷24《职官志》，第744—745页。

　　第二,据《紞传》,武帝疾笃之际朝臣属意于齐王攸,荀勖担忧日后攸或嗣立,对己不利,故指使冯紞进谗。《攸传》不载武帝疾笃事,但"陛下万岁之后"一语隐约透露出类似背景。然而,武帝疾笃、痊愈发生在咸宁元、二年之交,到太康三年末已过去六七年之久。《紞传》将此事系于平吴之后,叙述尤为错乱。

　　第三,《职官志》言咸宁三年荀勖、杨珧为排出齐王攸而建议诸王移封就镇,更属无稽之谈:杨珧当时尚未做卫将军;[①]而荀勖,据本传更是移封就镇的反对派(详见后文)。

　　因此,以上《晋书》志、传的记载如果不是故意篡改,则必是错综诸家晋史而不能甄别的产物。其中《职官志》所述更是为了弥缝各传而"聪明"增补的结果。

　　官修《晋书》以南齐臧荣绪《晋书》为蓝本,而臧书所载西晋史事,其源多出东晋初王隐《晋书》,兼采东晋以后各家晋史。永嘉之乱,西晋官府典籍、档案十不存一。东晋初元帝曾敕佐著作郎干宝撰集《晋纪》二十卷,然"其书简略"。[②] 称西晋史实渊薮者,惟王隐《晋书》当之。隐父铨,咸宁中为太学生,官至历阳令。铨"少好学,有著述之志,每私录晋事及功臣行状,未就而卒"。隐"受父遗业,西都旧事多所谙究",渡江以后,元帝"召隐及郭璞俱为著作郎,令撰晋史"。隐后因谤免官,遂私撰《晋书》,并于成帝咸康六年(340)"诣阙奏上"。[③] 其书至少八十八卷,[④]主要记西晋事。同时期会稽虞预亦私撰《晋书》。预书不但剽窃隐书,[⑤]且仅四十余卷,详略亦不敌。至东晋中期习凿齿、孙盛乃至南朝臧荣绪等人所撰晋史,于西晋事更无另外的重要史源。[⑥] 吕思勉先生指出王隐《晋书》较诸家及官修《晋书》详备,"洛都行事,当以是为得失之林",[⑦]堪为定论。

---

① 详见笔者:《太康十年分封与杨骏专政——晋武帝"必建五等"的历程之二》(未刊稿)。
② 《晋书》卷82《干宝传》,第2149—2150页。
③ 参曹书杰:《王隐家世及其〈晋书〉》,《史学史研究》1995年第2期。
④ 关于王隐《晋书》有88卷,89卷,93卷三种记载,参曹书杰上揭文。
⑤ 《晋书》卷82《王隐传》,第2143页。
⑥ 西晋傅畅撰《晋诸公叙赞》22卷(《隋书》卷33《经籍志》二归入"杂史",作《晋诸公赞》21卷",北京:中华书局,1973年,第960页),又撰《晋公卿故事》9卷(《隋志》归入"职官",作《晋公卿礼秩故事》",第968页)。西晋末畅没于石勒,二书盖此后所作。畅书流传江左的时间不明,《世说新语》刘注多引前书(徐婷婷《〈世说〉刘注〈晋诸公赞〉考略》一文谓此书被引达63次,《乐山师范学院学报》2009年第7期,第21—23页)。从傅畅二书佚文看,叙事比较简略。
⑦ 《吕思勉读史札记》丙帙魏晋南北朝"论《晋书》二"条,上海:上海古籍出版社,1982年,第924页。

在东晋南朝，王隐《晋书》的口碑却不甚佳。本传云："隐虽好著述，而文辞鄙拙，芜舛不伦。其书次第可观者，皆其父所撰；文体混漫义不可解者，隐之作也。"这段评论应该出自某种旧晋史。王隐注重史实，叙事质朴，而东晋南朝史家普遍炫耀文笔，讲求褒贬，所以隐书蒙此讥刺。王隐之后撰修晋史者如果取材隐书，往往删削润饰，附以己意，经各家辗转蹈袭删饰，史实遂有失真之虞。试举一例。

《世说新语·方正篇》："和峤为武帝所亲重，语峤曰：'东宫顷似更成进，卿试往看。'还问：'何如？'答云：'皇太子圣质如初。'"今考《世说》以外有四家晋史记载此事。

> 刘孝标注引干宝《晋纪》：皇太子有醇古之风，美于信受。侍中和峤数言于上曰："季世多伪，而太子尚信，非四海之主。忧太子不了陛下家事，愿追思文、武之阼。"上既重长嫡，又怀齐王，朋党之论弗入也。后上谓峤曰："太子近入朝，吾谓差进，卿可与荀侍中共往言。"及颢奉诏还，对上曰："太子明识弘新，有如明诏。"问峤，峤对曰："圣质如初。"上默然。

> 刘孝标注引孙盛《晋阳秋》：世祖疑惠帝不可承继大业，遣和峤、荀勖往观察之。既见，勖称叹曰："太子德更进茂，不同于故。"峤曰："皇太子圣质如初，此陛下家事，非臣所尽。"天下闻之，莫不称峤为忠，而欲灰灭勖也。①

> 《太平御览》卷一四八引王隐《晋书》：惠帝为太子，时上素知太子暗弱，后必乱国，然不能择才，乃遣荀勖、和峤往观之。勖还，盛称"太子德更进茂，不同西官之时也"。峤答诏称："臣以太子如故，不见更胜。此自陛下家事，非臣所尽也。"于是天下贵峤而贱勖也。②

> 《群书治要》卷三〇引臧荣绪《晋书·和峤传》：迁侍中。峤见东宫不令，因侍坐曰："皇太子有淳古之风，而季世多伪，恐不了陛下家事。"世祖默然。后与荀颢、荀勖同侍，世祖曰："太子近入朝，差长进，卿可俱诣，粗及世事。"既奉诏而还，颢、勖并称"皇太子明识弘雅，诚如明诏"，峤曰"圣质如初耳"。帝不悦而起。③

---

① 以上并见《世说新语·方正篇》，《世说新语笺疏》，第342—343 页。
② 李昉等撰：《太平御览》卷148《职官部十四·太子三》，北京：中华书局，1960 年，第722 页上。
③ 魏征等：《群书治要》卷30《晋书下·和峤传》，王云五主编《丛书集成初编》，上海：商务印书馆，1936 年，第498 页。

另，《三国志·荀彧传》裴注：《荀氏家传》曰：恺，晋武帝时为侍
中。（下略引干宝、孙盛之说）……臣松之案：和峤为侍中，荀颛亡没久
矣。荀勖位亚台司，不与峤同班，无缘方称侍中。二书所云，皆为非也。
考其时位，恺寔当之。恺位至征西大将军。①

与和峤同观惠帝者，东晋三位史家中干宝以为是荀颛，王隐、孙盛则以
为是荀勖。荀颛卒于泰始十年（274），生前是太尉，从名位上讲"不与峤同
班"，同时他又兼领太子太傅五六年之久，熟悉惠帝，所以首先可以排除。裴
松之从干宝《晋纪》和峤任侍中出发，断定事在太康年间，当是侍中荀恺。程
炎震、余嘉锡皆赞同裴说。② 其实裴说的依据过于薄弱。考王隐记荀勖之
语，"太子德更进茂，不同西宫之时也"，"不同西宫之时"六字才是判断此事
年代的关键。"西宫"指王宫、禁中；③所谓"西宫之时"，当指惠帝居住于禁
中的时期。他从禁中出居东宫大概在咸宁元年，④时年十七。武帝遣和峤等
人考察惠帝，必然在此后不久，不可能迟至太康年间。王隐、孙盛得其实。另
外荀勖、和峤曾经分任中书监、令，武帝派他们同去东宫，也显得更合情理。⑤

干宝将"荀勖"误作"荀颛"，又将时为中书令的和峤官职记错。孙盛叙
事无误，但《晋阳秋》的这段文字其实兼采王、干二书。王隐记和峤还对之
语，"臣以太子如故，不见更胜，此自陛下家事，非臣所尽也"，言语颇朴素。
孙盛记荀勖语略同隐书，记和峤语作"皇太子圣质如初，此陛下家事，非臣所
尽"；"圣质如初"一语温雅隽永，却从干宝《晋纪》拿来。至于"天下闻之，莫
不称峤为忠，而欲灰灭勖也"一句，大概是孙盛对王隐"天下贵峤而贱勖"一
句的信手发挥，不免渲染太过。

再看臧荣绪《晋书》，记荀颛、荀勖与侍中和峤三人同观太子，更是错糅以

---

① 陈寿撰，裴松之注：《三国志》卷10《魏书·荀彧传》，北京：中华书局，1959 年，第 320—
321 页。
② 余嘉锡：《世说新语笺疏》，第 343 页。
③ 以方位看，西晋太子官在王宫之东（参周一良：《〈宋书〉札记》"承华门"条，《魏晋南北朝
史札记》，北京：中华书局，1985 年，第 164—165 页），是以王宫、禁中可称"西宫"。《晋
书》卷31《后妃上·惠羊皇后附谢夫人传》以禁中为西宫，与太子东宫对举（第 968 页），同
书卷45《和峤传》"（愍怀）太子朝西宫"（第 1283 页），皆是其例。又，魏末以来相府在王宫
之东，亦称"东府"，王宫则称"西宫"。
④ 详见笔者：《太康十年分封与杨骏专政——晋武帝"必建五等"的历程之二》（未刊稿）。
⑤ 鲁力《晋武帝立嗣问题考辨》一文认为，和峤等观察太子"应在太康二年后不久"（第 36
页）。他的一个重要理由是《晋书·和峤传》将此事系于平吴之后。按，《晋书》西晋各传
大多存在叙事颠倒无序的现象，不能仅以行文次序来判断事件先后。

上各家，最为无识。官修《晋书·荀勖传》载此事略同王隐、孙盛，文字极简略；《和峤传》则全盘继承臧书三人同行的谬误，①所以程炎震指斥它"殊罕裁断"。

类似的例子还有一些。可见，西晋史实由于东晋以后各家晋史迭加删饰，遂有辗转失真的现象；官修《晋书》虽偶尔刊正，更多时候却杂采诸说，前后矛盾，容易造成更严重的误解。

比较可惜，旧晋史记荀勖、冯紞谮齐王攸之事今可考者仅两家：

《世说·品藻篇》刘注引孙盛《晋阳秋》：

> 初，荀勖、冯紞为武帝亲幸，攸恶勖之佞，勖惧攸或嗣立，必诛己，且攸甚得众心，朝贤景附。会帝有疾，攸及皇太子入问讯，朝士皆属目于攸，而不在太子。至是勖从容曰："陛下万年后，太子不得立也。"帝曰："何故？"勖曰："百寮内外，皆归心于齐王，太子安得立乎？陛下试诏齐王归国，必举朝谓之不可。若然，则臣言征矣。"侍中冯紞又曰："陛下必欲建诸侯，成五等，宜从亲始，亲莫若齐王。"帝从之。于是下诏，使攸之国。攸闻勖、紞间己，忧忿不知所为。入辞，出，呕血薨。帝哭之恸。冯紞侍曰："齐王名过其实，而天下归之。今自薨殒，陛下何哀之甚？"帝乃止。②

《群书治要》卷三〇引臧荣绪《晋书·冯紞传》：

> 世祖笃病得愈，紞与勖乃言于世祖曰："陛下前者病若不差，太子其废矣。齐王为百姓所归，公卿所仰，虽欲高让，其得免乎！宜遣还藩，以安社稷。"世祖纳之。③

将武帝咸宁初疾笃一事与齐王攸就国原因紧密联系在一起，自孙盛《晋阳秋》已然。《晋阳秋》作为编年体，常用倒述手法，且叙事之中夹附人物小传，④因

---

① 《晋书》卷45《和峤传》，第1283页。

② 《世说新语·品藻篇》，《世说新语笺疏》，第616页。

③ 《群书治要》卷30《晋书下·冯紞传》，第499—500页。

④ 1972年，吐鲁番阿斯塔那151号墓出土《晋阳秋》写本残卷，存86行，1000余字，从中可窥见该书体例。参陈国灿、李征：《吐鲁番出土的东晋（？）写本〈晋阳秋〉残卷》，文化部文物事业管理局古文献研究室编：《出土文献研究》，北京：文物出版社，1985年，第152—158页；王素：《吐鲁番所出〈晋阳秋〉残卷史实考证及拟补》，《中华文史论丛》第30辑，1984年，第25—47页。

而刘孝标所引的文字难以断定是否出自《晋阳秋》的一个完整段落。从内容考虑，"初，荀勖、冯紞为武帝亲幸"到"于是下诏，使攸之国"自为一段，当系于太康三年十二月武帝颁布齐王攸出镇青州的诏书之下。孙盛用时间提示语将出齐王攸的原委道出，本可做到简明而得史法，但武帝有疾在咸宁元、二年，令齐王攸之国在太康三年，孙盛却用"会"与"至是"作提示语，容易令读者误以为武帝有疾也在太康三年。又据引文，因武帝得疾后百官瞩目齐王攸，荀勖担心攸日后对己不利，所以要排挤他。孙盛却用"初"前缀先将荀勖的担心写出，然后再讲武帝染疾，叙述也有因果倒置之嫌。

臧荣绪《晋书·冯紞传》复制了孙盛的不严谨之处，而变本加厉。当然，《群书治要》所引或有删节，在"世祖笃病得愈"与"紞与勖乃言于世祖"两句之间，臧书可能还有一些文字。但孙书云"陛下万年后，太子不得立也"，臧书则直接点明"陛下前者病若不差，太子其废矣"，更将武帝患病与勖、紞谗毁这两件事直接挂钩。臧书为纪传体，用"前者"二字，更容易造成读史者在时间方面的误解。官修《晋书》于《齐王攸传》基本袭用孙书，[①]于《冯紞传》则全采臧书，不仅无丝毫的刊正，反在《职官志》咸宁三年诸王移封就镇的建议者中凭空添上荀勖的名字，并于末尾特地点出"及吴平后，齐王攸遂之国"，全不翻检与同书《荀勖传》是否冲突。

通过追溯官修《晋书》的史源，可见将武帝疾笃与齐王攸就国联系在一起并构成紧密的因果关系，是一种"层累造成"的错误。咸宁初武帝疾笃一事后来引发了重大的人事调整和制度规划，但这些措施并非针对齐王攸（详后）。太康三年武帝诏令齐王攸就国，从人事的角度来说，只是他听信谗言的冲动行为。

荀勖、冯紞因为行事佞媚受到齐王攸的鄙薄，但他们依附于贾充，靠山足够强大。太康三年四月贾充卒，齐王攸虽然尚未深度介入中枢决策系统，但对东宫、对朝廷两方面的影响都因此立刻膨胀。对荀勖、冯紞而言，他的存在用"芒刺在背"来形容也绝不过分。贾充之死对于太康初期开始崛起的外戚杨氏也算一个利好。杨氏对东宫权力的觊觎与荀勖、冯紞排斥齐王攸的迫切需求一拍即合，因而有杨珧与二人"合朋党，构出齐王攸"之事。

## （二）齐王攸"第一次夺嫡说"

以咸宁初为起点的"第二次夺嫡说"的根据又部分建筑于"第一次夺嫡

---

说"之上。按照官修《晋书》的描绘，早在魏末齐王攸就与晋武帝竞争过晋国的世子。《晋书》纪传多处讲到，因为齐王攸出继给司马师，声望也高过武帝，司马昭一度考虑立攸为世子。为此，司马昭至少征询了何曾、贾充、裴秀与山涛四人的意见。① 《武帝纪》云："文帝以景帝既宣帝之嫡……自谓摄居相位，百年之后，大业宜归攸。每曰：'此景王之天下也，吾何与焉。'将议立世子，属意于攸。"《山涛传》云："帝以齐王攸继景帝后，素又重攸，尝问裴秀曰：'大将军开建未遂，吾但承奉后事耳。故立攸，将归功于兄，何如？'"由于元老、腹心的纷纷反对，武帝才最终被立为世子。

安田二郎先生认为，所谓司马昭欲传位于攸只是对亲信大臣的一次试探，目的是让贾充等人提前向武帝确立忠诚；② 这个分析在当前的研究中最合乎情理。但是，第一次夺嫡之事或许根本就子虚乌有！

竞争世子的记述分散于《晋书》六篇纪传中，包含着相当有趣的一些细节。如司马昭宠爱齐王攸，每见攸，"辄抚床呼其小字曰'此桃符座也'"；羊琇观察司马昭的理政方式，打探时政急务及难题，让武帝预先准备，使他能够"答无不允"等等。这些逸事足以成为东晋南朝士人极佳的谈资。非常奇怪，有关齐王攸威胁武帝世子地位的各种史事，有趣的或平淡的，在残留的旧晋书中几乎找不到任何印证。官修《晋书》的史源出自哪里？这一点不能不引起警惕。旧史中仅有的一条相关史料，见《艺文类聚》卷一六引王隐《晋书》：

> 初，武帝未为世子，文帝问裴秀："人有相否？"秀曰："中抚军立发至地，手过于膝，人望既茂，天表如此，非人臣之相。"③

而官修《晋书·武帝纪》云：

> 文帝……将议立世子，属意于攸。何曾等固争曰："中抚军聪明神武，有超世之才。发委地，手过膝，此非人臣之相也。"由是遂定。

---

① 《晋书》卷3《武帝纪》，第49页；同书卷35《裴秀传》，第1038页；同书卷38《文六王·齐王攸传》，第1133页；同书卷40《贾充传》，第1166页；同书卷43《山涛传》，第1224页；同书卷93《外戚·羊琇传》，第2410页。

② 安田二郎：《西晋朝初期政治史试论》，第6—12页。

③ 欧阳询：《艺文类聚》卷16《储宫部·储宫》，上海：上海古籍出版社，1999年，第293页。《太平御览》卷373《人事部十四·发》所引略同，第1720页。

《裴秀传》则云：

> 初，文帝未定嗣，而属意舞阳侯攸。武帝惧不得立，问秀曰："人有相否？"因以奇表示之。秀后言于文帝曰："中抚军人望既茂，天表如此，固非人臣之相也。"由是世子乃定。

王隐所记昭、秀问答，本未必确有其事。官修《晋书》将裴秀之语拆分为二，一属何曾，一属裴秀，分别加上"文帝属意于攸"的背景。王隐记文帝问裴秀"人有相否"，官修《晋书》却说"武帝惧不得立"而以奇表示秀。唐初史臣的篡改痕迹灼然可见。如此，官修《晋书》的其余描绘不也存在虚构的可能么？

李培栋等先生指出，唐初重修《晋书》带有强烈的政治目的，玄武门之变、太子承乾与魏王泰朋党之争以及承乾案所引发的太宗对功臣勋戚的猜忌，则是最需要古今观照的敏感问题。[①] 玄武门之变放在晋代，便是齐王攸与晋武帝争为世子的事件。杀兄逼父而攫取帝位的唐太宗，努力以周公诛管蔡自况，终究不能释去心中的包袱。齐王攸留给后人的形象高过嫡兄晋武帝，正好配合唐太宗自己在才能与功业方面对建成的优越性。而从王隐等旧晋书个别的模棱记载出发，清晰勾勒出司马昭欲舍长立贤的历史画面，对他夺嫡登位的行径恰好暗示着一个微妙的理由。

《晋书》关于魏末齐王攸夺嫡未遂的描述，绝大部分研究者不作任何质疑。夺嫡的思路向下延伸，在武帝朝政争的各种研究中占据了最显著的位置。即便是安田氏也认为，只有少数亲信大臣洞解司马昭试探的本意，包括武帝与齐王攸在内的大多数人却相信他确实动过传位于攸的念头，[②]并以之为前提对惠帝废立和齐王攸就国问题展开探讨。无乃求之过深？今举一例。《晋书·贾充传》载：

> 初，帝疾笃，朝廷属意于攸。河南尹夏侯和谓充曰："卿二女婿，亲疏等耳，立人当立德。"充不答。及是，帝闻之，徙和光禄勋，乃夺充兵

---

① 李培栋：《〈晋书〉研究》，氏著《魏晋南北朝史缘》，上海：学林出版社，1996 年，第 108—139 页。清水凯夫《论唐修〈晋书〉的性质》则举出唐撰《晋书》"按李世民意图进行改修"的几个例子，《北京大学学报》（哲学社会科学版）1995 年第 5 期，第 98—103 页。
② 安田二郎：《西晋朝初期政治史試論》，第 19 页。

权，而位遇无替。①

齐王攸妃为贾充前妻李氏所生，惠帝太子妃为贾充后妻郭淮所生，面对夏侯和带有"叛逆"意味的试探，贾充保持了沉默。安田氏认为，武帝原先通过婚姻联合贾充以抑制齐王攸，但他危而复愈之后，却感到不能完全信任贾充，因此转变策略——积极扶植太子司马衷，同时抑黜齐王攸。具体说，迎立悼后是一个直接的措施，整备、充实东宫是其二。② 按，悼后是元后的从妹，元后临终前因担忧受武帝宠幸的胡夫人继承皇后之位，向武帝推荐了悼后，"帝流涕许之"。③ 悼后父杨骏之弟杨珧则在咸宁元年六月被任命为太子詹事，也在武帝染疾之前。迎立悼后可以说在两年前就已决定。

整备、充实东宫除了新设太子詹事之外，咸宁二年又增设太子太保，以贾充兼领。但太子太保主要是尊崇之位，太子詹事管理庶务，地位较低，掌握东宫实权的乃是太子二傅；④太傅仍是齐王攸，少傅则由山涛担任。没有任何材料表明齐王攸失去对东宫的控制。《晋书·齐王攸传》云："转镇军大将军……行太子少傅。数年，授太子太傅，献箴于太子曰：'……（文长不录）。'世以为工。"⑤安田氏认为，齐王攸的"太子箴"并非写给太子，而是写给武帝看，表达了一个被流放者的悲愤。按，《北堂书钞》卷七〇引王隐《晋书》云："攸好学，太子初立，因为箴文明太后也。"⑥文明太后即武帝与齐王攸之母，卒于泰始四年。当泰始三年惠帝立为太子时，齐王攸二十岁，以一个好学青年的热情写出一篇文章呈给母亲看，文中并无丝毫的悲愤之气。箴文的内容也比较符合"太子初立"的背景。此文本非一般意义上的官箴，写官箴者也未必要身居其职，官修《晋书》认为此文作于太子太傅任上，也是沿袭臧荣绪《晋书》的错误。⑦

整备、充实东宫的最重要措施是增设与选用各种僚佐。《唐六典》追溯太子中舍人一职的起源，云："晋惠帝在储宫，以舍人四人有文学才美者，与中庶子共理文书；至咸宁二年，齐王攸为太傅，遂加名为中舍人，位

---

① 《晋书》卷40《贾充传》，第1169页。
② 安田二郎：《西晋朝初期政治史試論》，第19—24页。
③ 《晋书》卷31《后妃上·武元杨皇后传》，第953页。
④ 详见笔者：《太康十年分封与杨骏专政——晋武帝"必建五等"的历程之二》（未刊稿）。
⑤ 《晋书》卷38《文六王·齐王攸传》，第1132—1133页。
⑥ 虞世南《北堂书钞》卷70《设官部二二·诸王》"为箴诔"句引"王《晋书·齐王传》"，光绪十四年孔广陶三十三万卷书堂校注本。
⑦ 《群书治要》卷29《晋书上·齐王攸传》，第481页。

叙同尚书郎。"①从太子舍人分出中舍人,由齐王攸决定或建议。在《北堂书钞》卷六六、《艺文类聚》卷四九、《太平御览》卷二四五中,更可以看到不少齐王攸写给山涛的书札片断,内容大多是推荐、讨论太子中庶子、洗马或舍人的人选。由于咸宁以来山涛长期主管选举,齐王攸还推荐了太子舍人夏侯湛出任尚书郎。② 东宫主要僚佐的入与出都由齐王攸负责,可见他才是东宫的领导者。安田氏抑黜齐王攸之说难以成立。

## (三) 东晋名士论武帝之"出齐王"与"立惠帝"

《世说新语·品藻篇》:"时人共论晋武帝出齐王之与立惠帝,其失孰多?多谓立惠帝为重。桓温曰:'不然,使子继父业,弟承家祀,有何不可?'"刘孝标评曰:"武帝兆祸乱,覆神州,在斯而已。舆隶且知其若此,况宣武之弘俊乎?此言非也。"③

揣《世说》文意,如果将桓温"弟承家祀"一语理解为"弟齐王攸也可以继承帝位",那么"出齐王"与"立惠帝"本为同一件事情的两个步骤,相关议题根本就不成为题目,刘孝标对桓温此言真实性的质疑也显得无的放矢。桓温的意思应是:立子立弟、立贤立愚乃帝王家事,即使愚若惠帝者得立,只要辅政者贤明,亦无足忧也;武帝既立惠帝而出齐王攸,导致日后顾托非才,这才是最致命的错误。其余名士和刘孝标则认为:武帝应当改立太子;君主的贤愚比辅政者的选择更关键。④ 所以在东晋前期士大夫的眼中,"立惠帝"与"出齐王"本是两件事,不认为"出齐王"是惠帝得立的必要前提。

"立惠帝"所讨论的应是废惠帝改立秦王柬一事。年方九岁的惠帝被立为太子后,随着年龄增长,愚鲁的资质日渐显明。武帝怀疑他"不堪奉大统",而秘密征询杨元皇后的意见。杨后回答:"立嫡以长不以贤,岂可动乎?"⑤杨后病卒的六个月前,武帝又颁布一道诏书:"嫡庶之别,所以辨上下,明贵贱。而近世以来,多皆内宠,登妃后之位,乱尊卑之序。自今以后,

① 《唐六典》卷26《太子右春坊》太子中舍人条本注,北京:中华书局,1992年,第670页。据《晋书》卷24《职官志》,太子中舍人初置于咸宁四年(第743页)。
② 《艺文类聚》卷49《职官部五·太子中庶子》,第890页;《太平御览》卷245《职官部四三·太子中庶子》,第1160页;《北堂书钞》卷66《设官部十八·太子洗马》"典文书"句、"笃敏有思"句;同书同卷《太子舍人》"今之清选"句、"孝若秉心居正"句;同书卷60《设官部十二·尚书诸曹郎》"夏侯湛识明彻"句。
③ 《世说新语笺疏》,第616页。
④ 东晋以来家族人才的多寡、有无显著影响着门第的升降,众名士轻嫡庶、重才干,与当时状况符合。
⑤ 《晋书》卷31《后妃上·武元杨皇后传》,第953页。

皆不得登用妾媵以为嫡正。"①这份诏书含有奇特的味道。它其实是对杨后的许诺：一则断绝了胡夫人日后被扶正为皇后的可能性，二则确立了惠帝嫡长地位的不可动摇。这本是武帝与杨后的私下博弈，却以诏书形式将"家事"的准则公布、扩展到天下。

杨后三子，长子夭折，第二子即惠帝，第三子是秦王柬（初封汝南，改封南阳，太康末改封秦国），小惠帝三岁。杨后说"立嫡以长不以贤"，"长"指惠帝，"贤"指秦王柬。秦王柬外讷内秀，"于诸子中尤见宠爱"，至太康后期仍然"为天下所属目"。② 但史书中未见大臣支持秦王柬"夺嫡"的明确记载。大臣之中明确要求废惠帝的只有两人。一是从咸宁四年到太康十年一直占据尚书令职位并一度兼领太子少傅的卫瓘。在咸宁末或太康初的一次宴会上，卫瓘假装醉酒，抚摸御床说"此座可惜"。领悟其意图的武帝不久召集东宫官属，命惠帝裁决尚书事务以测试他的才能。由于太子妃贾南风的巧妙应对，惠帝反倒赢得武帝的称赞。③ 另一人则是和峤。前引干宝《晋纪》载：

> 皇太子有醇古之风，美于信受。侍中和峤数言于上曰："季世多伪，而太子尚信，非四海之主。忧太子不了陛下家事，愿追思文、武之祚。"上既重长嫡，又怀齐王，朋党之论弗入也。

公亶父传位幼子季历，季历子孙文王、武王遂开启周代八百年之祚。和峤讽武帝"追思文、武之祚"，只能解释为劝立秦王柬。而"上既重长嫡，又怀齐王，朋党之论弗入也"一句不见于官修《晋书》，④尤其包含着重要的消息。由"怀齐王"可知，和峤的执着进谏一直持续到太康四年齐王攸卒后；⑤"上既重长嫡"则表明武帝恪守"立嫡以长不以贤"的经训，同时履行对已故杨后的承诺。这进一步验证了和峤拥戴秦王柬的企图。

卫瓘伪醉的真实意图，史籍没有明确点出。在齐王攸就国的大风波中，

① 《晋书》卷3《武帝纪》，第63页。
② 《晋书》卷64《武十三王·秦王柬传》，第1720页。
③ 《世说新语·规箴篇》及刘孝标注引孙盛《晋阳秋》，《世说新语笺疏》，第656页；《晋书》卷31《后妃上·惠贾皇后传》，第963—964页；同书卷36《卫瓘传》，第1058—1059页；《金楼子》卷2《箴戒》，《金楼子校笺》，第313页。
④ 《晋书》卷45《和峤传》叙事有所删节，记武帝的态度唯作"帝默然不答"，第1283页。官修《晋书》基本照抄臧荣绪《晋书》（《群书治要》卷30《晋书下·和峤传》，第498页）。
⑤ 干宝将此事系于和峤往东宫观察太子贤愚之后，次序颠倒。

卫瓘与和峤同处于隐身的状态,从这点来考虑,他可能同样是支持秦王柬的。

不过像卫瓘、和峤这样更看重"立惠帝"与否的人物,大概是少数。谏阻齐王攸就国的众多宗室、大臣、姻亲与博士,却更看重"出齐王"与否。谏阻者多以周公辅成王比况时事,而王浑更直云:"攸之于晋,姬旦之亲也,宜赞皇朝,与闻政事。"风波中他们近乎与武帝决裂的态度,表明其反对拥有着一个极正当的理由——鉴于惠帝的"闇弱",对享负盛名、居母弟之尊的齐王攸给予"周公"的期待!

# 三、咸宁改制与晋武帝"必建五等"考

冯统等人劝说武帝出齐王的第二条理由是:"陛下必欲建诸侯,成五等,宜从亲始,亲莫若齐王。"①吕思勉先生辨析道:"此时已不言五等之制矣,亦见此说之诬。"②其实,吕先生误将现行的五等爵制与"恢复五等"的理想混为一谈。所谓"五等",从制度上说指当时施行的公侯伯子男五等爵制,受封者基本是异姓;而在时人的议论里,一般指向西周"封建亲戚、以蕃屏周"的理想状态,议论的矛头限于同姓诸王的分封。武帝的"必建五等"正指后者。

汉末魏晋的复古思潮中,"恢复五等"是首要问题。③ 咸熙元年(264)司马昭"奏复五等爵",④大规模的复古改制自此揭开序幕。司马氏以"传礼来久"的儒学世家自居,复五等之类举措诚如陈寅恪先生所论,乃是"实行其家传之政治理想"。⑤ 但也要看到,咸熙元年的封授对象以五品以上官员

---

① 《世说新语·品藻篇》刘孝标注引《晋阳秋》,《世说新语笺疏》,第616页。《晋书》卷39《冯统传》将前半句改作"陛下遣诸侯之国,成五等之制者",余同(第1162页)。
② 吕思勉:《两晋南北朝史》,第36页。
③ 参本田济:《魏晋における封建論》,氏著《東洋思想研究》,东京:创文社,1987年,第43—48页;鲁力:《魏晋封建主张及相关问题考述》,《武汉大学学报》(人文科学版)2004年第2期。
④ 《三国志》卷4《魏书·陈留王纪》,第150页。此前曹魏有郡县乡公和亭伯等五等爵号,守屋美都雄定性为宗室推恩爵(《曹魏爵制に関する二·三の考察》,《東洋史研究》20—4,1962年,第30—59页)。守屋氏推测还存在乡侯庶子推恩为子、亭侯庶子推恩为男的规定,并无史料根据,杨光辉已加以否定(《汉唐封爵制度》,北京:学苑出版社,2002年,第14页)。
⑤ 陈寅恪:《崔浩与寇谦之》(初刊1950年),氏著《金明馆丛稿初编》,北京:三联书店,2001年,第120—158页,具体见第141—146页。

为主,①五等的开建含有笼络人心为禅代作准备的强烈动机。武帝受禅以后,对五等之制的持续探索则以树建同姓以拱卫帝室为主要目的,从而体现出更明显的仿效周制的理想色彩。

武帝诏遣齐王攸就国,听信谗言固然是原因之一,但通观武帝二十六年的统治实践,这也是他"必建五等"宏大理想的一环。咸宁、太康以迄惠帝元康初期的制度兴废和政局变幻,大多可从此理想中窥其端倪。

## (一)泰始分封与咸宁改制

河内司马氏自汉末以来宗族殷盛。咸熙开建五等,已出仕的诸司马氏囿于名分大多封为伯、子、男;武帝受禅,受封郡王者达 27 人,②基本奠定西晋一朝宗王的谱系。依亲疏,诸司马氏可别为四等：一、司马懿兄朗及弟孚、馗、恂、进、通的后代。司马朗一支实际由司马孚子孙承继。二、司马懿诸子。三、司马昭诸子。四、武帝之子,时惟惠帝与秦王柬二人。泰始元年柬仅四岁,尚未封王。

亲疏关系在泰始分封中有所体现,但不显著;宗室的年龄与才能是首要考虑的问题。除了齐王攸,泰始中活跃的宗室主要是司马孚支与司马懿诸子。司马孚享寿晋世,封安平王,食户四万,但不预政事。孚七子二孙并封郡王。其中,义阳王望长期担任中领军,官至大司马,高阳王珪历任督邺城守诸军事、尚书、右仆射。司马懿诸子主要是扶风王亮、东莞王伷和汝阴王骏。亮都督关中,泰始六年免职。伷初监兖州,入为右仆射,又出督徐州。骏先后都督扬州、豫州,又代亮镇关中。司马懿其余各子,平原王干有笃疾,梁王肜、琅邪王伦年轻而无才能,都未担任要职。泰始分封宗王通常食邑几千户,超过一万户的仅有孚、望、干、伷、骏、亮六人。望、伷、骏、亮皆为内外股肱。③

咸宁三年八月前后,武帝全盘改革封爵制度,主要内容可归纳为五项：第一,更改王国等级制度：二万户为大国,万户为次国,不满万户为小国。

---

① 《晋书》卷35《裴秀传》："秀议五等之爵,自骑督已上六百余人皆封。"(第1038页)骑督,五品之官。王安泰制有"建安元年至建兴四年爵位总表",五等爵部分搜罗魏末西晋实例甚全(氏著：《开建五等——西晋五等爵制成立的历史考察》,台北：花木兰文化出版社,第271—291页),逐一对照受封者的时任官职,证明《裴秀传》记载可信。

② 下文关于宗室的一般叙述并参《晋书》卷37《宗室传》,第1081—1115页;同书卷38《宣五王 文六王传》,第1119—1139页;同书卷59《八王传》,第1589—1628页;同书卷64《武十三王传》,第1719—1725页。

③ 司马干与司马师、司马昭同母,因嫡子身份而得享大国。

第二,王国置军,以中尉统领:大国三军,五千人;次国二军,三千人;小国一军,千五百人。第三,规定自此以后"非皇子不得为王",建立诸王支庶推恩制。第四,通过调换封国和都督区,使宗王的封国正好在其都督辖区之内。第五,除去少数郡公、郡侯以外,基本废除异姓五等爵"开国"之制,县公侯伯子男的封国一般不再单独列为行政区划,直接归县管辖。因《晋书》记载紊乱疏漏,对第一、第五项内容学界普遍误解,笔者已另撰文考辨,[①]以下的行文将直接引用其结论。

咸宁改制的焦点在同姓宗王,一、四两项内容尤为紧要。首先看第一项。泰始分封,仅六个宗王封于大国,食邑超过一万,其余各王食邑数见于记载的高者六千余户,低者不足二千户。咸宁改制,以"平原、汝南、琅邪、扶风、齐为大国",封户二万;"梁、赵、乐安、燕、安平、义阳为次国",封户一万;"其余为小国",封户不低于三千。原先的六个大国,安平王孚、孚子义阳王望皆卒,其国降为次国;剩余四国都属于司马懿支,和齐王攸所封齐国一起晋升为二万户大国。新定的六个次国,除安平、义阳国外,梁、赵属司马懿支,乐安、燕国则属司马昭支。也就是说,司马懿旁支除司马孚两个分支作为次国,其余都被定为小国;武帝诸叔、诸弟则基本瓜分了大国、次国。而且据《燕王机传》记载,燕国后来也增封满二万户,上升为大国(时间不明)。可见,王国等级的确定完全按照亲疏有别的原则进行。

在宗王改封的同时,武帝分封司马玮等四个皇子为王,又将司马柬由汝南改封南阳;皇子并封二万户大国。一个月后,武帝又封齐王攸二子为小国王。这两次分封以及新规定的"自此非皇子不得为王"的制度尤其体现了"亲亲"原则。[②]

因为大国要凑满二万户,次国要凑满一万户,就有必要改换诸王的封郡。咸宁三年计有十一王改封,过半出于以上原因。因西晋初期户口寡少,万户郡并不多,二万户郡更稀缺,诸大国、次国不得不兼食二郡或从邻郡割县以补足户口。郡的并合与县的移属,造成郡县区划的广泛、复杂调整。兼食二郡可考者有齐王攸,北海郡并入齐国;梁王肜,陈国并入梁国,又割汝南南顿县入梁国;燕王机,渔阳郡并入燕国(日后燕国升为大国,又加入北平、

---

① 笔者:《晋初王国等级制考论》《〈晋书·地理志〉"公国相"、"侯相"、"侯国"解》,皆未刊稿。
② 对咸宁三年改封、分封的"亲亲"倾向,安田二郎有较多论述(《西晋武帝好色攷》,第87—89页)。但安田氏认为三万户为大国、二万户为次国、万户为小国,对王国等级制度存在严重误解。仇鹿鸣《从族到家:宗室势力与西晋政治的转型》一文则对该问题有更集中的阐释(《史学月刊》2011年第9期)。

上谷与广宁三郡）。县的移属应该更为普遍，如司马伷由东莞改封琅邪，"以东莞益其国"，①乐安王鉴"以齐之梁邹益封"，皆是例证。

其次看第四项内容，唐长孺先生称之为"移封就镇"，越智重明先生称之为"广义的封王制"。②《通鉴》卷八〇记述此事较为明快：

> 诸王为都督者，各徙其国，使相近。八月，癸亥，徙扶风王亮为汝南王，出为镇南大将军，都督豫州诸军事；琅邪王伦为赵王，督邺城守事；勃海王辅为太原王，监并州诸军事；以东莞王伷在徐州，徙封琅邪王；汝阴王骏在关中，徙封扶风王。……其无官者，皆遣就国。诸王公恋京师，皆涕泣而去。③

司马亮等五王分镇豫州、邺城、并州、徐州和雍凉，原先的封国与都督区不在一地，所以武帝将他们的王国徙封到各自都督区内。《北堂书钞》卷四六"封域相近"句，注引《晋起居注》："武帝诏曰：全封相近，吾伤口之也。"④"吾"当为"毋"之讹，"之"字衍文。这或许就是咸宁三年诸王移封就镇诏的残文。大意是，既要移徙诸王，使王国与都督区相近，又要避免王国的户口因徙封而减少。司马骏镇关中，故由汝阴徙封扶风，"以氐户在国界者增封"，⑤就是一个很好的例子。

相比改制之前的形势，汝南王亮代替王浑都督豫州，太原王辅代替胡奋监并州，赵王伦代替宗室疏属高密王泰督邺城守事，同姓都督的比例大幅提升，而作为屯兵聚粮以控制边州、拱卫洛阳的枢纽的三大镇——豫州、雍凉、冀州，⑥至此都由司马懿诸子镇守。这是"亲亲"原则的另一处体现。

## （二）"必建五等"考

晋武帝遍封宗室为王，是汉魏之初不曾见到的新现象。不过泰始时期

---

① 西晋北海、东莞二郡的存废，历来争论不休。笔者《〈太康地记〉考》（待刊稿）一文曾结合封王制加以考证，此处直接引用该文结论。
② 唐长孺：《西晋分封与宗王出镇》（初刊 1981 年），收入氏著《魏晋南北朝史拾遗》，北京：中华书局，1983 年，第 124—141 页；越智重明：《西晋の封王の制》（初刊 1959 年），后增订为《封王の制と八王の亂》，收入氏著：《魏晋南朝の政治と社會》，东京：吉川弘文馆，1963 年，第 354—374 页。
③ 《资治通鉴》卷 80《晋纪二》武帝咸宁三年，第 2546—2547 页。
④ 《北堂书钞》卷 46《封爵部上·亲戚封》。
⑤ 《晋书》卷 38《宣王·扶风王骏传》，第 1125 页。
⑥ 唐长孺：《西晋分封与宗王出镇》，第 132—134 页。

的王国职官制度很不完备,①宗王通常不就国。当时的公侯伯子男五等封国更是空有"开国"之名。针对制度乱象,议郎段灼上疏要求充分发挥王国的藩屏作用,并严厉抨击了异姓五等爵制:"非我族类,其心必异。……间者无故又瓜分天下,立五等诸侯。上不象贤,下不议功,而是非杂糅,例受茅土。似权时之宜,非经久之制,将遂不改,此亦烦扰之人,渐乱之阶也。"稍后几年,他再次上疏指出"诸王有立国之名,而无襟带之实",更加明确地阐述了分封同姓、异姓的利弊:

> 于今国家大计,使异姓无裂土专封之邑,同姓并据有连城之地,纵复令诸王后世子孙还自相并……其于神器不移他族,则始祖不迁之庙,万年亿兆不改其名矣。大晋诸王二十余人,而公侯伯子男五百余国,欲言其国皆小乎,则汉祖之起,俱无尺土之地,况有国者哉!……天下有事无不由兵,而无故多树兵本,广开乱原,臣故曰五等不便也。臣以为可如前表,诸王宜大其国,增益其兵,悉遣守藩,使形势足以相接,则陛下可高枕而卧耳。臣以为诸侯伯子男名号皆宜改易之,使封爵之制,禄奉礼秩,并同天下诸侯之例。②

段灼的前后意见可以归纳为两点:第一,诸王就国守藩,增广国土,加强武备;第二,异姓五等诸侯是"乱原",应当裁抑罢废。一句话,固同姓、削异族。"灼书奏,帝览而异焉,擢为明威将军、魏兴太守"。他的建议给武帝留下深刻印象。

咸宁三年按亲疏重定王国等级、诸王移封就镇以及废罢异姓五等爵开国之制,全盘颠覆了旧有的分封体系。《晋书·职官志》对改制原委有一段描述:

> 咸宁三年,卫将军杨珧与中书监荀勖以齐王攸有时望,惧惠帝有后难,因追故司空裴秀立五等封建之旨,从容共陈时宜于武帝,以为"古者建侯,所以藩卫王室。今吴寇未殄,方岳任大,而诸王为帅,都督封国,既各不臣其统内,于事重非宜。又异姓诸将居边,宜参以亲戚,而诸王

---

① 参张兴成:《西晋王国职官制度考述》,《中国史研究》2001 年第 4 期。
② 《晋书》卷 48《段灼传》,第 1338—1349 页。段灼首次上疏的时间,约在泰始元年到三年之间,参唐长孺:《西晋分封与宗王出镇》,第 125 页。

公皆在京都，非扞城之义，万世之固"。帝初未之察，于是下诏议其制。

咸宁三年杨珧还不是卫将军，不可能是建议者之一。考之《荀勖传》，荀勖更不是推动者，本传记载：

> 时议遣王公之国，帝以问勖，勖对曰："诸王公已为都督，而使之国，则废方任。又分割郡县，人心恋本，必用嗷嗷。国皆置军，官兵还当给国，而阙边守。"帝重使勖思之，勖又陈曰："如诏准古方伯选才，使军国各随方面为都督，诚如明旨。至于割正封疆，使亲疏不同诚为佳矣。然分裂旧土，犹惧多所摇动，必使人心聪扰，思惟窃宜如前。若于事不得不时有所转封，而不至分割土域，有所损夺者，可随宜节度。其五等体国经远，实不成制度。然但虚名，其于实事，略与旧郡县乡亭无异。若造次改夺，恐不能不以为恨。今方了其大者，以为五等可须后裁度。凡事虽有久而益善者，若临时或有不解，亦不可忽。"帝以勖言为允，多从其意。

司马光察觉到《晋书》志、传的矛盾，将建议者只记作"卫将军杨珧等"。① 唐长孺先生作了一些解释。但唐先生对荀勖"其五等体国经远"以下一段话似有误解。今对武帝与荀勖的讨论作一分析。

从"时议遣王公之国，帝以问勖"可知，荀勖并非倡议者。他首次回复列举三条理由，明确反对改制。武帝责令他重新思考。他的第二次回复勉强同意了"军国各随方面为都督"的方案，但仍然提出两点异议。意见之一，依照亲疏重新确定大、次、小国涉及"分裂旧土"的问题，不宜实行；如果诸王不得不徙封，也要尽量不打乱现有的郡县统辖关系。这大概因为郡县的并合、移属将破坏现行的九品中正制与察举制，对士族造成极大的不便。意见之二，异姓五等爵虽不成制度，但无实际危害，不应当一刀切。这是强烈维护功臣的既得利益。

第二点意见需要特别解释一下。前文归纳咸宁改制的内容，第五项是基本废除异姓五等爵"开国"之制。这不见于《职官志》。《地理志·总序》讲晋初爵制，有武帝"罢五等之制"一句话，很是突兀。笔者认为官修《晋书》剪裁旧文失当，这五个字以及前面的一段文字应当系于咸宁三年。"罢

---

① 《资治通鉴》卷80《晋纪二》武帝咸宁三年，第2546页。

"五等之制"本意要彻底废除异姓公侯伯子爵序列,但最终妥协,只废除了大部分县级公侯伯子男的"开国"制度,其爵号与食邑得以保留。① 唐先生认为荀勖"反对实行五等爵制",大概是将荀勖所言"五等"泛泛理解为周制的"五等"。周制"五等"包含异姓和同姓。裴秀的"五等封建之旨"也是如此。但武帝既然提出"军国各随方面为都督"和诸王封土亲疏有别的方案,明显想要仅仅通过同姓宗王的分封和出镇来行周制"五等"之实,所以有罢废异姓五等爵的考虑。荀勖的第二个意见正针对"罢五等之制"而发,他提到的"五等"指的是咸熙元年以来受封的异姓公侯伯子男,恰是武帝考虑罢废的对象。所以他最后劝说武帝要抓大放小:围绕宗王的措施是当前改制之"大者";异姓五等爵属于次要问题,如果"造次改夺",将引起功臣集团的不满,"可须后裁度"。所谓"帝以勖言为允,多从其意",也只和"罢五等之制"有关;因为从史实来看,王国等级的重新划分和宗王的移封就镇是不折不扣地执行了。

改制的思路既然不是出自杨珧、荀勖,究竟是谁? 史籍中毫无迹象可寻。这么重大的一件事,倡议者居然史失其名,令人费解。笔者以为,改制其实发谋于武帝,而由"有司"承旨提议,走了走大臣讨论的程序。

首先,改制方案与泰始中段灼的建议相当契合。段灼主张"诸王宜大其国,增益其兵";武帝将大国升为二万户、次国升为万户,王国置三军到一军。段灼强调"先亲后疏";武帝依亲疏调整王国等级。段灼云"五等不便",建议裁损以堵塞"乱原";武帝基本废除异姓五等爵"开国"之制。② 只有"军国各随方面为都督"属于武帝灵光一现的创新之举,但也可能受到段灼的启示。③

其次,曹魏正始四年(243)左右曹冏撰《六代论》,历数六代封建得失,要求曹爽按"亲亲之道"强固藩王、重用宗室。④ 武帝曾经研读此文。《晋书·曹志传》(志为曹植之子)云:

---

① 笔者:《〈晋书·地理志〉"公国相"、"侯相"、"侯国"解》(未刊稿)。
② 清人周济已经注意到,荀勖所议废五等之事与段灼的建议有关(《晋略·荀勖传》,光绪味隽斋本,第四册)。不过周济将荀勖之议系于泰始初,今不取。
③ 唐长孺认为,"通过移封就镇的措施使出镇的宗王半固定化,正是段灼十年前提出的'诸王宜大其国,增益其兵,悉遣守藩'的要求在另一形式下的实施"(《西晋分封与宗王出镇》,第139页)。
④ 《三国志》卷20《武文世王公传》裴注引《魏氏春秋》,第592—595页;萧统编,李善注:《文选》卷52,北京:中华书局,1977年,第721—725页。

> 帝尝阅《六代论》，问志曰："是卿先王所作邪？"志对曰："先王有手
> 所作目录，请归寻按。"还奏曰："按录无此。"帝曰："谁作？"志曰："以臣
> 所闻，是臣族父冏所作。以先王文高名著，欲令书传于后，是以假托。"
> 帝曰："古来亦多有是。"顾谓公卿曰："父子证明，足以为审。自今已
> 后，可无复疑。"①

传载此事系于"咸宁初"。根据《北堂书钞》卷六七引《晋起居注》，曹志由外
郡太守改任散骑常侍、国子博士，可以精确到咸宁二年。② 国子学的设立也
恰在同年五月。③ 所以武帝与曹志关于《六代论》的问答应当发生在咸宁二
三年之间。

武帝赏识、提拔"身微宦孤"的段灼，对《六代论》的来历刨根究底，都
发生于咸宁改制之前。这充分说明，树建同姓以求国祚长远是晋初十余
年中武帝一直在探索的重大问题，也从侧面印证了改制的主导者其实是
武帝。

晋初不能够着力"恢复五等"的原因，一是郡县制行之已久，复古阻力重
重；④二是天下尚未一统，时机不够成熟。后者很容易成为反对者的借口。⑤
但咸宁三年孙吴未平，其余条件仍一如泰始之初，武帝为何迫不及待地将改
制提上日程？这与泰始、咸宁之际发生的两件事情有关。

首先是惠帝出居东宫。当他深居禁中之时，其聪慧与否一般朝臣恐怕
并不了解，而且他还能以年幼作为挡箭牌；出居东宫之后，其愚鲁的资质就
不能不被朝臣所广泛知晓。前述武帝遣和峤、荀勖往观惠帝，峤还对"太子
如故，不见更胜"，惠帝之贤愚武帝不仅不能欺人，也难以自欺。然而，武帝
既信守"立嫡以长不以贤"的经训，又遵照已故元后的意思迎立悼后，惠帝的
储君地位实际已无法动摇。

其次是咸宁元、二年之交武帝重病期间，河南尹夏侯和对贾充说"卿二

---

① 《晋书》卷50《曹志传》，第1390页。
② 《北堂书钞》卷67《设官部十九·博士》"阐弘胄子"句引《晋起居注》。
③ 《晋书》卷24《职官志》作"咸宁四年"，余嘉锡《晋辟雍碑考证》（初刊1932年）据碑文及其
   他材料判定在咸宁二年（《余嘉锡论学杂著》，北京：中华书局，2007年，第133—173页，具
   体见第151—152页）。按，《晋书》卷3《武帝纪》作咸宁二年五月（第66页），余氏未留意。
④ 韩国磐《论柳宗元的〈封建论〉》对魏晋以迄唐宋的封建与郡县之争有集中论述，请参看氏
   著：《隋唐五代史论集》，北京：三联书店，1979年，第417—441页。
⑤ 武帝诏令藩王自选国内长吏，齐王攸议曰："而今草创，制度初立，虽庸蜀顺轨，吴犹未宾，
   宜俟清泰，乃议复古之制。"（《晋书》卷38《文六王·齐王攸传》，第1131页）

女婿,亲疏等耳,立人当立德",面对冒失的挑逗,身为齐王攸与惠帝共同岳父的贾充尴尬地保持了沉默。武帝听闻此事之后的处置措施耐人寻味——夏侯和平转为光禄勋,齐王攸晋升为司空,贾充反而独罹其殃。他首先被夺去兵权;稍后,由司空迁太尉、行太子太保、录尚书事,又被夺去尚书令一职,位遇加崇而实权旁落。①

武帝知惠帝不慧而不能废之,对如何巩固身后统治的棘手问题就必须未雨绸缪,重病几乎不起更加强了他的紧迫感。削弱与架空贾充表明武帝不会把顾托重任交给异姓功臣,②剩下可以依靠的只有宗室。咸宁三年正月设立宗师,以叔父司马亮为之,即在此背景下出台。③ 但即便选取贤明宗室来辅佐惠帝,仍是"任人",不是长治久安之策。太康末刘颂上疏论五等云:"夫圣明不世及,后嗣不必贤,此天理之常也。故善为天下者,任势而不任人。任势者,诸侯是也;任人者,郡县是也。"又云:"国有任臣则安,有重臣则乱。"假若"愚劣之嗣"在位而"树国本根不深,无干辅之固",则任臣化为重臣;"若乃建基既厚,藩屏强御,虽置幼君赤子而天下不惧,曩之所谓重臣者,今悉反忠而为任臣矣"。④"任势"一语虽由刘颂首度提出,其大义在《六代论》等倡议五等的著作中早已彰明。武帝痊愈后大刀阔斧地改革分封和出镇制度,笃信的正是"任势"而非"任人"。可以说,咸宁三年改制乃是武帝"必建五等"的理想与以防不虞的紧迫需要相结合的产物。

### (三)咸宁改制的余波

改制的主要方面按亲疏重定王国等级和诸王移封就镇,立刻就不折不扣地施行了。但诸王就国的问题有些复杂。《职官志》载,改制之后"所增徙各如本奏,遣就国,而诸公皆恋京师,涕泣而去"。考《平原王干传》"咸宁初,遣诸王之国,干有笃疾……故特诏留之",《乐安王鉴传》"咸宁初,以齐之梁邹益封,因之国",《任城王陵传》"(咸宁)三年,转封任城王,之国,咸宁

---

① 《晋书》卷40《贾充传》,第1169页。祝总斌先生指出,晋武帝时录尚书事并不常设,权力不大。武帝免除贾充尚书令,改授录尚书事,"表面上升官,实际上夺权"。参氏著:《两汉魏晋南北朝宰相制度研究》(初版1990年),北京:中国社会科学出版社,1998年,第179—180页。

② 武帝对异姓元功臣保持着高度提防之心。泰始四年扬州都督石苞被监军密表"与吴人交通",武帝为此调发大军出征淮南,就是显例(《晋书》卷33《石苞传》,第1002页)。

③ 《晋书》卷3《武帝纪》,第67页。

④ 《晋书》卷46《刘颂传》,第1297—1298页。

五年薨”，①当时诸王就国是比较普遍的。但《王浚传》云，浚袭父爵博陵郡公，拜驸马都尉，“太康初，与诸王俱就国”。《食货志》亦载：“及平吴之后，有司又奏：诏书‘王公以国为家’，京城不宜复有田宅。今未暇作诸国邸，当使城中有往来处，近郊有刍藁之田。”②则在太康初平吴之后，武帝还发布过一道令王公就国的诏书。

移封就镇和陆续发生的宗王就国潮，使得留居京师身兼要职的齐王攸的地位格外突兀。武帝两个年轻的异母弟乐安王鉴和燕王机业已就国。③司马懿五子，亮、伷、骏移封就镇，梁王肜就国，④只有平原王幹因笃疾而留下。至太康三年十二月，武帝遂下诏以齐王攸出督青州。武帝此举如前所论，对惠帝储位的担忧只是一个诱因，从宏观的角度观看，其“必建五等”的雄心才是更深层的原因。所以荀勖、冯紞先以储位安危为辞，武帝未下决心，紞更云“陛下必欲建诸侯，成五等，宜从亲始，亲莫若齐王”，才最终说服了他。

《曹志传》载：

> 齐王攸将之国，下太常议崇锡文物。时博士秦秀等以为齐王宜内匡朝政，不可之藩。志又常恨其父不得志于魏，因怆然叹曰：“安有如此之才，如此之亲，不得树本助化，而远出海隅？晋朝之隆，其殆乎哉！”乃奏议曰：“……志以为当如博士等议。”……帝览议，大怒曰：“曹志尚不明吾心，况四海乎！”⑤

晋武帝恨曹志“不明吾心”，何其理直气壮！胡三省解释道：“曹志本魏陈思王植之子，植于魏文帝，兄弟也。文帝之禁制植者为何如，今尚不能明吾之

---

① 《晋书》卷38《宣五王·平原王幹传》，第1119页；同书同卷《文六王·乐安王鉴传》，第1138页；同书卷37《宗室·任城王陵传》，第1113页。《陵传》“三年”之上当脱“咸宁”二字，同书卷3《武帝纪》咸宁三年八月癸亥条可证（第68页）。

② 《晋书》卷39《王浚传》，第1146页；同书卷24《食货志》，第790页。

③ 燕王机出继司马懿子司马京，本传简略（《晋书》卷38《宣五王·清惠亭侯京传附燕王机传》，第1124页）。考乐安王鉴于咸宁三年增封就国时“加侍中之服”，燕王机以渔阳郡益封后亦“加侍中之服”，两人情形相同。又以泰始中扶风王骏镇关中及太康初琅邪王伷镇青州并加侍中之服考之，这应该是对就国宗王的特殊礼遇。

④ 《晋书》卷38《宣五王·梁王肜传》，肜“清修恭慎，无他才能”，因选用奸淫小人为王国中大夫而被有司劾奏，诏削一县。咸宁和太康前中期，肜身无官职，当已就国（第1119页）。

⑤ 《晋书》卷50《曹志传》，第1390—1391页；《三国志》卷19《陈思王植传》裴注引《志别传》亦有简略记载，第577页。

心乎!"①胡注逻辑不清。若武帝仅出于猜忌而逼遣齐王攸,何能理直气壮!如武帝对王戎说"兄弟至亲,今出齐王,自是朕家事",②就很好地说明猜忌兄弟绝不能成为一个正当的理由。而曹植当魏文明二帝时屡次上疏自荐,却落得抱憾而终的下场,武帝与曹志就《六代论》作者往返问答之际,对于魏禁锢诸王、无藩辅而亡的历史教训必然达成过深度的共识。武帝之不疑忌宗室,曹志最该坚信;武帝之笃信五等,曹志当最明了。如此解释曹志触怒武帝的原因似更妥当。

在齐王攸就国的大风波中大臣们与武帝各执所见,近乎决裂,都认为自己拥有最强硬的理由。太常博士的奏议说"股肱之任重,守地之位轻",一语道破双方分歧所在。大臣们的观点——齐王攸是大晋周公的完美人选,不宜出居"鲁卫之常职"——显得更理智、现实,齐王攸因而在后世被寄予深刻的同情。"恢复五等"之举本就饱受质疑,武帝认同"建诸侯,成五等,宜从亲始"而遣出齐王攸,颇有曲高和寡的意味,遂由此蒙获不辨忠奸、委寄失才的恶名。随着唐宋以来"五等"与"郡县"之争以后者的完胜而烟消云散,武帝这一段摸索"五等"的艰难历程,更被覆盖于传统的政治斗争解说之下而不得发明。

## 结　论

一,官修《晋书》的记述不可尽信。魏末武帝与齐王攸竞夺晋国世子地位一事,可能是唐初史臣按唐太宗的意志而臆造,或者说增饰和渲染。武帝咸宁二年重病痊愈之后的系列措置并非针对齐王攸。武帝重病与太康三年齐王攸就国之间似是而非的因果关系,从目前掌握的材料看,乃是经由孙盛《晋阳秋》→臧荣绪《晋书》→官修《晋书》而层累地造成的错觉。

二,因此,武帝与齐王攸之间不存在长期的竞争关系。从武帝的角度说,排遣齐王攸的行动谈不上蓄谋已久,更像一个临时的决定,听信谗言而担忧惠帝储位是直接的诱因。

三,自泰始分封到咸宁改制,再到太康三年遣攸就国,武帝树建同姓以行周制五等之实的思路与决心历历可考。武帝"必建五等"的宏大理想不仅

---

① 《资治通鉴》卷81《晋纪三》武帝太康四年胡三省注,第2584页。
② 《晋书》卷42《王浑传附子王济传》,第1205页。

是齐王攸就国的另一诱因,而且是事件的更深层次的背景。

齐王攸就国风波因攸的猝死而戛然终止,武帝"必建五等"的步伐则未停歇。咸宁改制后的"五等"格局以司马懿诸子为主干,这对于既是开国之君又建立统一天下功业的武帝来说,无疑是不惬心意的。所以,随着皇子们的逐渐成长,当太康十年武帝自知寿命无几的时候,他再度实施了重大的分封。制度的详情与后果需与外戚杨氏的政治活动一并观照,故留待《太康十年分封与杨骏专政——晋武帝"必建五等"的历程之二》一文论述。


附识:本文原刊于《田余庆先生九十华诞颂寿论文集》,北京:中华书局,2014年,今稿仅有个别的修改。

# 论古灵宝经的神话时间模式

## ——以新经和旧经中"劫"字的使用为中心

刘　屹

## 一、引　言

早在 1980 年,许理和(Erik Zürcher)研究了灵宝经对各种佛教因素的借用和融汇,重点讨论了灵宝经从佛教吸取包括宇宙论在内的新理论而又加以改造的情况。[①] 他的这一全面性的研究,至今仍有学术价值。然而,受当年的研究基础所限,他的考察是把所有的灵宝经作为一个整体来与佛教诸观念进行比较的。事实上,灵宝经内部不仅有"仙公新经"和"元始旧经"之分,且"旧经"内部也应有作成时间先后的区别。如果用析分的眼光来把这三十几卷灵宝经按成书先后顺序分成两个甚至更多的部分,分别考察其与佛教的关系,又会得出怎样的结论? 这是本文要尝试的一个新的研究方向。

本文不拟全面地考索"新经"和"旧经"对佛教宇宙论和时空观的借用和改造,只想通过考察出现在两组灵宝经中不同的神格或人物所存在的时空背景,来探究灵宝经中对宇宙开辟以来的时间模式描述的异同。在讨论佛道融和的宇宙时空观念时,"劫"无疑是一个来自汉译佛经而又带有中国本土思想特别是道教信仰特色的关键词。[②] 本文将首先通过对比"新经"与

---

[①] Erik Zürcher, "Buddhist Influence on Early Taoism: A Survey of Scriptural Evidence", *T'oung Pao*, Vol. 66, 1980, pp. 84–147.

[②] 有关道教"劫"的观念及其与佛教思想的关系,主要参见: Erik Zürcher, "Buddhist Influence on Early Taoism", p. 128. 神塚淑子:《開劫度人說の形成》,1988 年初刊,此据氏著《六朝道教思想の研究》,东京:创文社,1999 年,第 370—378 页。Christine Mollier(穆瑞明), *Une Apocalypse Taoïste du Vᵉ Siècle: Le Livre des Incantations Divines des Grottes Abyssales*, Paris, 1990, pp. 163–165. 小林正美:《道教の終末論》,收入氏著《六朝道教史研究》,日文版 1990 年;此据李庆中译本,成都:四川人民出版社,2001 年,第 387—458 页。 (转下页)

"旧经"对"劫"字的使用和理解，揭示出"新经"与"旧经"关于神话时间模式的异同，并以此为基础，讨论有关古灵宝经研究中的几个重要问题。

## 二、"新经"中"劫"的用法

"仙公新经"之所以得名，完全是因为葛仙公的缘故。葛仙公，即三国吴人葛玄（约164—244）被道教神格化后的仙号。三国西晋时，葛玄的形象只是一个江东地方性的方士，到葛洪《抱朴子内篇》则称其为"余从祖仙公"。[①] 东晋刘宋时期，所谓的"葛氏道"理所当然地推崇他们的祖先葛玄，尊其为"太极左仙公"；其他道派则不一定都认可葛玄的神格地位。[②] 可以说，对葛仙公的崇拜，带有明显的葛氏道信仰色彩。在东晋末、刘宋初陆续造出的古灵宝经中，葛仙公是一个引人注目的神格，他在不止一部灵宝经中以灵宝经教的授受者身份出现。按照敦煌本 P.2256 佚名的《灵宝经义疏》所言：

> 右十一卷，葛仙公所受教戒诀要，及说行业新经。都合前元始新旧经见已出者，三十二卷真正之文，今为三十五卷，或为三十六卷。

可见在当时总共 32 卷灵宝经中，至少有 11 卷都用了葛仙公的名义：或是他从更高仙阶的神真那里领受的教戒和诀要，或是他向阶位更低的地仙

---

（接上页）刘仲宇：《〈度人经〉与婆罗门思想》，1993 年初刊，此据氏著《攀援集》，成都：巴蜀书社，2011 年，第156—159 页。李丰楙：《传承与对应：六朝道经中"末世"说的提出和衍变》，《中国文哲研究集刊》第九期，1996 年，第 91—130 页；此文的简本以《六朝道教的终末论——末世、阳九百六与劫运说》为题，发表于《道家文化研究》第 9 辑，上海：上海古籍出版社，1996 年，第82—99 页。Yamada Toshiaki（山田利明），"The Lingbao School", in Livia Kohn ed., *Daoism Handbook*, Brill, 2000, pp. 246-247. Stephen Bokenkamp（柏夷），"Time After Time: Taoist Apocalyptic History and the Founding of the Tang Dynasty", *Asia Major*, 3rd series, Vol. 7, 1994, pp. 59-88. Stephen Bokenkamp, *Early Daoist Scriptures*, University of California Press, 1997, pp. 295-299；380-382. Isabelle Robinet（贺碧来），Translated by Phyllis Brooks, "Genesis and Pre-cosmic Eras in Daoism", 李焯然、陈万成主编：《道苑缤纷录——柳存仁教授八十五岁祝寿论文集》，香港：商务印书馆，2002 年，第 144—184 页。Stephen Bokenkamp, *jie*, Fabrizio Pregadio ed., *The Encyclopedia of Taoism*, London, 2008, pp. 545-546.

① 王明：《抱朴子内篇校释》，北京：中华书局，1985 年，第71 页。

② 刘屹：《如何修得上仙？——以古灵宝经中的太极左仙公葛玄为例》，余欣主编：《中古时代的礼仪、宗教与制度》，上海：上海古籍出版社，2012 年，第379—380 页。

道士讲说的教义经书。学界也正是据此而将古灵宝经分为"元始旧经"已出的 21 卷和"仙公新经"11 卷两组。"元始"指灵宝经教的主神元始天尊,"仙公"就是指葛仙公。

P. 2256 写本所列的仙公系经典 11 卷中,最末的两卷《太极左仙公神仙本起内传》和《太极左仙公起居经》都已佚失,无从考究。位列第一的《太上灵宝五符经序》,其所述灵宝五符的传说本来与葛仙公关系不大,而其成书也应该早于其他的仙公系经典,应是陆修静在整理灵宝经的时候,才将其安置在仙公系经典之首。《五符序》里面只有"劫"的几个用例,却仍可看出"劫"字在此具有两种不同的意涵。

第一种见于卷上的《灵宝要诀》:"文命藏之于东苗,誓万劫而一宣。"① 这里的"万劫",就是一种表示时间无限久远的名词性用法。这种用法在汉末以来的汉译佛经中已经比较普遍地使用。因而"劫"字从中文原义的动词性的"威逼、胁迫"、"抢夺、强取",变为表示时间单位的名词,无疑就是受到汉译佛经将梵语 kalpa 音译为"劫波",而又省略为"劫"的影响。② 第二种则是表示劫灾的"大劫"、"小劫"之义。③ 如《五符序》卷上讲大禹将灵宝五符天文分为两通,一通藏于蒙笼之丘,要等"三千之会,当传与水师傅伯长"。另一通藏于玄台石硕之中,"乃待大劫一至而宣之耳"。④ 卷下又说:"夏禹晚撰,其波未戢,其上真犹封于石硕,以待大劫。"⑤ 卷下在灵宝五方符图之

---

① 《道藏》第 6 册,北京:文物出版社、上海:上海书店、天津:天津古籍出版社,1988 年影印本,第 320 页上栏。

② 关于梵文 kalpa 在婆罗门教的原义是"一个世界从始至终的时间长度",参见 John Dowson, *A Classical Dictionary of Hindu Mythology and Religion: Geography, History and Literature*, New Delhi, D. K. Printworld, 1998;2000, pp. 150, 394—397。早期汉译佛经如《修行本起经》和《太子瑞应本起经》所言的"极天地之始终为一劫",就是婆罗门教"劫"之本义。但天地的始终一般是无法计量的,所以汉译佛经通常对来自婆罗门教的"劫"的理解就是指"极久远的时节",见钮卫星:《西望梵天——汉译佛经中的天文学源流》,上海:上海交通大学出版社,2004 年,第 33 页。关于"劫"是"劫波"一词的省略译法,见梁晓红、徐时仪、陈云五:《佛经音译与汉语词汇研究》,北京:商务印书馆,2005 年,第 493—494 页。关于"无数劫"、"具体数字 + 劫"在汉末以降汉译佛经中的用法及意义,参见方一新、高列过:《东汉疑伪佛经的语言学考辨研究》,北京:人民出版社,2012 年,第 127—130 页。

③ 关于"劫"字从中国本土的原义,到汉译佛经中表示"长时间"的概念,继而又变成表示"灾难"之义的演变过程,参见梁丽玲:《从"长时间"到"大灾难"——谈佛经中"劫"字的词义转变现象》,《香光庄严》第 55 期,1998 年;高婉瑜:《"万劫不复"与"劫后余生"——从佛经的"劫"谈起》,《普门学报》第 44 期,2008 年,第 27—44 页。

④ 《道藏》第 6 册,第 316 页下栏至 317 页上栏。

⑤ 《道藏》第 6 册,第 335 页下栏。

后还标明："大劫至，佩其前。""小劫会，佩其后。"①有关"大劫"、"小劫"的观念，《五符序》依照的是汉代以来的阳九、百六的理论，大约三千年一小劫，一万年为一大劫。此说还见于现列为仙公系经典的《太上洞玄灵宝真文要解上经》：

> 日月交回，七星运关，三百三十日，则天关回山一度，三百三十度，则九天气交，三千三百度，天地气交。天地气交，为小劫交，九千九百度，则大劫周。此时则天沦地没，九海溟一，金玉化消，毫末无遗。天地所以长存不倾者，元始命五老上真，以灵宝真文封于五岳之洞，以安神镇灵，制命河源。致洪泉不涌，大灾不行。②

三三、九九之数，乃是来自汉代历算家依据易数来解说岁灾的阳九、百六说，认为岁灾具有周期性和循环性。前贤已指出：以阳九、百六为大劫、小劫的观念，最早的源头也不是在灵宝经，上清经的《太上三天正法经》，以及晋末宋初造出最初两卷的《洞渊神咒经》都已如此。③ 道经中所谓的大劫、小劫，并非一般意义的灾难，而是具有水旱大灾导致天地坏灭的内涵。汉译佛经中有关"小劫"一词的用例，最早见于汉末三国的译经，而"大劫"一词的用例，要到东晋时期的译经才出现。况且，佛经中通常是小劫、中劫和大劫的理论环环相扣，在早期的汉译佛经中，并不特别强调"大劫"与"小劫"相对应意义。因此，仙公新经中这种意义上的"劫"字的用法，未必是受到汉译佛经的影响才产生的观念，其背后自有中国本土历算之学理论的支撑。④"无数劫"和"万劫"是对极为长远的时间段的修辞性表达，而"大劫"和"小劫"则是有具体的年岁可以计算的。这两种意义上的"劫"的用法，是有根本区别的。

---

① 《道藏》第6册，第339页中栏。
② 《道藏》第5册，第903页中栏。《真文要解上经》被列入仙公系经典也很勉强，小林正美认为它原本属于元始系经典也不一定。对此详见拙文《〈真文要解上经〉考论》，《高田时雄教授退休纪念·东方学研究论集（中文分册）》，京都：临川书店，2014年，第156—163页。
③ 详见小林正美：《六朝道教史研究》，中译本，第388—411页；李丰楙：《传承与对应》，第109—118页。
④ 李丰楙指出：大劫、小劫之说，是上清经派对汉世历学作进一步阐述的新说，见《传承与对应》，第117页。阳九、百六之灾，分别对应水旱大灾。而佛教与"劫"相关的理论和概念极多，且不统一。一般末世小三灾是疾病、刀兵和饥馑；大三灾是指水、火、风。可见大小劫的具体所指，佛道并不相同。参见释道世撰，周叔迦、苏晋仁校注：《法苑珠林校注》，北京：中华书局，2003年，第1—30页。

从《五符序》中区别出的这两种"劫"字的用法，①在其他几部仙公系经典中也同样得到印证。如《智慧本愿大戒上品经》："弥纶万劫"、"此子累劫念道"、"终始待劫数，福尽天地倾"。《太极左仙公请问经》："万劫保制用"，"万劫以来"，"虽劫数运周，是经不易矣"。《仙人请问众圣难经》："弥劫历稔"，"弥劫勤苦"。《上清太极隐注玉经宝诀》："孰计年劫多"，"道化弥亿劫，运周若圆环"；"始劫以来"，"历劫无数龄"，"奚计年劫多"，"万劫犹昨夜"。《太极真人敷灵宝斋戒威仪诸经要诀》："兆身永保历劫之利贞"，"劫数久远"，"一劫之终"，"无穷之劫"。《真文要解上经》："大劫之周"，"旧科四万劫一出"，"保劫长存"，"保固劫运"，"人同劫年"，"保天长存，亿劫无终"；"依玄科四万劫一传"。《太上灵宝威仪洞玄真一自然经诀》："永享无数劫""依经劫数年岁""宝信劫数年""万劫如电顷"等等。

在这些用例中，"万劫"、"亿劫"、"累劫"、"弥劫"、"历劫"中的"劫"，都可以认为是对"极久远的时节"之义的修辞性用法，并非实指一劫的年数。而"劫数"一词，虽多见于汉末三国以来的译经，却很可能经过了灵宝经作者的改造。②《太极真人敷灵宝斋戒威仪诸经要诀》有一段专门说明道教的"劫数"概念云：

> 道家经譬喻法中，说劫数久远，有石乃如昆仑山芥子，四十里中，天人罗衣，百年一度，拂尽此石，取此芥子一枚，譬如一劫之终。若是之久，谁当信斯者矣。③

意思是一劫究竟有多少年岁？可以想象在昆仑山的一块四十里见方的石头，天人以轻纱罗衣，每过一百年来拂拭一下，等把这块石头磨平了，一劫也就终了。《敷斋经》这里的譬喻，其实是把佛经中对"劫"的两个不同譬喻综合到一起了。佛经言：方百由旬（一由旬四十里）的城中，装满芥子，每百年取一粒芥子，芥子取尽，而劫犹未终。又如方百由旬的巨石，用青罗衣，每

---

① 小林正美也注意到《五符序》中"劫"字存在这两种不同用法，他认为《五符序》的这两部分成书时间先后不同，见《六朝道教史研究》，中译本，第389—391页。我不认为《五符序》是从一卷本增成两卷本，再扩充至三卷本，详见拙文：《古灵宝经形成之前的灵宝五符》，"东岳信仰与北京东岳庙"学术会议论文，北京，2013年5月。

② 佛经中的"劫数"指厄运，仙公新经中的"劫数"，既可能是指劫的具体数字，如"四万劫"的"四万"，也可能是概称易变之数，如"劫数运周"。

③ 《道藏》第9册，第873页上栏。

百年拂拭一次，石被磨平，劫犹不尽。① 可见，这里的"劫数"仍然是指"久远"的时间，而非佛教的"厄运"之义。《敷斋经》下面又说到：

> 天地有终始，故有大小劫，诸经亦随之灭尽也。后代圣人更出法，唯道德五千文、大洞真经、灵宝，不灭不尽，传告无穷矣。②

这里应该还是延续了上清经对汉代历学的改进而成的"大小劫"思想，受佛教影响的色彩还不明显。

总之，仙公系经典中"劫"字的用法，具有明显的共通性：一作代指时间非常久远的名词，一作表示有具体年岁的天地劫灾、劫难的大小劫。前一种用法的用例更为普遍，大劫、小劫的用法，几乎只出现在《五符序》和《真文要解上经》这两部严格说来原本并不属于仙公系的经典。这是下文将仙公系与元始系经典"劫"的观念进行比对的基础。那么，仙公系经典的"劫"，究竟是在怎样的神话时间模式下展开的？

## 三、"新经"所依托的神话时间模式

仙公新经的《智慧本愿大戒上品经》，开篇讲葛玄于天台山静斋念道，礼拜太极真人。太极真人对葛玄传经、说法、演戒。在经的末尾有如下记载：

> 仙公告弟子郑思远曰：吾少游诸名山，履于嵁溪，在禽兽之左右，辛苦备至，忍情遣念，损口惠施，后身成人。怀道安世，恒修慈爱，念道存真，无时敢替也。斋直一年而未竟，其冬至之日，天真晰降，见授大经上仙之道。天真令我大斋长静，按经施诵，次而学之，遂成真人矣。吾昔所受经道，太上所贵也，非中仙之所学矣。历劫以来，常传上仙，仙公仙王仙卿，不但我也。吾先世与子同发此愿，施行善功，勤积不怠，致玄都有仙名，今相为师友，是以相授耳。吾去世也，将有乐道慈心居士，来生吾门者，子当以今道业事事，一通付之，法应世世录传也，皆是我前世

---

① 目前能查到的汉译佛经依据，很可能是出自弘始四年（402）鸠摩罗什译出的《大智度论》卷三十八《释往生品》，《大正藏》第 25 卷，第 339 页中栏。

② 《道藏》第 9 册，第 873 页中栏。

与彼有宿恩,因缘使然也。①

在此可以看到三个不同的时间观念:一是历劫以来,二是葛、郑的前世或先世,三是葛玄这一世从少年到成仙的几十年生命历程。葛玄的得道成仙,直接的契机是因其诚心斋直,感致仙真下降,传授大经大戒;这一幕可以被具化为在孙吴时的某年某月某日某地发生。而这一结果其实是建立在葛玄从少年到成年一直勤苦修道不辍的基础上。葛玄从其少年、成人到成仙、去世(即升仙,而非死亡),只是他在这一世几十年生命的历程;葛玄成为太极左仙公的最主要原因还在于其具备"先世"、"前世"因缘。在前世,葛玄与郑思远曾一起发愿修道,但因为善功和因缘的差异,导致这一世的葛玄先成仙为师,郑思远只能作他的弟子,替他传续灵宝经戒给后世弟子。这样,葛玄和郑思远就都不只有在他们作为师徒的这一世的生命,还有了前世的生命。同时,葛玄说他从下降的仙真那里领受的灵宝经戒,是太上在"历劫以来"只传给上仙的经戒,时间的概念一下子就扩展到了无限久远以来。

毫无疑问,"前世"和"先世"的观念是受到佛教轮回转生观念的启发,②即人的生命并不只有这一世的几十、近百年的时间,而是有其前生和今世——道教以成仙为终极追求,成仙后就不必像佛教那样再强调来生了。"先世"在中国传统语境,包括上清经中,都是指祖先,在仙公新经里则转而指个人的前世。《智慧本愿大戒上品经》中说:

夫为父母、兄弟、姊妹、夫妻、君臣、师保、朋友,皆前世(敦煌本作"先身")所念,愿为因缘,展转相生也,莫不有对者哉。③

这几乎把原本中国文化所强调的祖先亲属的家族血缘关系、君臣师友的政治社会关系都瓦解掉了,全面地接纳了佛教关于万物因缘而成、轮回转生的观念。相应地,一个人成仙得道与否的决定性要素,不再是像《太平经》

---

① 《道藏》第6册,第161页上栏。
② 对此的讨论,见神塚淑子:《六朝道經中的因果報應說與初期江南佛教》,陈永源主编:《道教与文化学术研讨会论文集》,台北:历史博物馆,2001年,第181—202页。亦参拙文:《古灵宝经业报轮回观念发展的一个侧面——以"新经"和"旧经"中的"先世"一词为中心》,《2013敦煌、吐鲁番国际学术研讨会论文集》,台南:成功大学中国文学系,2014年,第581—600页。
③ 《道藏》第6册,第156页中栏。

那样强调承负其祖先的福祸功过，①而是完全看修道者自己在前生今世的功德果报。这在《太上洞玄灵宝本行宿缘经》（即《太极左仙公请问经》卷下）有更明确的表述：

> 夫人见世行恶而不报者，是其先世余福未尽，福尽而祸至。见世行善而不报者，是其先世余殃未尽，殃尽而福至。或后生受报，不必在今世也。人能见世大建善功，必以功过相补，乃可免先世殃对。②

> 夫人生各有本行宿缘命根，种种相因，愿愿相随，以类相从，展转相生，祸福相引。是以世世不绝。玩好不同，用心各异，皆由先愿也。③

"前世"和"见世"观念的提出，可以为那些勤苦修道却无果而终的人找到理论上的安慰：修道者在今世的修行没有导致得道成仙的好局，那是因为其在前世所得的余殃未尽。所以，这一理论为解答传统的仙道观念面临的种种求仙不验的质疑，提供了新的说辞。即把决定能否得道的根本原因，推到了无法观验的修道者的前世和先世。因而强调所谓的"宿恩"、"宿命"、"宿缘"、"宿愿"、"宿功"、"先愿"等词语，在仙公新经中几乎比比皆是。④

仙公新经所言的"前世"和"先世"，究竟是在多么久远的时间观念下展开的？《太极左仙公请问经》卷上云：

> 高上老子曰：善古之时，人民纯朴，各怀道德，虚心玄寂，无为为事。此风既散，百竞烟起，万流分析，奸巧互攻，愚智相凌，鬼神执威，众

---

① 祖先的行为影响子孙的祸福，不是承负观的全部，却是其重要的环节。见康德谟（Max Kaltenmark），"The Ideology of the *T'ai-p'ing ching*". Holmes Welch and Anna Seidel eds., *Facets of Taoism: Essays in Chinese Religion*, Yale University Press, 1979, p.24；汤一介：《"承负说"与"轮回说"》，原载《魏晋南北朝时期的道教》，此据《当代学者自选文库·汤一介卷》，合肥：安徽教育出版社，1999年，第486—497页；神塚淑子：《「太平经」の承负と太平の理论について》，氏著：《六朝道教思想の研究》，第301—337页；Barbara Hendrischke, *The Scripture on Great Peace: The Taiping jing and the Beginning of Daoism*. University of California Press, 2006, pp.141–152.
② 《道藏》第24册，第666页下栏。
③ 《道藏》第24册，第666页上栏。
④ 这些词在上清经中就很普遍使用了，详见贺碧来（Isabelle Robinet）：《佛道基本矛盾初探》，1984年初刊，此据万毅中译文，《法国汉学》第7辑，北京：中华书局，2002年，第177页。这也体现了仙公新经对上清经的继承方面。

圣并出。制作教化，惟令民修善自守。是以有五经儒俗之业，道仙各教，其大归善也。①

《请问经》的历史观和时间观，是从"善古之时"开始，认为那时才是人类历史上的黄金时代。此后随着历史的发展，人心不古，奸巧滋生，乃至需要圣人（即三皇五帝）出世，制作教化，违背了自然无为的大道。无独有偶，前论《五符序》的开篇，也是从"玄古淳和"开始的，并说"于时人年九万岁"。接着又说到了三皇五帝时代，降至大禹和春秋末年的阖闾、夫差。这种人类从最初的淳朴状态到逐渐堕落的历史观，在晋宋时代的《三天内解经》《大道家令戒》等天师道经典中也可见到，应具有鲜明的时代性特点。可见，《五符序》和《请问经》的历史观和时间观，都是以天地开辟为起点，历经无数年岁，才到了三皇五帝时代，再到春秋末和葛玄、葛洪时代。它们都没有提到在"善古"和"玄古"之前的历史和时间。在此前提下，仙公新经的"前世"和"先世"，应该都是指从"善古"或"玄古"以降的世代展开的。

《仙人请问本行因缘众圣难经》开篇云：

> 吴赤乌三年，岁在庚申，正月一日壬子，仙公登劳盛山静斋念道。是日中时，有地仙道士三十三人，诣座烧香，礼经旋行。甫毕，仙公命坐。良久，道士于是避席请问曰：下官等学道弥龄，积稔于今，六百甲子（敦煌本作"九百岁"）矣，而尚散迹于山林间。师尊始学道，幸早被锡为太极左仙公，登玉京，入金阙，礼无上虚皇。不审夙因作何功德，爰受天职，致此巍巍，三界、北酆所仰，愿为启说宿命所由，因缘根本也。②

按经文所言，赤乌三年（240），已经成为上仙的葛玄在劳盛山静斋念道，一群地仙道士们向他请问道法，说自己学道已有3600年（或900年）之久，为何仍然只得不死的地仙，却不能升天成为上仙？因而请葛仙公介绍自己的"宿命所由，因缘根本"。仙公回答曰：

> 夫一气由虚无而生，二仪由一气而分，清者为天，浊者为地，人受中气而生，与天地参为三才。初无凡圣之异，寿夭之殊。混混沌沌，不假

---

① 此据张继禹主编：《中华道藏》第4册，北京：华夏出版社，2004年，第119页中栏至下栏。
② 《道藏》第24册，第671页中栏。

修为，而道自居。既而混沌既凿，大朴既散，人事错错，而道违矣。子辈前世学道受经，少作善功，唯欲度身，不念度人。唯自求道，不念人得道。不信大经弘远之辞，不务斋戒，不尊三洞法师，好乐小乘。故得地仙之道。然亦出处由意，去来自在，长生不死，但未得超凌三界，游乎十方，仰瞻太上玉京金阙耳。……是以彭祖八百岁，安期生千年，白石生三千龄，故游民间，皆坐其前世学法，小功德薄故也。乃有万余岁在山河中，犹未升天，子但数百岁，何足为久耶。①

葛仙公的回答，从一气化生二仪、二仪分开天地开始讲起，也是同样地讲人类逐渐堕落的历史观，并指出了地仙们修仙不成的原因。还提到了彭祖、安期生、白石生的例子，他们虽寿千年，乃至万年，但仍然不是上仙，原因是他们"前世学法，小功德薄"。可见，葛仙公所言这些地仙的前世和先世，都是指从天地开辟以来的三千龄、万余岁，乃至更久远的时间。《众圣难经》接着说：

时仙人有姓纪，字法成，仙公相之曰：彼即我前世弟子也。其未见宿命之根耳，吾能令汝见前世时事也。……昔帝尧之世，汝随我入嵩高山学，汝志小望速，每讥吾虚诞，所期辽远，所行难行，复笑许由、巢父，绝尚箕山，能辞尧禅，交奢之诲，亦所未安。常劝法成，学上清道，其于不从。……巢、许早升太极宫，吾今又方登左仙公之任，汝独为地仙，但不死而已。②

葛仙公明确讲到自己前世的一次修道经历，即曾在帝尧时期的"前世"，与纪法成一起修道。而仙公新经的《上清太极隐注玉经宝诀》也云：

劫始以来，赤松子、王乔、羡门、轩辕、尹子，并受五千文隐注秘诀。③

更可证明仙公系经典所说的"劫始以来"，就是从天地开辟到诞生了赤

---

① 《道藏》第 24 册，第 671 页中栏至下栏。
② 《道藏》第 24 册，第 671 页下栏。
③ 《道藏》第 6 册，第 646 页中栏。

松子、王乔等汉魏传统的神仙的这一历史时间段。当然,葛仙公的前世转生不仅是帝尧时期这一次,《众圣难经》又云:

> 仙公曰:我先世经历,施行罪福,轮转化形,经天说之,亦当不尽。子欲知之,为可略举一隅耳。①

仙公在无数次的轮回转生中,经历了生为贵人、小人、富家、下使、贵人、猪羊、下贱人、牛、中人、贵人、中士家、女人、男子、太子、贤家等,最后是以道士修道的身份,才得以招致上真下降,授其仙阶,成为葛仙公。同样地,在《请问经》卷下,太极真人徐来勒对仙公说:

> 我师告曰:吾学道修斋读经,立功济物,事师恭勤,弥劫历年。或生王家,或生公门,或生贱人,或生诸天,或生魔王,或还堕地狱,徒作三官,经履十苦八难,而执志不亏,转转轮求道。②

"我师"是指太极真人的师父太上大道君,这样算来,葛仙公就是太上大道君的徒孙辈了。当太极真人修成正果成为天界真人后,他就不必再担心自己将来的轮回转世了。因为,太极真人就是徐来勒最终的宿命所归,就像葛玄一旦成了太极左仙公就不必再有未来世的转生一样。

由此可以判断,"仙公新经"所谓的"先世"和"前世",即修道者的轮回转生,仅限于从天地开辟以来直至三国两晋时代的时间段。所谓"劫"的时间再长久,无论是"万劫"还是"亿劫",都是指二仪初分之后,三皇五帝之前的那段长短无定说的时间段。③ 在中国本土历史观念中,从三皇五帝开始到两晋南北朝初,是有大概的年岁可计数的,当然就谈不上"万劫"或"亿劫",所以只能是把三皇五帝之前的时间无限延展。要之,仙公新经中"劫"字的用法,更多是一种修辞的表述,还不具有杂而多端的佛教"劫"的理论意涵。在仙公系经典中,宇宙的时间模式是一条以一气化生二仪为起点的、单向发展的、从未出现过终点的直线;修道者个人的前世的无数次转生,都是在这一条无限延长的直线上的若干小轮回而已。

---

① 《道藏》第 24 册,第 672 页上栏。
② 《道藏》第 24 册,第 670 页上栏至中栏。
③ 中国本土传统中自开天辟地以来的年岁多少,有各种说法不一。神塚淑子:《六朝道教思想の研究》,第 366 页提示了纬书中的两种说法:一为 29 万多年,一为 276 万年。

## 四、"旧经"中的"劫"字用法与神话时间观

元始旧经"已出"的21卷中，除了"移入三经"暂置不论外，还有18卷，它们现在通常被认为在437年前就已作成了。我在以前的多篇研究中认为：这18卷中，一部分作成于437年之前，其余部分作成于437—471年之间。正因为元始旧经的成书情况比较复杂，是出于众手而成，所以在元始旧经中"劫"字的用法与意义也呈现多样性。

首先，用以表示无限长远的修辞用法的"劫"字，在元始旧经中仍然很普遍。"四万劫"、"万劫"、"亿劫"、"无数劫"等词仍比较常见。而"大劫"、"小劫"的用例也依然可见。因此，在仙公新经中发现的"劫"的两种用法，在元始旧经中仍可见到。

其次，元始旧经中还有把"劫"字加入专有名词中的用法，如《元始五老赤书玉篇真文天书经》中的"宝劫洞清九天灵书"、《洞玄灵宝二十四生图经》中的"灵宝劫刃府"、"太玄下元明劫曹"等等，这可能只是元始旧经的作者故弄玄虚，"劫"字在这里不一定有实际意义。还有使用"劫"字汉语本义的，如《长夜之府九幽玉匮明真科》中的"劫盗人财物"。再如《灵宝真文度人本行妙经》中有"金劫"、"水劫"、"火劫"，应是五行之劫，自有另一套理论说辞。但这些不同的用法，基本上和时间观念没有直接关联，本文也暂置不论。

复次，元始旧经中与时间观念相关的"劫"字用法，主要有"劫运"、"劫期"、"劫会"等。如《五老赤书玉篇真文天书经》中的"制劫运于三关"、"保劫运于天机"、"累经劫运"等。《赤书玉诀妙经》的"推数劫会"、"天地三易劫运"等。《九天生神章经》的"九九改劫运"等。《诸天内音自然玉字》的"大小劫会"、"劫会之期"等。这些词严格说来，还是略有区别的，但本文考察的是它们共同依托的神话时间模式，故暂不做细分。

如前所述，元始旧经出于众手，不同的作者在使用相同的词汇时，赋予的内涵很可能是不同的。例如，《真文天书经》通常被认为是元始旧经中的第一部经书，它奠定了以"灵宝赤书五篇真文"为核心崇拜对象的几部元始旧经的理论基础。这部经讲五篇真文的来历，就是从天地尚未形成的"元始之先"开始；讲大小劫，仍然是以阳九、百六说为理论依据。与仙公新经相比，仙公新经不讲天地开辟之前，而《真文天书经》讲五篇真文在天地形成之

前就已存在；仙公新经里简单的阳九、百六大小劫说，在《真文天书经》也被细分为大阳九、大百六、小阳九、小百六。《真文天书经》以及专为解释五篇真文的《赤书玉诀妙经》所讲的"劫运"、"劫会"，都还是以阳九、百六说为依据。这都可认为是《真文天书经》《赤书玉诀妙经》这两部最早作成的元始旧经还在延续仙公新经的观念而又有所发展。

但元始旧经《九天生神章经》的"延康无期劫"；《诸天内音自然玉字》的"开龙汉之劫，登赤明之运"，"龙汉后一劫"，"自龙汉以来，已九万九千九百万重劫"；《二十四生图经》的"上开龙汉劫"，"龙汉无终劫"等，就有另外一种"劫运"和"劫期"的意义。所谓的"龙汉劫"与"延康劫"，不仅不见于仙公新经，也不见于《真文天书经》和《赤书玉诀妙经》。而这正是本文所要强调的元始旧经中"劫"字最值得注意的新用法。

元始旧经中有多部经典出现了关于"龙汉"、"延康"等劫期的说法，彼此杂乱不一，比较明确而整齐的说法，见于元始旧经《智慧罪根上品大戒经》卷上云：

> 天尊告曰：龙汉之年，我出法度人。……命皆长远，不有夭伤。我过去后，天地破坏，无复光明，男女灰灭，沦于延康。幽幽冥冥，亿劫之中。至赤明开光，天地复位，我又出世，号无名之君，出法教化，度诸天人。其世男女……有信向者，皆得长年。有生嫉害，恶逆不忠，皆夭寿命……我过去后，一劫交周，天地又坏，复无光明，幽幽冥冥，五劫之中。至开皇元年，灵宝真文，开通三象，天地复正，五文焕明。我于始青天中，号元始天尊，流演法教，化度诸天。始开之际，人民纯朴，结绳而行，混沌用心，合于自然，皆得长寿三万六千年。至上皇元年，心渐颓坏，恐至凋落，正法不全。故国国周行，宣授天文，咸令入法，成就诸心。半劫之中，命渐凋落，寿得一万八千余年。我过去后，天运转促，人心破坏，更相谋逆。嫉害胜己，争竞功名，不信经法，疑贰天真。口是心非，自作一法，淫祀邪神，杀生祈祷。迷惑不专，更相残害，自取夭伤，命不以理，寿无定年。①

可见，龙汉→延康→赤明→开皇是四个依次出现的劫期，上皇元年算不

---

算一个劫期的开始,在道教中说法不一。① 每个劫期结束之时,就是天地毁灭,重归幽冥状态之际;下一个劫期初开,天地重新布列,道神重新降世度人,一切周而复始。而每个劫期从开始到结束,都要经历从人民纯朴信道,寿命长远,到逐渐人心破坏,不信经法,人命夭伤的历程。最高道神只是从开皇劫期才开始以元始天尊的称号现世度人。按此说法,从三皇五帝至东晋末年的历史时期,属于灵宝经所谓的开皇劫期之内。与此相似的说法,还见于元始旧经《洞玄灵宝诸天灵书度命妙经》,也是讲元始天尊历经从龙汉到开皇的劫期,反复出世度人,大体与《智慧罪根上品》相同,只不过描述更细致,文繁不引。之后,《灵书度命妙经》还说：

> 大劫交周,天崩地沦,四海冥合,金玉化消,万道势讫,而此经独存,其法不绝。凡是诸杂法导引,养生法术,变化经方,及散杂俗,并系六天之中,欲界之内,遇小劫一会,其法并减(灭),无复遗余。其是太清杂化符图,太平道经,杂道法术,诸小品经,并周旋上下十八天中,在色界之内。至大劫之交,天地改度,其文仍没,无复遗余。其玉清上道、三洞神经、神真虎文、金书玉字、灵宝真经,并出元始,处于二十八天无色之上。大劫周时,其文并还无上大罗中玉京之山七宝玄台,灾所不及。②

"新经"所依凭的阳九、百六说,大约是三千年、一万年就会出现灾难,但还不至于导致天地沦坏,天地重生。而"旧经"所言的"大劫"、"小劫"就不再只是基于阳九、百六理论,而已是在龙汉、延康、赤明劫期说的框架下再讲大劫、小劫了。上段引文的核心意思是：其他各种佛道经典、杂法符图,都不如元始天尊所出的上清、灵宝经重要,只有元始天尊所出的经典,才能在大劫交周所带来天地崩坏时,还归天上的仙宫。而一旦天地重开,人民信道之时,元始天尊及其所传的经法就将再度出世。因此,天地可以沦坏,人民可以更生,而元始天尊和元始旧经则是有始无终,永存不灭的。

不过,《智慧罪根上品大戒经》与《诸天灵书度命妙经》的劫期说,很可能是元始旧经中相对完善和固定化后的产物。元始旧经中较早作出的《真文天书经》和《赤书玉诀妙经》,都只提到了"赤明",且"赤明"一词所指,也

---

① 上皇元年在南北朝末道教的传说中,是老子下为周师的时间,见《广弘明集》卷 9 所收甄鸾《笑道论》,《大正藏》卷 52,第 144 页下栏。相关老子传说的研究,见拙著：《经典与历史——敦煌道经研究论集》,北京：人民出版社,2011 年,第 26—33 页。

② 《道藏》第 1 册,第 804 页上栏至中栏。

未必就是赤明劫期。《诸天内音自然玉字》虽然提到了龙汉、赤明、延康三个劫期,却未见开皇劫期,且似乎是把赤明劫期作为元始天尊与众天真讲经说法的"当下"。更值得注意的是,《诸天内音自然玉字》卷四天真皇人说:

> 龙汉之前,在延康中,随运生死。至于龙汉,乃受缘对云云。①

这是将延康劫期置于龙汉劫期之前,显然与《智慧罪根上品大戒经》与《度命妙经》的说法不一。由此可知:所谓龙汉→延康→赤明→开皇的劫期说,实际上在元始旧经中也不是一蹴而就地建立起来的,这也可证元始旧经内部存在造作的先后关系。②

虽然并不是每部元始旧经都承认并遵循龙汉→延康→赤明→开皇的劫期说,但这样的劫期循环理论,却成为灵宝经对中古道教经教思想的重要贡献之一。陆修静在437年作《灵宝经目序》中说:

> 夫灵宝之文,始于龙汉。龙汉之前,莫之追记。延康长劫,混沌无期,道之隐沦,宝经不彰。赤明革运,灵文兴焉。诸天宗奉,各有科典。一劫之周,又复改运。遂积五劫,迫于开皇已后,上皇元年,元始下教,大法流行,众圣演畅,修集杂要,以备十部三十六帙。引导后学,救度天人。上皇之后,六天运行,众圣幽升,经还大罗。③

陆修静不仅完全接受了龙汉→延康→赤明→开皇的四劫期说,而且还将四劫期说作为十部三十六卷灵宝经(即元始旧经)出世的背景,阐扬了元始旧经随劫改运,重复隐现的思想。他特别指出:宇宙开辟以来的劫期有无数个,只是龙汉以前的情况不能知晓而已。元始旧经在龙汉之前就已存在,到开皇劫期的上皇元年,曾经下世教人。上皇之后,因为六天运行,人心背道,元始天尊等仙真众圣,上升天宫,元始旧经也随之还归大罗天上。

这样的劫期说,也同样被后来的《魏书·释老志》和《隋书·经籍志》所

---

① 《道藏》第2册,第562页下栏。
② 小林正美已经注意到这个问题,见《六朝道教史研究》中译本,第426—429页。而贺碧来的"Genesis and Pre-cosmic Eras in Daoism"则在更广泛的背景下讨论了包括灵宝经的劫期在内的道教宇宙时间观。
③ 张君房编:《云笈七签》卷4《道教经法传授部》,李永晟点校本,北京:中华书局,2003年,第51页。

接受。《魏志》称：

> 又称劫数，颇类佛经。其延康、龙汉、赤明、开皇之属，皆其名也。及其劫终，称天地俱坏。①

《隋志》云：

> 有元始天尊，生于太元之先……说天地沦坏，劫数终尽，略与佛经同。以为天尊之体，常存不灭。每至天地初开，或在玉京之上，或在穷桑之野，授以秘道，谓之开劫度人。然其开劫，非一度矣，故有延康、赤明、龙汉、开皇，是其年号。其间相去经四十一亿万载。②

　　《魏志》和《隋志》有关佛道教的记述，都是当时的一流学者对学术史的总结性概括，只不过作为道教之外的史家，他们只看到了灵宝经的劫数轮回说与佛教思想的表面雷同，并且选用了以延康为最初劫期的、在灵宝经中并不普遍的说法。但也足见出于元始旧经的四劫期说，几乎已成为中古经教道教最有代表性的重要理论资源之一，被教内外人所熟知。③

　　在劫期说理论背景下，元始旧经最终确立起来的时间模式是：天地始自混沌，但不再是有始无终的直线性发展轨迹；天地在形成后，就要经历周期性地创生、毁灭、重生，每个劫期之内的人民，也都要经历对道法从信奉到违背的历程，相应地是人类从长寿到夭伤的逐渐退化历程。在这样的过程中，只有元始天尊等最高层级的道神，以及以灵宝真文为核心的元始旧经是永存不灭的，而天地万物都要随劫生灭。这就构成了无数个天地从生到灭的宇宙大周期，至于是否每个劫期相隔四十一亿万年，则不见于古灵宝经的教义。三皇五帝到东晋的这几千年时间，只是众多劫期中的开皇劫期中的一个时段。如果说仙公新经的"历劫"只是在天地开辟以来的单线演进时间

---

① 《魏书》卷114《释老志》，北京：中华书局，1974年，第3048页。相关研究见塚本善隆：《魏书释老志の研究》，此据《塚本善隆著作集》第1卷，东京：大东出版社，1974年，第3—10、294—301页。
② 《隋书》卷35《经籍四》，北京：中华书局，1973年，第1091页。相关讨论见兴膳宏：《隋书经籍志〈道经序〉的道教教义及其与〈無上祕要〉之關係》，1993年日文初刊，此据中译文，载《学术集林》卷九，上海：上海远东出版社，1996年，第138—144页。
③ 《隋志》的相关内容，被唐代道士孟安排在《道教义枢序》中以"儒书经籍志"的名义引用，见《道藏》第24册，第803页上栏。

轴上发生的,那么元始旧经的"历劫"则是在无数次天地从生到灭的宇宙大
周期的循环之内发生的。


# 五、"移入三经"的问题


在佚名的《灵宝经义疏》(P. 2861. 2 + P. 2256)所列的"元始旧经"已出
21 卷中,有 3 卷的归属存在争议。即《升玄步虚章》(《洞玄灵宝玉京山步虚
经》)《自然五称文》(《太上灵宝真一五称符上经》)和《法轮罪福经》(《太上
洞玄灵宝真一劝诫法轮妙经》)。小林正美最早提出:这三部经原本是仙公
系经典,后被陆修静"移入"元始系之中。① 但这一意见并未得到重视。

我认同小林氏的这一判断,并先后在多篇文章中约略地肯定了这一"移
入说"。② 我给出的理由,起初是延续了小林氏的关注点,即注意到这三部
经的神格与其他元始系经典不符:这三部经中,《真一五称符》是以老君(老
子)为主角,葛仙公只是对老子的教法稍加按语;《真一劝诫法轮妙经》是以
太极真人传授葛仙公为线索;《玉京山步虚经》则在经文末尾提及了太极真
人等降授葛仙公。而元始系经典则是元始天尊和太上大道君传给其他道
神,恰恰不包括太极真人和葛仙公在内。在我考察了两组灵宝经中使用"天
尊"一词的不同含义后,这一初步的印象就显得愈发清晰了。仙公系经典中
出现的"天尊"一词,或是比葛仙公仙阶要低的地仙们对葛仙公的尊称,或是
葛仙公对比自己高的神格的尊称,都不是对"元始天尊"的简称。可以认为,
有葛仙公出场的仙公系经典,很可能还没有产生"元始天尊"的观念和意识。
而有元始天尊出场的元始系经典,则基本不把葛仙公作为传经授戒的对象。
这是仙公系与元始系的显著区别之一。"移入三经"具有不符合元始系,而
符合仙公系经典神格的特点。我的这些论述,可以看作是对小林氏既有观

---

① 小林正美:《六朝道教史研究》,中译本,第 159—160 页。正是因为出现这种"旧经"中也
有与"新经"内容相通的情况,所以小林氏改用"元始系"和"仙公系"来称呼这两组灵宝
经。

② 分别见拙文:《"元始系"和"仙公系"灵宝经的先后问题——以"古灵宝经"中的"天尊"和
"元始天尊"为中心》,《敦煌学》第 27 辑,台北:乐学书局,2008 年,第 277—280 页;《敦煌
本"灵宝经目录"研究》,《文史》2009 年第 2 辑,北京:中华书局,2009 年,第 70 页;《"元始
旧经"与"仙公新经"的先后问题——以"篇章所见"古灵宝经为中心》,《首都师范大学学
报》2009 年第 3 期,第 16 页;《古灵宝经出世说——以葛巢甫和陆修静为中心的考察》,
《敦煌吐鲁番研究》第 12 卷,上海:上海古籍出版社,2011 年,第 160 页。

点的深化。

本文对"劫"字的讨论，也可为探讨"移入三经"的归属问题提供新的佐证。首先，"移入三经"中"劫"的用法包括：

《洞玄灵宝玉京山步虚经》讲到了阳九、百六的大劫交周，也出现了"众宝幽劫刃山"这样的专有名词，但这部分内容并非出自此经最初的文本。①其后，很可能是《步虚经》最初核心内容的《洞玄步虚吟》十首中，出现了万劫、弥劫、宿缘、宿命、劫历等用词。《太上智慧经赞八首》则有历劫、年劫、宿世等词。太极真人等五真人颂词中则有宿命、万劫等用法。

《真一五称符上经》的时间观也是从混沌、"开辟以来""古者以来"，并无开辟之前如何的观念。经文中多次出现了"无数之劫，永无穷时"。此外还有"天地有劫数期会，道无极时也"；"灵宝先天地生，从本无轶数劫来"。

《真一劝诫法轮妙经》则出现了四万劫、积劫念行、历劫积稔、无数劫以来、积劫勤尚、弥纶万劫、亿劫长存、万劫、或为劫贼、长保劫年、道成天地劫、恒沙之劫等用法。除了"劫贼"有汉语"劫"字本义外，其他用法基本上都是表示极久远时间的名词。

总的来说，"移入三经"中"劫"字的用法，基本上与"仙公新经"中的两种用法是一致的，并没有像"元始旧经"那样呈现复杂多样化的用例，更没有出现龙汉、延康、赤明、开皇的四劫期说。当然，有几部"旧经"，如《洞玄灵宝灭度五炼生尸经》《洞玄灵宝智慧定志通微经》《洞玄灵宝上品戒经》等，"劫"字的用法也仅限于表示时间久远之义，但这并不能用来佐证"移入三经"也是元始旧经。因为《五炼生尸》《定志通微》《上品戒经》都是明确无疑的"旧经"，里面都有元始天尊出场，它们的"劫"字用法单一，只能说明"旧经"的作者不一，各自所依据或选取的理论资源不同。小林正美认为"移入三经"原属仙公系经典，现在看来也应略作修正。从"劫"字的用法来看，"移入三经"纵不能说原本一定都是作为仙公新经被造作出来的，至少也是在与"新经"非常相近的思想背景下作成的。它们现在位于"旧经"之列，实在显得有些勉强。

其次，通过本文的考察，可以进一步确信葛仙公不该在"旧经"中出现。仙公新经塑造的葛仙公，只是在三皇五帝以来最近几千年间轮回转生，直到

---

① 关于《道藏》本《玉京山步虚经》的文本问题，详见拙文：《论古灵宝经〈升玄步虚章〉的演变》，Florian C. Reiter ed., *Foundations of Daoist Ritual: A Berlin Symposium*, Harrassowitz Verlag, 2009, pp.189-205. 并参郑灿山：《〈洞玄灵宝玉京山步虚经〉经文年代考订》，"道教经典与仪式国际研讨会"论文，台北，2008 年 12 月。

三国吴时才最终得道成仙。从葛仙公的事迹来看,"新经"造作者的头脑中,显然并没有天地开辟以前的世界曾经如何的时间观念。因而葛仙公与元始旧经出场的众神,按照灵宝经的教义,本不应该在同一个时空中出现。即便是按照元始旧经的时间观来衡量,葛仙公也不应该出现在元始旧经。因为葛仙公不是元始天尊,他的生命历程不能从龙汉劫期算起。可以作为参照的例子是太上大道君。元始旧经《洞玄灵宝度人真文本行妙经》中说太上大道君虽然也经历了"随劫死生,世世不绝,恒与灵宝相值同出,经七百亿劫中",但他真正托胎降生,被元始天尊赐号太上大道君,只是在"赤明开运"之后。① 这说明,即便是太上大道君也不能够像元始天尊那样历经龙汉至开皇的各个劫期,永存不灭,更不要说只是太上大道君徒孙辈的葛仙公了。所以,葛仙公的前世生命不可能是在龙汉和赤明劫期不断轮回的。而元始天尊的教法(即元始旧经),则是在龙汉劫期初始就已形成,并历经龙汉、赤明、开皇各个劫期都曾出世教人。从道教神学的角度来看,龙汉劫初就已形成的元始旧经,是元始天尊在不同劫期化度天人的不二法门,应该通用于各个劫期,怎么可能在经文中出现只有在开皇劫期的最近几千年才轮转成仙的葛仙公? 因此,葛仙公实在不应出现在元始天尊所传的元始旧经中,"移入三经"中出现了葛仙公,原本就不该属于"旧经"之列。

复次,太极真人→葛仙公→郑思远→葛门弟子的灵宝经,有无可能是"元始旧经"? 这样的理解很可能是来自《云笈七签》卷三所收的《灵宝略纪》,这篇时代不名的佚名作品,把"元始旧经"中才有的龙汉、赤明劫期中,元始天尊与太上大道君共同以灵宝经随劫化世度人,以及《五符序》才有的太上降真帝喾、大禹传灵宝五符,复经阖闾、夫差的故事,与"仙公新经"才有的葛仙公接受太极真人等真人下降的故事,都连贯在一起,说葛玄"凡所受经二十三卷,并《语禀》、《请问》十卷,合三十三卷"云云,②等于说太极真人给葛玄授经时,就有二十三卷元始旧经,再加上《请问经》等仙公新经,一共三十三卷。但这是出自后世道徒的说法,不足为凭。实际上,陆修静在《灵宝经目序》中说得明白,当开皇劫期的上皇之后,六天气行之际,元始旧经与元始天尊都已还归大罗天上,不显于人间。帝喾、大禹、张天师和葛玄所受的灵宝经,都不是元始旧经。只有到"期运既至,大法方隆"之时,元始旧经才又再度出世人间,而这一"旧经"重出于世的重要时机,就

---

① 此据《中华道藏》第 3 册,第 308 页中栏至下栏。
② 《云笈七签》,李永晟点校本,第 38—41 页。

是刘宋的建立。① 因此，按照陆修静的理解，在刘宋建立之前，元始旧经尚在大罗天上，是不可能出世的。包括葛玄得道成仙的吴时，元始旧经也仍然在天宫，葛玄不可能领受到元始旧经，也更不可能在元始旧经中作为仙真出场。而现在有葛仙公出场的"移入三经"，显然是没有遵循元始旧经的基本原则。应该是陆修静为了补充并未全部"出世"的元始旧经，而将原本不是元始旧经的三经"移入"的结果。

# 六、结　语

如前所述，"元始旧经"较之"仙公新经"中"劫"的用法，显然要复杂和丰富得多。"新经"的"劫"字用法只有两种；"新经"所表达的神话时间模式基本上是统一的，都是指从开辟以来到"当下"。"旧经"中"劫"字的用法至少有六种之多，其中包含了"新经"中的两种用法；且"旧经"的神话时间模式是把开辟以来的单线时间轴，纳入到包含了多个宇宙大周期、大循环的时间圆环体系中。确认了这一基本的事实，可以为讨论古灵宝经研究中的几个关键性问题提供新的论据。除"移入三经"的原本归属问题之外，还可考虑到如下三个重要问题。

第一，本文的讨论也许能从一个新的角度支持我关于仙公新经早于元始旧经作成的观点。以事物发展的一般规律而言，从"新经"中"劫"的观念的"简单"到"旧经"中"劫"的观念的"复杂"，其先后关系应该是一目了然的。特别是考虑到道经所反映的具体概念的宗教性和思想性特点，如果说"旧经"中元始天尊的至高神格和宇宙大周期、大循环的时间模式已先期确立，后出的"新经"却对此完全置之不理，显然是极不自然的现象。毕竟，"旧经"的元始天尊和龙汉等四劫期说，后来成为影响中古经教道教的重要思想资源。"新经"如果在哪怕是简单提及和承认最高主神和四劫期说的前提下，再展开自己对开辟以来时间观念的充分构建，也都还可以理解。但现在"新经"对元始天尊和四劫期说实际上是完全失语，这种现象大约只有两种可能性：一是"新经"作成时，这些思想观念还未出现，亦即说"新经"早于"旧经"。二是"新经"虽然后出，但出于某种特别的原因而故意回避这些先

① 《云笈七签》，李永晟点校本，第 51—52 页。并参拙文：《古灵宝经出世论》，第 168—172 页。

出的"旧经"中已趋成熟和完备的思想观念。以现在的研究情况来看,要证明后一种可能性的存在,是既无必要,也无可能的。

第二,我曾提出所谓葛巢甫"造构灵宝",其实就是指他造作了"仙公新经"部分。因为"元始旧经"的复杂和矛盾之处所在多有,这从"旧经"中"劫"的使用就可见一斑。而"新经"虽然有"劫"字的两种用法,但只有在《五符序》和《真文要解上经》这两部原本很可能不属于仙公系的经典中有大劫、小劫的意思。如果暂置这两部经不论,其他几部"新经"对"劫"字的理解和使用几乎是相同的,说明这几部经很可能是出自同一个人之手。这就暗示了"新经"确应出自一人之手,而这个人也最有可能就是葛仙公的后代——葛巢甫。

第三,还应注意到,"旧经"的思想观念实际上也呈现很大的差异性。较早作出的部分"旧经"与"新经"的思想有明显的延续性,都在一定程度上延续着汉魏仙道传统的思想观念;稍晚作出的部分"旧经"则逐渐形成了灵宝经具有代表性的思想观念,表现为佛教化色彩的义理更完备。如果认为"旧经"早于"新经",就会出现一个奇怪的现象:"旧经"本身已经历过某些思想观念的由简入繁、由不完善到渐趋完备的发展历程,而后出的"新经"却对这些思想观念弃之不顾,反而回过头去追寻那些比较简单和不完善的思想观念。灵宝经教思想发展的历史轨迹,真是这样地不可捉摸和违背常理吗?

附识:本文原刊《敦煌吐鲁番研究》第 15 卷,上海古籍出版社,2015 年。

# 制造士人皇帝

## ——牛车、白纱帽与进贤冠

### 孙正军

英国历史学家彼得·伯克(Perter Burke)在《制造路易十四》一书的中文版前言中曾满怀期待地说道,也许会有哪位中国史学家愿意研究一下中国历代皇帝的官方描绘(或曰制造)。① 限于史料,探究中国古代每一位皇帝、尤其是历史早期皇帝的形象塑造,恐怕不易,不过,如果将皇帝视为一个群体,考察其整体面貌,却是可以实现的。

事实上,对于中国皇帝整体面貌的考察,学界并不陌生。譬如"专制",便是学界赋予古代皇帝们最为重要的形象特征。或许一些学者对使用"专制"一词颇为犹豫,②但多数学者仍坚信,中国古代皇权至高无上,皇帝拥有着较少制约的绝对权力。

与"专制"相关,"神圣"也是以往学者较多触及的皇帝面相之一。萧璠先生认为,早在皇帝制度成立伊始,把皇帝圣人化的运动便已开始,秦汉以降的皇帝,不断致力于将皇帝塑造为兼具品德与才干、为万民所仿效的圣人形象。③ 邢义

---

① 彼得·伯克:《路易十四再探——中文版前言》,《制造路易十四》,郝名玮译,北京:商务印书馆,2007 年,第 6 页。

② 这种犹豫表现在两个方面:一是中国古代皇帝是否"专制",二是"专制"一词是否适用。前者如钱穆即反对中国古代皇帝专制,指出权力运作背后存在着理性精神的指导(《国史大纲·引论》,初出 1940 年,北京:商务印书馆,1996 年,第 14—16 页;《中国历史研究法》第二讲《如何研究政治史》,初出 1961 年,北京:三联书店,2001 年,第 24 页等);甘怀真也认为,皇权受到礼制的制约,而非绝对的(《皇帝制度是否为专制?》,初出 1996 年,后收入氏著:《皇权、礼仪与经典诠释:中国古代政治史研究》,上海:华东师范大学出版社,2008 年,第 388—391 页)。后者主要从知识考古的视角考察"专制"输入中国的过程,强调"专制"一词出自西方语境,是随着民族危亡之际知识分子对于帝制国史的批判而为国人所接受,并未经过充分的事实论证。这方面的代表性研究为侯旭东:《中国专制说的知识考古》,《近代史研究》2008 年第 4 期。

③ 萧璠:《皇帝的圣人化及其意义试论》,《中研院历史语言研究所集刊》第 62 本第 1 分册,1992 年。

田先生也指出，秦始皇对于塑造自己的圣人形象极为热衷，汉代皇帝虽不敢自命圣人，但对圣人的仰慕与模仿也是非常明显的。① 而自西汉后期逐步盛行的谶纬思想，对于皇帝圣人化运动无疑起了推波助澜的作用，作为天子的"皇帝"皆"五帝精宝"，②"神精与天地通，血气含帝精"，③其神格属性得到进一步强化。事实上，如学者所论，"皇帝"称号自身就具有强烈的神圣意味。④

这样，在"专制"与"神圣"主导之下，以皇帝为中心的礼制建设往往不遗余力地渲染皇帝的独尊与唯一。如蔡邕所述，"汉天子正号曰皇帝，自称曰朕，臣民称之曰陛下，其言曰制诏，史官记事曰上，车马、衣服、器械百物，曰乘舆，所在曰行在（所），所居曰禁中，后曰省中，印曰玺，所至曰幸，所进曰御，其命令，一曰策书，二曰制书，三曰诏书，四曰戒书"，⑤处处凸显出与臣僚的差异与高下之别。以皇帝舆服为例，天子常服冠通天冠，与臣僚所冠进贤冠、武冠不同。⑥ 而即便同样是冕服，东汉明帝永平二年（59）依照古礼创设的冕服，也未如古礼一样"君臣通用"，而是天子只用衮冕十二章，公侯只用山龙九章之冕，九卿只用华虫七章之冕，君臣之间也显示出明显的差异。⑦ 此即如班固《两都赋》所述，"至于永平之际，重熙而累洽，盛三雍之上仪，修衮龙之法服，敷洪藻，信景铄，扬世庙，正予乐。人神之和允洽，君臣之序既肃"，⑧冕服的修制正是确认"君臣之序"的举措之一。不难想见，皇帝与臣僚舆服制度的巨大格差，无疑进一步强化了秦汉皇帝"专制"、"神圣"的皇帝形象。

及至魏晋以降，皇帝舆服仪制的主体仍是继承秦汉制度，如北魏孝明帝时太学博士王延业所说："周、秦、汉、晋车舆仪式，互见图书，虽名号小异，其大较略相依拟。"⑨不过，在这一时期的皇帝舆服仪制中，我们也发现一些与

① 邢义田：《秦汉的皇帝与"圣人"》，初出1988年，后收入氏著：《天下一家——皇帝、官僚与社会》，北京：中华书局，2011年，第50—83页。
② 《太平御览》卷76《皇王部上·叙皇王上》，北京：中华书局，1960年，第355页上栏。
③ 《太平御览》卷76《皇王部上·叙皇王上》，第355页上栏。
④ 西嶋定生：《中国古代国家と東アジア世界》第二章《皇帝支配の成立》，初出1970年，东京：东京大学出版会，1983年，第54—60页等。
⑤ 蔡邕：《独断》卷上，上海：商务印书馆影印明弘治十六年（1503）刘逊刻本（四部丛刊三编），1936年，第1页右栏。又《太平御览》卷76《皇王部·叙皇王上》引《汉杂事》亦有类似记载，第355页下栏。
⑥ 《续汉志》卷30《舆服志下》，《后汉书》，北京：中华书局，1965年，第3665—3666页。
⑦ 阎步克：《服周之冕——〈周礼〉六冕礼制的兴衰变异》第五章《汉明帝冕制复古：六冕合一》，初出2005年，北京：中华书局，2009年，第175—177页。
⑧ 《后汉书》卷40下《班彪传附班固传》，第1363页。
⑨ 《魏书》卷108《礼志四》，北京：中华书局，1974年，第2815页。

"专制"、"神圣"的皇帝形象相悖离的内容，原本"独尊"、"唯一"的皇帝礼制中越来越多地渗入来自臣民的元素。例如在皇帝车驾中，出现了此前"贵者不乘"的牛车，①而白纱帽、进贤冠等原本为臣民所服之物也开始为皇帝使用。② 这些来自臣民的元素是如何出现的？ 它们对于皇帝形象的塑造有什么意义？ 对于我们理解中国古代的皇帝制度，它们又能提供哪些讯息？ 接下来，我们将以牛车、白纱帽及进贤冠为线索，探讨这些问题。

# 一、牛　　车

牛车又称"犊车"、"大车"，载物兼载人，原为一般民众或下层官吏所乘，但在魏晋南北朝时期，士大夫乃至皇帝也多乘坐牛车，甚至还留下不少与牛车相关的遗闻轶事。③ 关于这一时期社会上层乘坐牛车风气之盛行，程大昌、钱大昕皆已注意，④现代学者也有不少研究，⑤这里仅就天子使用牛车的情形略作说明。

---

① 《晋书》卷 25《舆服志》，北京：中华书局，1974 年，第 756 页。

② 《晋书》卷 25《舆服志》，第 767、771 页。

③ 著者如王导以麈柄打牛救妾，石崇、王恺斗牛，分见《世说新语》"轻诋"注引《妒记》、"汰侈"，上海：上海古籍出版社影印光绪十七年（1891）思贤讲舍刻本，1982 年，第 432、457 页。

④ 程大昌：《演繁露》卷 1《牛车》，北京：中华书局，1991 年，第 1 页；钱大昕：《廿二史考异》卷 20《晋书三·舆服志》"古之贵者不乘牛车"条，上海：上海古籍出版社，2004 年，第 357—359 页。

⑤ 尚秉和：《历代社会风俗事物考》卷 9《汉以来车马》"晋世因尚牛车故贵人赛牛"、"牛车之贵至隋男子仍乘之"条，初出 1938 年，北京：中国书店，2001 年，第 142—143 页；吕思勉：《两晋南北朝史》第二十一章《晋南北朝人民生活》，上海：上海古籍出版社，1983 年，第 1198—1201 页；山田胜芳：《马车と牛车—中国古代の官人と中世の贵族》，收入片野达郎编：《综合研究中世の文化》，东京：角川书店，1988 年，第 147—162 页；刘增贵：《汉隋之间的车驾制度》，初出 1993 年，后收入蒲慕州主编《台湾学者中国史研究论丛·生活与文化》，北京：中国大百科全书出版社，2005 年，第 161—217 页；朱大渭、刘驰、梁满仓、陈勇：《魏晋南北朝社会史》第五章《车船舆乘与交通》，北京：中国社会科学出版社，1998 年，第 200—202、207 页；刘磐修：《魏晋南北朝社会上层乘坐牛车风俗试论》，《中国典籍与文化》1998 年第 4 期；高玉国：《晋代牛车在社会生活中的作用与地位探析》，《德州学院学报》2002 年第 1 期。

　　近年来，随着魏晋南北朝墓葬中牛车俑及牛车壁画的大量发现，以考古资料为中心的牛车研究也取得显著成果。参看张振刚：《三国两晋南北朝墓葬出土牛车俑群的初步研究》，四川大学硕士学位论文，2007 年；李强：《魏晋南北朝的陶牛车及其断想》，《中国文物报》2008 年 1 月 23 日；谢晓燕：《武威雷台墓车马队列中牛车的位置及墓葬断代》，《四川文物》2010 年第 4 期；谭燕鹏：《田亩之外——中古时期牛的功用余意探讨》第二章《作为交通工具之牛》，陕西师范大学硕士学位论文，2010 年，第 5—24 页。

牛车"贵者不乘",因此在秦汉皇帝的车驾中,清一色用马,绝没有用牛的例子。皇帝服牛始于东汉末期,《晋书·舆服志》记载:"古之贵者不乘牛车,汉武帝推恩之末,诸侯寡弱,贫者至乘牛车,其后稍见贵之。自灵、献以来,天子至士遂以为常乘,至尊出朝堂举哀乘之。"①据此,似乎自灵帝时代,皇帝已开始使用牛车。灵帝乘坐牛车的例子尚未发现,现存史料能够找到的皇帝服牛的最早事例为献帝兴平二年(195)"御乘牛车",是年"(杨)奉、(韩)暹等遂以天子都安邑,御乘牛车"。② 不过,这是在汉献帝"失辎重"且被挟持的情况下,属于"非常"状态,从献帝君臣都安邑后,立即"遣(韩)融至弘农,与傕、汜等连和,还所略宫人公卿百官,及乘舆车马数乘"③来看,毋宁说彼时皇帝日常所乘当仍是马车。

及入三国,君主乘坐牛车逐渐常规化。黄武五年(226),吴王孙权闻陆逊表令诸将增广农田,报书云:"今孤父子亲自受田,车中八牛以为四耦,虽未及古人,亦欲与众均等其劳也。"④既称"车中八牛",可见牛车已在吴王车驾中据有一席之地。不过,彼时孙权尚非皇帝,当时皇帝是否乘牛车,以及乘牛车是否已然成为一种制度,尚无材料可以说明。

可以确认的是,从西晋时代开始,牛车已经制度化地出现在皇帝车驾中了。据《晋书·舆服志》,皇帝车驾中,画轮车、御衣车、御书车、御轺车、御药车及阳遂四望穗窗皁轮小形车均驾牛,志中所引《中朝大驾卤簿》也称,"次御轺车,次御四望车,次御衣车,次御书车,次御药车,并驾牛,中道"、"次载鼓车,驾牛,二乘,分左右"。⑤ 而在实际生活中,我们也能看到皇帝驾牛车的痕迹,譬如晋武帝御牛青丝绋断,诏以青麻代之。⑥ 不过,应当看到,晋代皇帝车驾中的牛车只占极少一部分,五辂、金根车、耕根车、戎车、猎车、游车、云罕车、皮轩车、鸾旗车、建华车、轻车、司南车等都依然驾马;而且牛车的地位也不能和五辂、金根车等相比,如《宋书·礼志五》所说,"(犊车)江左御出,又载储偫之物",⑦而御衣车、御书车、御轺车、御药车等正是所谓"载储偫之物",画轮车也只是在"至尊出朝堂举哀乘之"。因此,《晋书》中的皇帝乘牛车大都不是什么光鲜的事儿,往往发生在乘舆潦倒之际。如惠

① 《晋书》卷25《舆服志》,第756页。
② 《三国志·魏书》卷6《董卓传》,北京:中华书局,1959年,第186页。
③ 《三国志·魏书》卷6《董卓传》,第186页。
④ 《三国志·吴书》卷47《吴主传》,第1132页。
⑤ 《晋书》卷25《舆服志》,第756、759、760页。
⑥ 《晋书》卷3《武帝纪》,第80页。
⑦ 《宋书》卷18《礼志五》,北京:中华书局,1974年,第497页。

帝建武元年（304），据有邺城的成都王颖为王浚所败，于时"服御分散"，①惠帝只能乘犊车还洛阳；②光熙元年（306），东海王越大败河间王颙、成都王颖，其将祁弘奉帝自长安还洛阳，"帝乘牛车，行宫藉草，公卿跋涉"，③遭遇犹如当年汉献帝。此外如海西公为桓温所废，"著白帢单衣，步下西堂，乘犊车出神兽门"，④其境遇较之惠帝，更是等而下之了。

南朝以降，由于文献所记皇帝车驾制度多有欠缺，我们也难以窥清皇帝乘坐牛车的全貌。仅据诸志记载，刘宋时犊车及犊车加饰云母而成的云母车均驾牛，自晋世而来的四望车大约也在牛车之列；⑤南齐画轮车依旧驾牛，指南车及安车之副车也开始以牛牵引；⑥梁世画轮车、指南车外，又新增记里鼓车及衣书车十二乘作为牛车之属。⑦ 陈朝车驾"具依梁制"，⑧则皇帝使用牛车的情况当去梁世不远。

与南朝相比，文献中关于北朝皇帝服牛的记载更为稀少。不过，只言片语间仍然留下北朝皇帝使用牛车的蛛丝马迹。早在北魏立国前部落联盟时代，桓帝猗㐌即因"英杰魁岸，马不能胜"，于是"常乘安车，驾大牛，牛角容一石"。⑨ 及北魏天兴年间（398—404），道武帝拓跋珪"参采古式，多违旧章"，制作了一批车辇，其中大楼辇、小楼辇，均驾牛十二，⑩显示出牛车在北魏初年的皇帝车驾中仍占有一席之地。又天兴五年（402）拓跋珪南征姚秦，返军途中发生牛疫，结果"舆驾所乘数百头亦同日毙于路侧"。⑪ 舆驾出征所乘"巨犗"竟有数百头之多，不难窥知，北魏皇帝车驾中的牛车恐不限于大、小楼辇。

道武帝以降，大楼辇、小楼辇隐没无闻，不过北周大象年间（579—580），

① 《晋书》卷4《惠帝纪》，第103页。
② 《晋书》卷44《卢钦传附卢志传》，第1257页。
③ 《晋书》卷4《惠帝纪》，第107页。
④ 《晋书》卷8《废帝海西公纪》，第214页。
⑤ 《宋书》卷18《礼志五》，第497页。四望车虽未明记"驾牛"，但宋志既称"晋氏又有四望车，今制亦存"，且置于犊车条下，推测当属牛车。
⑥ 《南齐书》卷17《舆服志》，北京：中华书局，1972年，第337、339页。画轮车，《南齐志》不载所驾，《隋书》卷10《礼仪志五》载梁制："画轮车，一乘，驾牛。乘用如齐制，旧史言之详矣。"（北京：中华书局，1973年，第192页）据此则南齐画轮车当也驾牛。
⑦ 《隋书》卷10《礼仪志五》，第192、194页。
⑧ 《隋书》卷10《礼仪志五》，第195页。
⑨ 《魏书》卷1《序纪》，第7页。
⑩ 《魏书》卷108《礼志四》，第2811页。
⑪ 《魏书》卷91《术艺传·晁崇传》，第1943—1944页。

静帝"遣郑译阅视武库,得魏旧物",其中就有驾十二牛的大楼辇,①可见大约终北魏之世,大楼辇都是被沿用的。

除了以大、小楼辇为代表的北族自创牛车外,北朝皇帝车驾中可能也存在从南朝输入的牛车。东魏末年,孝静帝逊位高洋,乘坐"故犊车"出宫。②考虑到东晋海西公被废时也是乘"犊车"出宫,则这里所谓"故犊车",或许即模仿南朝仪制而制成的牛车。

总体而言,牛车在北朝皇帝车驾中的地位并不突出,但在承袭北朝而起的隋朝,皇帝车驾中的牛车却在短暂消失后又涌现出一个庞大的牛车群。开皇元年(581),文帝放弃魏晋以降的牛车制度,皇帝车驾一律用马,在驾畜的使用上返回到汉代传统。不过随后在大业元年(605),炀帝甫即位即一反开皇旧制,不仅四望车等改从晋制驾牛,还变本加厉地把属车八十一乘都改为牛车。③《隋书·阎毗传》载炀帝对阎毗语,"开皇之日,属车十有二乘,于事亦得。今八十一乘,以牛驾车,不足以益文物",④可见此次改制是实实在在实施了的。炀帝把属车八十一乘都改为驾牛,这也标志着牛车在中国古代皇帝车驾中的地位达至顶峰。

牛车的这种风光地位并未持续太久,炀帝自己很快便削减属车数量,大驾三十六,法驾十二,⑤唐世袭之,属车十二乘依旧驾牛。⑥ 不过这之后,皇帝对于交通工具的兴趣逐渐从乘车上转移,如《旧唐书》所说:

> 自高宗不喜乘辂,每有大礼,则御辇以来往。爰洎则天以后,遂以为常。玄宗又以辇不中礼,又废而不用。开元十一年(723)冬,将有事于南郊,乘辂而往,礼毕,骑而还。自此行幸及郊祀等事,无远近,皆骑于仪卫之内。其五辂及腰舆之属,但陈于卤簿而已。⑦

刘增贵先生认为,唐代以降,两种新的交通工具——步辇(肩舆)和骑马

---

① 《隋书》卷10《礼仪志五》,第200页。又《隋志》原作"驾二十牛",刘磐修以为当从《魏书·礼志四》作"十二牛",是,参看《魏晋南北朝社会上层乘坐牛车风俗述论》。
② 《魏书》卷12《孝静帝纪》,第314页。
③ 《隋书》卷10《礼仪志五》,第201—211页。
④ 《隋书》卷68《阎毗传》,第1594—1595页。
⑤ 《隋书》卷10《礼仪志五》,第210页。
⑥ 《通典》卷107《礼六七·开元礼纂类二·序例中·大驾卤簿》,王文锦等点校,北京:中华书局,1988年,第2781页。
⑦ 《旧唐书》卷45《舆服志》,北京:中华书局,1975年,第1933页。

的兴起,逐渐代替了车的地位,使得唐代士庶少有乘车,车在交通方式中的地位也日益降低。① 车的地位降低,牛车自亦不能幸免,因此尽管宋代以降皇帝大驾卤簿中仍然保留了属车十二车驾牛的传统,②但皇帝日常再不使用牛车,牛车仅成为一种摆设,寓示着某个由来已久的仪制传统尚未中断而已。

以上简单梳理了汉唐时期皇帝使用牛车的情况,可以看出,尽管牛车始终未能在皇帝车驾制度中占据主导地位,但从两汉至南朝,牛车地位的逐渐上升却是显而易见的。牛车从无到有,从少到多,至仰慕南朝文化的隋炀帝把属车八十一乘都改作牛车,则可以说是牛车在皇帝车驾制度中的地位达至顶峰。至于北朝,皇帝对牛车的使用虽不像南朝那样突出,但牛车无疑也是皇帝车驾的重要组成部分。制度上如此,皇帝实际生活中的乘坐牛车也是如此。汉末魏晋,皇帝乘坐牛车不少都是在潦倒窘迫之境,而在南朝,牛车则变成皇帝常乘车驾。《南齐书·武陵王曅传》记齐武帝曾赐其"副御牛一头",③吕思勉先生认为即天子常驾牛。④ 又同书载齐明帝"赐(萧)颖胄以常所乘白输牛",⑤则明确标出白输牛为明帝日常所乘。

那么牛车是如何进入皇帝车驾之中的呢? 换言之,"专制"、"神圣"的皇帝为何要使用原本为一般百姓所乘的牛车呢? 我们认为,这是魏晋以降皇帝模仿、学习士人生活的结果。

如学者所论,在两汉时期,士人乘坐牛车之风已然形成。⑥ 文献所见,西汉中后期,一些士人已开始乘坐牛车。武、昭时蔡义"以明经给事大将军莫府。家贫,常步行,资礼不逮众门下,好事者相合为义买犊车",⑦成帝时朱云"常居鄠田,时出乘牛车从诸生,所过皆敬事焉"。⑧ 不过,彼时士人乘坐牛车尚多因贫困。⑨ 降及东汉,士人因贫困乘坐牛车仍不乏其例,但值得注意的是,从东汉后期开始,一些家境优裕的士人也乘坐牛车,如三公之子

---

① 刘增贵:《汉隋之间的车驾制度》,第216—217 页。
② 《宋史》卷146《仪卫志四》,北京:中华书局,1977 年,第3430 页。
③ 《南齐书》卷35《高帝十二王·武陵昭王曅传》,第625 页。
④ 吕思勉:《两晋南北朝史》第二十一章《晋南北朝人民生活》,第1199 页。
⑤ 《南齐书》卷38《萧赤斧传附萧颖胄传》,第666 页。
⑥ 刘磐修:《魏晋南北朝社会上层乘坐牛车风俗述论》。
⑦ 《汉书》卷66《蔡义传》,北京:中华书局,1962 年,第2898 页。
⑧ 《汉书》卷67《朱云传》,第2916 页。
⑨ 尚秉和:《历代社会风俗事物考》卷9《汉以来车马》"西汉士夫因贫困始乘牛车",第137—138 页;刘增贵:《汉隋之间的车驾制度》,第204—205 页;刘磐修:《魏晋南北朝社会上层乘坐牛车风俗述论》。

刘宽、北海大族孙宾硕等都乘坐牛车，甚至宦官仆从也"乘牛车而从列
骑"，①其时间大约都在桓帝时期，刘增贵先生因此认为，迟至东汉后期，牛
车逐渐流行。② 而皇帝乘坐牛车，即便如《晋书·舆服志》所说，"自灵、献以
来，天子至士遂以为常乘"，也已在灵、献时代。事实上，从汉献帝都安邑后
迫不及待地遣人追还"乘舆车马数乘"来看，皇帝常乘牛车恐怕还要更晚
些。③ 皇帝乘坐牛车既晚于士人，这就意味着前者并非机杼自出，而极有可
能是模仿、学习士人的结果。

那么，是什么推动或曰吸引皇帝降贵纡尊，转而模仿、学习士人生活方
式的呢？ 简言之，即牛车所标榜的清白之风。关于东汉后期以降牛车盛行
的原因，学者已提出若干解释，马匹稀少是学者较多提及的一个原因，④佛
道思想的盛行以及牛车乘坐舒适且价格低廉也被认为是可能的原因之
一，⑤不过，刘增贵先生强调，附着于牛车之上的清白之风是牛车流行于上
层社会不可忽视的原因。他认为："东汉自光武倡名节之后，逐渐形成优美
的士风。选举必采名誉，而名誉以'清'为最高标准，'羸车败马'本是其特
征。尤其中期以下，主荒政谬，士子奋起，力纠时弊，形成了'清流'。这些士
人在入仕之后，仍保留了清俭之风，其标榜民间常乘之柴车苇毂(大多是牛
车)是很自然的，车驾的变化因此而生。"⑥刘磐修先生也指出，牛车所意味
的节俭与曹魏重视官吏清廉不谋而合，因而乘坐牛车得到社会前所未有的

① 分见《后汉书》卷25《刘宽传》、《三国志》卷18《阎温传》注、《后汉书》卷78《宦者传·单超传》，第886、552、2521页。
② 刘增贵：《汉隋之间的车驾制度》，第205页。
③ 按《晋书·舆服志》文字，中华书局标点本断作"自灵、献以来，天子至士遂以为常乘，至尊出朝堂举哀乘之"，据此似乎灵、献时期皇帝在出朝堂举哀之际已固定使用牛车。不过，结合前后文字来看，"至尊出朝堂举哀乘之"句当为叙述晋制，而非汉制，不能据此认为东汉后期皇帝已较为固定地使用牛车。
④ 尚秉和：《历代社会风俗事物考》卷9《汉以来车马》"西汉士夫因贫困始乘牛车"，第138页；劳榦：《居延汉简考释·三、居延汉简考证·乙、公文形式与一般制度·车马》，台北：中研院历史语言研究所，1944年，第20页；余嘉锡：《世说新语笺疏》，北京：中华书局，1983年，第37页；山田胜芳：《馬車と牛車－中国古代の官人と中世の貴族》，第154页；谭燕鹏：《田亩之外——中古时期牛的功用余意探讨》第二章《作为交通工具之牛》，第7页。
⑤ 刘增贵：《汉隋之间的车驾制度》，第212—214页。此外，山田胜芳认为，贵族对于牛车的爱好是推动乘坐牛车之风盛行的决定性因素(《馬車と牛車－中国古代の官人と中世の貴族》，第153—156页)。又谭燕鹏提出，玄学的兴盛也促进了牛车的盛行，与山田氏观点有类似之处，见其《田亩之外——中古时期牛的功用余意探讨》第二章《作为交通工具之牛》，第7页。
⑥ 刘增贵：《汉隋之间的车驾制度》，第214—216页。

尊重。① 降及两晋南朝,崇尚清白之风不减,例如重视"清议",推崇"清官",②在艺术、文化甚至大众审美领域,"清"也是一个核心标准。③ 而自"清"衍生出的"素"、"质"、"简"等风尚,也为时人所欣赏。④

不难想见,世风如此,皇帝也莫能自外,由此,标榜"清白"之风的牛车为皇帝欣赏、接受,也就不难理解了。事实上,如果考虑到将牛车制度化地纳入皇帝车驾之中正是始于被视为士大夫代表的河内司马氏,⑤则上文所述就更易理解了。尽管事实上牛车在进入车驾制度后逐渐偏离其"清白"初衷,在车饰上也盛大其事,竟为华丽,⑥不过追本溯源,从其原点来看,毋宁认为皇帝最初乘坐牛车仍应是学习、模仿士人生活的结果。

## 二、白 纱 帽

汉代皇帝的冠冕,《续汉志》记有三种:冕冠,郊天地、宗祀、明堂时所着;长冠,又名斋冠、刘氏冠,祭服所着;通天冠,常服所着。⑦ 研究者据《汉旧仪》"乘舆冠高山冠,飞月之缨,帻耳赤,丹丸里衣,带七尺斩蛇剑,履虎尾履",认为还包括高山冠。⑧ 而到魏晋南北朝时期,皇帝所着冠冕,以《宋书·礼志五》的记载为例:"天子礼郊庙,则黑介帻,平冕,今所谓平天冠

① 刘磐修:《魏晋南北朝社会上层乘坐牛车风俗试论》。
② 这方面论述较多,前者可参看越智重明《清議と鄉論》,《東洋学報》第48编第1号,1965年;后者周一良:《南齐书丘灵鞠传试释兼论南朝文武官位及清浊》,初出1948年,后收入氏著:《魏晋南北朝史论集》,北京:中华书局,1963年,第94—116页。
③ 王玫:《道玄思想与六朝以"清"为美的意识》,《厦门大学学报》(哲学社会科学版)2006年第2期。
④ 关于"素",参看祝总斌:《素族、庶族解》,初出1984年,后收入氏著:《材不材斋史学丛稿》,北京:中华书局,2009年,第333—334页;关于"质",参看阎步克:《魏晋南北朝的质文论》,初出1999年,后收入氏著:《乐师与史官——传统政治文化与政治制度论集》,北京:三联书店,2001年,第301—311页。
⑤ 首提此说的为陈寅恪,参看《书世说新语文学类钟会撰四本论始毕条后》,初出1956年,后收入氏著:《金明馆丛稿初编》,北京:三联书店,2001年,第47—54页。较近的考察见仇鹿鸣:《魏晋之际的政治权力与家族网络》第一章《汉魏时代的河内司马氏》,上海:上海古籍出版社,2012年,第39—61页。
⑥ 例如"望"、"油幢"、"幰"的有无及多少,均是区分牛车贵贱高低的重要指标。参看刘增贵:《汉隋之间的车驾制度》,第186—188页。
⑦ 《续汉志》卷30《舆服志下》,第3663—3666页。
⑧ 崔圭顺:《中国历代帝王冕服研究》上编第二章《历代冕服制度及其演变》,上海:东华大学出版社,2007年,第79页。贾玺增列汉代皇帝首服四种,也包括高山冠,见其《中国古代首服研究》第五章《中国古代首服制度》,东华大学博士学位论文,2006年,第117页。

也。……未加元服者,空顶介帻。其释奠先圣,则皁纱裙,绛缘中衣,绛裤袜,黑舄。其临轩亦衮冕也。其朝服,通天冠……其拜陵,黑介帻,箋单衣。其杂服,有青赤黄白缃黑色介帻,五色纱裙,五梁进贤冠,远游冠,平上帻武冠。其素服,白帢单衣。"①则有平天冠、五梁进贤冠、远游冠、武冠等数种。除此之外,又有白纱帽,《隋书·礼仪志》云:"宋、齐之间,天子宴私,著白高帽,士庶以乌,其制不定。"②白高帽即白纱帽;③胡三省也说,"江南,天子宴居著白纱帽",④如梁武帝三日、九日小会,天监八年(509)后,"去还皆乘辇,服白纱帽"。⑤

帽本为"古野人之服","不施衣冠",⑥尊贵如天子,更不会着帽。因此,皇帝戴帽是很晚的事,从现有材料看,应当不早于曹魏时期。《三国志·魏书·武帝纪》注引《曹瞒传》:"太祖为人佻易无威重,好音乐,倡优在侧,常以日达夕。被服轻绡,身自佩小鞶囊,以盛手巾细物,时或冠帢帽以见宾客。"⑦《曹瞒传》成于吴人之手,故此条记载不排除吴人刻意诋毁,但考虑到曹操"任侠放荡",⑧这种情况却也不是不可能发生。当然,曹操不是皇帝,不过他的戴帽行为却被他的皇帝子孙们所继承了。《宋书·五行志》载:"魏明帝著绣帽,被缥纨半袖,尝以见直臣杨阜。阜谏曰:'此于礼何法服邪?'帝默然。近服妖也。缥,非礼之色,亵服不贰。"⑨从《五行志》的叙述来看,杨阜进谏是因为明帝"被缥纨半袖",而非着绣帽,可见皇帝戴帽可能已经成为一种习俗而不为人非议了。晋世皇帝是否着帽,文献中没有直接记载,不过到了南朝,戴帽已经如时人徐爰所论,"自乘舆宴居,下至庶人无爵者,皆服之",⑩成为皇帝常用首服之一。如前引《隋书·礼仪志》云:"宋、齐

---

① 《宋书》卷18《礼志五》,第502页。
② 《隋书》卷12《礼仪志七》,第266页。
③ 《隋书》卷11《礼仪志六》"帽,自天子下及士人,通冠之。以白纱者,名高顶帽"(第235页),则白高帽当即白纱帽。高顶帽又称高屋帽,《隋书》卷12《礼仪志七》有白纱高屋帽(第267页),与乌纱帽相对,当即白纱帽。
④ 《资治通鉴》卷130《宋纪十二》明帝泰始元年(465)注,北京:中华书局,1956年,第4089页。
⑤ 《隋书》卷11《礼仪志六》,第217页。
⑥ 《隋书》卷12《礼仪志七》,第266页。
⑦ 《三国志·魏书》卷1《武帝纪》注引《曹瞒传》,第54页。
⑧ 《三国志·魏书》卷1《武帝纪》,第2页。又可参看《世说新语》"假谲""魏武少时"条,第442页。
⑨ 《宋书》卷30《五行志一》,第886页。
⑩ 《宋书》卷18《礼志五》,第520页。按,《晋书》卷25《舆服志》也称,"自乘舆宴居,下至庶人无爵者皆服之"(第771页),不过《晋书》此处文字一同《宋志》,当系抄自《宋书·礼志》,不能据以论定晋朝情形。

之间，天子宴私，著白高帽。"《宋书·礼志》也说："近代车驾亲戎中外戒严之服，无定色，冠黑帽，缀紫襻。"①甚者有如南齐东昏侯者，除喜好着金薄帽外，②还由群小制造"山鹊归林"、"兔子度坑"、"反缚黄离喽"、"凤皇度三桥"等帽子，③光怪陆离，令人瞠目。

南朝皇帝所戴各类帽子中，以白纱帽意义最为突出。《宋书·明帝纪》载前废帝被杀后，"建安王休仁便称臣奉引升西堂，登御坐，召见诸大臣。于时事起仓卒，上失履，跣至西堂，犹著乌帽。坐定，休仁呼主衣以白帽代之，令备羽仪"。④ 又宋苍梧王死，王敬则取白纱帽加于萧道成首，使道成即帝位；⑤侯景篡梁后，青袍尚披，但已迫不及待地戴上白纱帽。⑥ 白纱帽意义如此重大，以至邵博有"晋宋齐梁以来，惟人君得着白纱帽"的推测，⑦而程大昌也说"白纱帽乃人主之服"。⑧

南朝君主多着白纱帽在图像材料中也有体现。传为唐人阎立本所绘《历代帝王图》，在十三位帝王（汉昭帝刘弗陵、汉光武帝刘秀、魏文帝曹丕、吴主孙权、蜀主刘备、晋武帝司马炎、陈文帝陈蒨、陈废帝陈伯宗、陈宣帝陈顼、陈后主陈叔宝、北周武帝宇文邕、隋文帝杨坚、隋炀帝杨广）的画像中，陈文帝陈蒨、陈废帝陈伯宗均着白纱帽。⑨ 又米芾《画史》里面曾提到两幅梁

---

① 《宋书》卷18《礼志五》，第504页。

② 《南齐书》卷7《东昏侯纪》，第103页。南朝君主喜好着帽亦闻之敌国，如《魏书》即曾记载南齐郁林王着锦帽，以及令宠臣徐龙驹着黄纶帽代自己画敕。《魏书》卷98《岛夷萧道成传附萧昭业传》，第2167页。

③ 《南齐书》卷19《五行志》，第373页。

④ 《宋书》卷8《明帝纪》，第152页。

⑤ 《南史》卷4《齐本纪上·高帝纪》，第102页。

⑥ 《梁书》卷56《侯景传》，第862页。此外，《隋书》卷11《礼仪志六》"皇太子在上省则乌纱，在永福省则白纱"（第235页），永福省为东宫所在，皇太子在东宫是君，所以着白纱帽，而在上省则是臣，所以着乌纱帽。这也可证明白纱帽对于人主的意义。

⑦ 邵博：《邵氏闻见后录》卷8"萧道成既诛苍梧王"条，北京：中华书局，1983年，第61页。

⑧ 程大昌：《演繁露》卷8《白纱帽》，第91页。清人王鸣盛也说："白纱帽为帝服者甚明，盖便服也。"《十七史商榷》卷55《南史合宋齐梁陈书三》"白纱帽"条，上海：上海书店出版社，2005年，第411页。

⑨ 陈葆真认为，《历代帝王图》中"陈文帝"当为"梁简文帝"，"陈废帝"当为"梁元帝"，见其《图画如历史：传阎立本〈十三帝王图〉研究》，初出2004年，后收入颜娟英主编：《台湾学者中国史研究论丛·美术与考古（上）》，北京：大百科全书出版社，2005年，第308—313页。又白纱帽，杉本正年先生亦认为是白高帽（《東洋服装史論考（中世編）》，东京：文化出版局，1984年，第46页）、沈从文先生以为是菱角巾（《中国古代服饰研究》，上海：上海书店，2002年，第223页）、孙机先生则视为白帢（《两唐书舆（车）服志校释稿》，收入氏著：《中国古舆服论丛（增订版）》，北京：文物出版社，2001年，第404—405页）。这里遵循传统看法，称白纱帽。

武帝画像,一为张僧繇绘《梁武帝翻经像》,一为范琼绘《梁武帝写志公图》,前者"峨峨太平老寺主,白纱帽首无冠蕤",后者"武帝白冠衣褐",可见两幅画中的梁武帝都着白纱帽。① 如周一良先生所述:"张僧繇武帝同时人,武帝思念在外诸王,'遣僧繇乘传写貌,对之如面也'(《历代名画记》七),所绘武帝象定可信据。"②如此,则僧繇笔下头戴白纱帽的梁武帝像,不仅不是出自艺术的想象,甚至可以说是梁武帝的写真了。③

北朝皇帝也着帽。《魏书·蠕蠕传》载正光二年(521)柔然可汗阿那环请辞归北,孝明帝赏赐颇丰,其中有"私府绣袍一领并帽,内者绯纳袄一领;绯袍二十领并帽,内者杂彩千段",④既称"私府",则当为皇帝所有。只不过与南朝相比,皇帝着白纱帽在北朝似乎并不流行。北魏皇帝不见有着白纱帽的记载,北周复古行冕制,皇帝有苍冕、青冕、朱冕、黄冕、素冕、玄冕、象冕、衮冕、山冕、鷩冕、韦弁、皮弁等十二冕,⑤此外便是来自北族传统的突骑帽,"后周一代,将为雅服,小朝公宴,咸许戴之",⑥而没有白纱帽。只有北齐,或受南朝文化影响,皇帝着白纱帽。《隋书·礼仪志》载开皇服制采北齐之法,其中就有"白纱帽,白练裙襦,乌皮履,视朝、听讼及宴见宾客,皆服之"。⑦ 又《北史·平秦王归彦传》"齐制,宫内唯天子纱帽,臣下皆戎帽,特赐归彦纱帽以宠之",⑧所谓"纱帽"或即"白纱帽"。值得注意的是,北齐还扩大了皇帝着白纱帽的使用范围,南朝皇帝只在宴私(宴居)的场合着白纱帽,而北齐除"宴见宾客"外,"视朝、听讼"也都戴白纱帽。

及隋朝立国,以北周"舆辇衣冠,甚多迂怪",⑨皇帝冕服改从北齐服制,⑩白纱帽也成为隋朝皇帝舆服的重要组成部分。不过,彼时虽有白纱

---

① 米芾:《画史》,收入于安澜编:《画品丛书》,上海:上海人民美术出版社,1982 年,第 188、205、209 页。

② 周一良:《魏晋南北朝史札记·〈宋书〉札记》"白纱帽"条,北京:中华书局,1985 年,第 131 页。

③ 米芾认为,《梁武帝翻经像》中梁武帝着白纱帽为"六朝居士衣"(第 205 页),从六朝皇帝着帽习俗来看,或非。

④ 《魏书》卷 103《蠕蠕传》,第 2300 页。

⑤ 《隋书》卷 11《礼仪志六》,第 244—245 页。关于北魏复古冕制改革,参看阎步克:《服周之冕——〈周礼〉六冕礼制的兴衰变异》第八章《北朝冕服的复古与创新》,第 292—299 页。

⑥ 《隋书》卷 12《礼仪志七》,第 266—267 页。

⑦ 《隋书》卷 12《礼仪志七》,第 255 页。

⑧ 《北史》卷 51《齐宗室诸王传上·平秦王归彦传》,北京:中华书局,1974 年,第 1857 页。

⑨ 《隋书》卷 12《礼仪志七》,第 254 页。

⑩ 关于此,陈寅恪先生有详细论述。参看《隋唐制度渊源略论稿》二《礼仪》,初出 1940 年,北京:中华书局,1963 年,第 56—59 页。

帽,文帝却喜着乌纱帽,炀帝时才另制白纱高屋帽。① 至李唐受命,"车、服皆因隋旧",②白纱帽仍是皇帝十二衣服之一(贞观朝又增翼善冠,为十三衣服),但如《旧唐书·舆服志》所见,"白纱帽,亦乌纱也。白裙襦,白袜,乌皮履,视朝听讼及宴见宾客则服之",③白纱帽虽被沿用,但实际却是同于隋文帝的乌纱帽。及至宋世,白纱帽之名也不见记载,《宋史·舆服志》云天子之服中的窄服"或御乌纱帽",④大约此时由乌纱制成的白纱帽已经名副其实地改称乌纱帽了。可以说,截至隋炀帝世,皇帝着白纱帽的时代已经结束了。

中古皇帝为何着白纱帽? 对此米芾曾有解释。他说:"晋尚白,宋、齐、梁、陈习见不同,各以所尚色,皆白帽帝首。"⑤不过,且不论晋代皇帝是否着白纱帽尚存疑问,即便如米芾所说,晋世金德尚白,但并不表示服色也尚白,如《晋书·舆服志》所见,"晋氏金行,而服色尚赤"。⑥ 而对于宋、齐、梁、陈,乃至隋、唐皇帝也着白纱帽,米芾之说显然更不能解释。

米芾之外,清人赵翼又提供了另一个解释:"盖本太子由丧次即位之制。故事相沿,遂以白纱帽为登极之服也。"⑦对此,周一良先生已辨其非,指出"南朝皇帝著白纱帽,盖不仅限于登极之时"。⑧ 皇帝着白纱帽既不限于登极之时,自然也就与丧服无关了。

前揭邵博、程大昌文认为,只有皇帝才能戴白纱帽,对此,周一良先生也引《隋书·礼仪志六》"帽自天子下及士人通冠之,以白纱者名高顶帽"为据指出其错误。《南史·东昏侯纪》也说,"百姓皆著下屋白纱帽"。⑨ 而在南朝史料中,士大夫着白纱帽屡见不鲜。宋末沈攸之起兵反对萧道成,"召诸军主曰:'我被太后令,建义下都,大事若克,白纱帽共著耳'"。⑩ 沈攸之所谓"大事若克,白纱帽共著耳"是指成为朝廷官僚,而非邵博所称之皇帝。⑪

① 《隋书》卷12《礼仪志七》,第267页。
② 《新唐书》卷24《车服志》,北京:中华书局,1975年,第511页。
③ 《旧唐书》卷45《舆服志》,第1937页。
④ 《宋史》卷151《舆服志三·天子之服》,第3517—3531页。
⑤ 米芾:《画史》,第209页。
⑥ 《晋书》卷25《舆服志》,第753页。
⑦ 赵翼著、王树民校证:《廿二史札记校证》卷12《宋齐梁陈书并南史》"人君即位冠白纱帽"条,北京:中华书局,1984年,第245页。
⑧ 周一良:《魏晋南北朝史札记·〈宋书〉札记》"白纱帽"条,第131—132页。
⑨ 《南史》卷5《齐本纪下·废帝东昏侯》,第160页。
⑩ 《南齐书》卷24《柳世隆传》,第450页。
⑪ 邵博:《邵氏闻见后录》卷8"萧道成既诛苍梧王"条,第61页。

又南齐垣崇祖"著白纱帽,肩舆上城",①指挥寿春保卫战。

白纱帽既为皇帝、士人同着,那么皇帝与士人之间必定有一个模仿与被模仿的关系。那么究竟是皇帝模仿士人,还是士人模仿皇帝呢?由于文献中皇帝、士人着白纱帽的例子几乎同时出现,②颇难断定孰先孰后。不过,如果注意到士人在着白纱帽之前还有两个传统,这个问题就不难解答了。

传统之一便是魏晋时期的白帢。《汉语大词典》释"帢":"便帽,状如弁而阙四角,用缣帛缝制。"③唐人刘肃也称:"故事,江南天子则白帢帽。"④可见帢、帽本身具有相近之处。"帢"又作"帕"、"帽",《隋书·礼仪志》"帽……白纱为之,或单或夹",⑤则白帢又可称为白纱帢。帢之产生,如《傅子》所见,"魏太祖以天下凶荒,资财乏匮,拟古皮弁,裁缣帛以为帢,合于简易随时之义,以色别其贵贱,于今施行,可谓军容,非国容也",⑥为曹操所制。值得注意的是,曹操制帢时已"以色别其贵贱",尽管其具体不明,但白帢似乎较为尊贵,而曹操本人可能即着白帢。⑦又《三国志·钟会传》载胡烈云"丘建密说消息,会已作大坑,白棓数千,欲悉呼外兵入,人赐白帢,拜为散将,以次棓杀坑中",⑧钟会既然假意拉拢军卒,总不会拿地位卑贱的帢赐给他们吧。

白帢地位既尊,很快便流行开来,为两晋士人私服常戴。名士陆机被诬谋反,"释戎服,著白帢",与前来抓捕他的人相见;⑨割据凉州的张茂死时遗言:"官非王命,位由私议,苟以集事,岂荣之哉。气绝之日,白帢入棺,无以朝服,以彰吾志焉。"⑩至东晋成帝咸和九年(334),"听尚书八座丞郎、门下三省侍郎乘车白帢低帻出入掖门",⑪这应当是顺应当时士人着白帢风尚而

①　《南齐书》卷25《垣崇祖传》,第462页。
②　按,《宋书》卷18《礼志五》记载:"而江左时野人已著帽,士人亦往往而然,但其顶圆耳。"(第520页)据此则东晋时士人已逐渐开始着帽,以情理推测,其中当有白纱帽。因缺乏实例,不能断言。
③　《汉语大词典》第3卷,上海:汉语大词典出版社,1989年,第707页。
④　刘肃:《大唐新语》卷10《厘革》,北京:中华书局,1984年,第148页。
⑤　《隋书》卷11《礼仪志六》,第235页。
⑥　《三国志·魏志》卷1《武帝纪》注引《傅子》,第54页。
⑦　《宋书》卷18《礼志五》同于《傅子》,而卷30《五行志一》则记作:"魏武帝以天下凶荒,资财乏匮,裁缣帛为白帢,以易旧服。傅玄曰:'白乃军容,非国容也。'干宝以为缟素,凶丧之象,帢,毁辱之言也。"(第886页)结合《五行志》所说以白帢易旧服,以及干宝之论,颇疑曹操所着当即白帢。
⑧　《三国志·魏志》卷28《钟会传》,第792页。
⑨　《晋书》卷54《陆机传》,第1480页。
⑩　《晋书》卷86《张轨传附张茂传》,第2233页。
⑪　《宋书》卷18《礼志五》,第520页。

作的规定,白帢由此从私服走向公服。

南朝时期白帢依然存在,但被纳入吊服,宋、齐皇帝素服即着"白帢(帻)单衣",①《隋书》叙梁制时也说:"单衣、白帢,以代古之疑衰、皮弁为吊服,为群臣举哀临丧则服之。"②白帢在南朝基本蜕变为素服之后,白纱帽代之而起,成为皇帝士人宴居场合的常着之冠。

士人着白纱帽的另一个传统是汉末士人的戴巾。巾形制与帢类似,《宋书·礼志》云"巾以葛为之,形如帢,而横著之",③梁人周迁也说:"巾以葛为之,形如帢,本居士野人所服。魏武造帢,其巾乃废。"④从周迁的话还可得知,帢本即源于巾。

与帽一样,巾原本也是庶人之服。因此,秦汉时代,除了地位卑贱的庶民戴巾之外,未出仕的士人也大都着巾。大将军何进辟郑玄,"玄不受朝服,而以幅巾见";韩康柴车幅巾,致被亭长认作"田叟"。⑤ 士人出仕则要解巾,韦著拜东海相,"诏书逼切,不得已,解巾之郡"。⑥ 然而到了汉末,巾突然盛极一时,以至"汉末王公,多委王服,以幅巾为雅,是以袁绍、崔钧之徒,虽为将帅,皆著缣巾"⑦。汉末王公之所以"以幅巾为雅",自当与巾所标榜的"清白"之风相关,这一点与牛车在汉末三国时期兴起的背景类似。

与白帢较尊相似,白色的巾在巾中也有着特殊地位。因此谢万着白纶巾,⑧山简着白接䍦。⑨ 所谓白接䍦,《演繁露》引窦华《酒谱》"白接䍦,巾也",⑩《锦绣万花谷》"魏初有白帢之制,犹白接篱,白纶巾,白帽也",⑪亦即白纶巾,都是与白帢、白纱帽相近的白色巾帽⑫。

白巾之所以地位特殊,首先当与白色标示清白、素朴相关。如前所述,魏晋以降世人崇尚清白之风,标榜"清白"的白巾自然容易得到士人的欢迎。

① 《宋书》卷18《礼志五》,第502页;《南齐书》卷17《舆服志》,第341页。
② 《隋书》卷11《礼仪志六》,第216页。
③ 《宋书》卷18《礼志五》,第520页。
④ 《后汉书》卷68《郭太传》注引周迁《舆服杂事》,第2225页。
⑤ 分见《后汉书》卷35《郑玄传》、卷83《逸民传·韩康传》,第1208、2771页。
⑥ 《后汉书》卷26《韦彪附韦著传》,第921页。
⑦ 《三国志·魏志》卷1《武帝纪》注引《傅子》,第54页。
⑧ 《晋书》卷79《谢安传附弟万传》,第2086页。
⑨ 《晋书》卷43《山涛传附子简传》,第1230页。
⑩ 程大昌:《演繁露》卷10《白接篱》,第110页。
⑪ 不著撰人:《锦绣万花谷前集》卷39《衣服类·白帢》,上海:上海古籍出版社影印《四库全书》本,第499页下栏。
⑫ 王云路、曹海花认为"接䍦"是白鹭襄羽为饰的帽子,其说可参,见《说"接䍦"》,《文献》2010年第2期。

其次,白巾流行可能还与晋代国子生着白纱巾相关。《隋书·礼仪志》:"巾,国子生服,白纱为之。晋太元中,国子生见祭酒博士,单衣,角巾,执经一卷,以代手版。"①晋代国子生着白纱巾当沿自汉魏。虽然制度规定汉代学生着进贤一梁冠,②但实际生活中,学生则可能大都着巾。《后汉书·费长房传》有黄巾书生,《博物志》记有魏文帝时能以所冠葛巾撒棋的书生,《三国志·管辂传》也有"角巾诸生",③而当时所谓书生、诸生一般都指学生。④ 从《费长房传》可知,当时学生所着还有黄巾,颜色并未统一,或许晋代在规定国子生着巾的同时也限定了着白色纱巾。国子生着白巾的传统直到南朝仍被保持,宋代国子太学生着白色葛巾,⑤梁世周迁也说,"今国子学生服焉,以白纱为之"。⑥ 白纱巾既为国子生所服,也就有了标示知识文化的意味,自然也就易为"尚文"(说详下)的南朝士人所欣赏。

这样,基于白帢和白巾在魏晋时期已经在士人中间奠定了相当的流行程度,不难想见,与白帢、白巾形制类似的白纱帽为南朝君臣接受当不困难。尽管目前尚无直接证据显示士人着白纱帽早于皇帝,皇帝因模仿士人而着白纱帽,但有一点可以确定,皇帝接受白纱帽当是出于对白纱帽背后的清白以及知识文化风气的欣赏,而这些正是士人意象的象征。在这个意义上,可以断言,南朝皇帝着白纱帽同样是学习、模仿士人生活的结果。

## 三、进 贤 冠

进贤冠汉代已有,为文官之冠。《续汉志》载:"进贤冠,古缁布冠也,文儒者之服也。前高七寸,后高三寸,长八寸。公侯三梁,中二千石以下至博士两梁,自博士以下至小史私学弟子,皆一梁。宗室刘氏亦两梁冠,示加服

---

① 《隋书》卷11《礼仪志六》,第235页。
② 《续汉志》卷30《舆服志下》,第3665页。
③ 分见《后汉书》卷82下《方术传下·费长房传》、《三国志·魏书》卷2《文帝纪》注引《博物志》、卷29《方术传·管辂传》,第2744、89、828页。
④ 《后汉书》卷43《朱晖传附朱穆传》有太学书生刘陶(第1471页),同书卷25《刘宽传》载宽为守相,"每行县止息亭传,辄引学官祭酒及处士诸生执经对讲"(第887页),可见书生、诸生均指学生。
⑤ 《宋书》卷18《礼志五》,第520页。据前言"通以为庆吊服",则刘宋国子太学生所着葛巾当为白巾。
⑥ 《后汉书》卷68《郭太传》注引《舆服杂事》,第2225页。

也。"①记载东汉制度的《汉官仪》也说:"三公、诸侯冠进贤,三梁;卿、大夫、尚书、二千石、博士冠两梁;二千石以下至小吏冠一梁。"②所述着进贤冠的官职虽有小异,但大体文官上至公、侯,下至小吏、私学弟子,以及宗室刘氏,多着进贤冠。两汉皇帝也着进贤冠,但仅限于初加元服时,如《续汉志》所见,"乘舆初加缁布进贤,次爵弁,次武弁,次通天"。③

三国时期,皇帝对于进贤冠的使用情况不明,大体应是承袭汉制。及至晋世,进贤冠在三梁、二梁、一梁之外,又出现五梁,《晋书·舆服志》云:"人主元服,始加缁布,则冠五梁进贤。"④不过,皇帝加元服冠五梁进贤冠之制似乎并未施行太久,《宋书·礼志》记载:

> 江左诸帝将冠,金石宿设,百僚陪位。又豫于殿上铺大床。御府令奉冕帻簪导衮服,以授侍中、常侍。太尉加帻,太保加冕。将加冕,太尉跪读祝文曰:"令月吉日,始加元服。皇帝穆穆,思弘衮职。钦若昊天,六合是式。率遵祖考,永永无极。眉寿惟期,介兹景福。"加冕讫,侍中系玄纮。侍中脱绛纱服,加衮服。冠事毕,太保率群臣奉觞上寿,王公以下三称万岁,乃退。按仪注,一加帻冕而已。

可见到了东晋时期,皇帝加元服只是"一加帻冕而已",而不再加五梁进贤冠。

除记皇帝加元服着五梁进贤冠外,《晋书·舆服志》又称,"其杂服,有青赤黄白缃黑色,介帻,五色纱袍,五梁进贤冠,远游冠,平上帻武冠",⑤似乎表明皇帝在着杂服的场合有时也戴五梁进贤冠。不过,如下引《宋书·礼志五》文字所见,晋志此处记载与宋志几乎完全相同,显系袭自宋志,因此不能据以论定五梁进贤冠已经出现在晋代皇帝的杂服里面。

时入刘宋,进贤冠成为杂服之冠终于可以确信无疑。徐广《舆服杂注》"天子杂服,介帻,五梁进贤冠,太子、诸王三梁进贤冠",⑥《宋书·礼志五》也说:"其杂服,有青赤黄白缃黑色介帻,五色纱裙,五梁进贤冠,远游冠,平

---

① 《续汉志》卷30《舆服志下》,第3666页。
② 应劭:《汉官仪》卷下,孙星衍辑,收入周天游点校:《汉官六种》,北京:中华书局,1990年,第186页。
③ 《续汉志》卷4《礼仪志上》,第3105页。
④ 《晋书》卷25《舆服志》,第767页。
⑤ 《晋书》卷25《舆服志》,第766页。
⑥ 《太平御览》卷685《服章部二·进贤冠》,第3056页上栏。

上帻,武冠。”所谓"杂服",郑玄释作"冕服皮弁之属",①包含宽泛。《宋志》里的杂服范围有所缩小,即衮冕、朝服、素服之外的衣服,统称"杂服",譬如立秋日读令时所穿的"猎服",②当即杂服之一。

五梁进贤冠成为杂服之冠,具有重要意义。虽然进贤五梁冠在晋代已经为皇帝所戴,这也是五梁进贤冠进入皇帝冠服的开始,但毕竟两晋皇帝着五梁进贤冠能够确认的只是在初加元服时,使用场合太少,而进入刘宋,当五梁进贤冠确定不移地出现在皇帝杂服里时,我们才可以说,五梁进贤冠成为皇帝的一种重要冠冕。

刘宋以下,南齐情形不明,萧梁存在五梁进贤冠也有明确记载,《隋书》"又有五梁进贤冠、远游、平上帻武冠,单衣,黑介帻,宴会则服之",③《通典》也说,"梁因之,以为乘舆宴会之服,则五梁进贤冠",④进贤五梁冠成为皇帝宴会时所着诸冠之一。尽管皇帝宴会时还会着远游冠、平上帻武冠以及白纱帽,但考虑到六朝皇帝宴会之盛,则进贤五梁冠仍应是皇帝重要的日常冠冕之一。至于何种宴会场合着进贤冠,以理推测,大约在宴请文臣之际,皇帝会着进贤冠吧。

受南朝文化影响,北朝皇帝也着进贤五梁冠。北魏熙平二年(517)定皇帝五时朝服,"其五时服,则五色介帻,进贤五梁冠,五色纱袍",具体如"春分朝日,则青纱朝服,青舄,秋分夕月,则白纱朝服,缃舄,俱冠五梁进贤冠"。⑤ 比较同时期的梁制可知,北魏五梁进贤冠的使用场合似乎更加正式,这一点接近刘宋制度。陈寅恪先生曾论及,北朝制度多受南朝前期文物制度的影响,⑥而北魏五梁进贤冠的使用也印证了这一说法。

《熙平令》中五梁进贤冠的风光并未持续太久。北魏以后,五梁进贤冠不见于北周,北齐皇帝虽仍使用五梁进贤冠,但由于无五时朝服相配,因此五梁进贤冠的使用范围大为缩小。文献所见,北齐仅在仲春令辰行养老礼时,"皇帝进贤冠、玄纱袍,至璧雍,入总章堂",⑦算是保存了皇帝使用五梁进贤冠的一脉余绪。而采纳北齐制度的隋代干脆连这也放弃了。唐承隋

---

① 《礼记注疏》卷36《学记》,《十三经注疏》,北京:中华书局,1980 年,第 1522 页中栏。
② 《宋书》卷18《礼仪志》,第 502 页。
③ 《隋书》卷11《礼仪志六》,第 216 页。
④ 《通典》卷57《礼十七·沿革十七·嘉礼二·缁布冠》,第 1607 页。
⑤ 《隋书》卷11《礼仪志六》,第 238 页。
⑥ 陈寅恪:《隋唐制度渊源略论稿》。
⑦ 《隋书》卷9《礼仪志四》,第 189 页。

制，五梁进贤冠也弃而不用，进贤冠遂从皇帝舆服制度中消失。

　　需要指出的是，五梁进贤冠虽从皇帝舆服中消失，并不意味着就此退出历史舞台。随着皇帝不再使用五梁进贤冠，文臣所着进贤冠地位的提升成为可能，而进贤冠上展筩的消失则为此提供了技术支持，①因此赵宋时进贤冠梁的数目大幅增加，不仅五梁进贤冠再现于仪制，其上甚至还出现九梁、七梁、六梁的貂蝉笼巾冠，②不过，彼时进贤冠为臣僚之服，已经与皇帝舆服制度无关了。

　　通过以上叙述可知，皇帝使用进贤冠由来已久，但进贤冠作为皇帝日常舆服的一部分，所历时间并不长，可以明确的只大约与南北朝时代相始终，不过160年左右。南北朝时期皇帝为什么要使用臣下所着的进贤冠呢？以下我们将在皇帝使用进贤冠的发端地——南朝寻找答案。

　　应当指出，南朝时期并非只有皇帝使用进贤冠，身为"储君"的皇太子也着进贤冠。《宋书·礼志五》载皇太子仪制，"给五时朝服，远游冠，亦有进贤三梁冠"，③《隋书·礼仪志六》也说梁陈皇太子除远游冠外，另有三梁进贤冠。④ 而在此之前，皇太子只着远游冠。与太子境遇类似的还有诸王。诸王在两汉魏晋同样只着远游冠（晋制诸王加官者自服其官之冠服），⑤但在南朝，远游冠之外，诸王在一些场合也开始着三梁进贤冠。⑥

　　这样看来，进贤冠在南朝的使用实际上有一个扩大的过程。之所以会有这种变化，恐怕与这一时期"尚文"之风的盛行不无关系。江南地区本尚武力，至六朝以降转为尚文。⑦ 胡宝国先生曾论及南朝学风知识至上，⑧赵

---

① 孙机：《进贤冠与武弁大冠》，初出1989年，后收入氏著：《中国古舆服论丛（增订版）》，第163—165页。

② 《宋书》卷152《舆服志四·诸臣服上》，第3550—3558页。

③ 《宋书》卷18《礼志五》，第507页。

④ 《隋书》卷11《礼仪志六》，第218—219页。按，《隋书·礼仪志六》所记梁代皇太子以下印绶冠服制度，笔者曾指出其基础是《宋书·礼志五》所记皇太子以下印绶冠服制度，并非梁代制度实录，因此不能据以推论梁代制度。不过，拙文也指出，隋志的记载也融入了一些刘宋以降至梁初制度变革的内容。具体到皇太子仪制，隋制记载明显丰富得多，或即参考了现行梁制，因此可以成为考察梁代皇太子仪制的依据。参看拙文《也说〈隋书〉所记梁代印绶冠服制度的史源问题》，《中华文史论丛》2011年第1期。

⑤ 《晋书》卷25《舆服志》，第767页。

⑥ 《宋书》卷18《礼志五》，第507页。

⑦ 吕思勉：《吕思勉读史札记·戊帙 通代》"江南风气之变"条，上海：上海古籍出版社，2005年，第1231—1235页；王卫平：《从尚武到尚文——吴地民风嬗变研究之一》，《苏州大学学报（哲学社会科学版）》1992年第3期。

⑧ 胡宝国：《知识至上的南朝学风》，《文史》2009年第4辑。

立新先生也指出南朝盛行聚书之风,①而构成南朝社会核心力量的世家大族,阎步克先生名之曰"文化士族",以与北朝"军功贵族"相对。② 生长于知识气息如此浓厚的社会中的六朝皇帝,自然也不可避免地浸染上强烈的文化气息。以南朝皇帝为例,南朝二十四帝中,宋武帝、文帝、孝武帝、前废帝、明帝,齐文帝,梁武帝、简文帝、元帝,陈后主等,都有文集行世,③其中梁三帝、陈后主,更是堪称第一流的文学家,宋孝武帝也被推许是与汉武、魏武齐名的文章大家,④而齐高帝、陈文帝等虽无文集传世,但高帝受学于大儒雷次宗,"治《礼》及《左氏春秋》",⑤文帝"崇尚儒术,爱悦文义",⑥可见也具有相当的文化水平。⑦"尚文"之风既盛,则为"文儒者之服"的进贤冠自然也就得到时人更多的青睐,"神圣"、"独尊"的皇帝也不能自外,于是在舆服制度中也引入了进贤冠。由此可见,和牛车、白纱帽一样,皇帝使用进贤冠同样是学习、模仿士人的结果。

当然,汉代进贤冠最高只有三梁,南朝皇帝如果也戴三梁冠,又无法凸显皇帝之尊。因此时人创造性地发明了五梁进贤冠,⑧如此既能满足皇帝对进贤冠的渴慕,又可通过梁数(五梁)显示皇帝的独尊,左右逢源,两全其美。进贤冠之所以要创造出五梁,而没有像白纱帽那样君臣无别,当是由于

① 赵立新:《梁代的聚书风尚——以梁元帝为中心的考察》,中国魏晋南北朝史学会、武汉大学中国三至九世纪研究所编:《魏晋南北朝史研究:回顾与探索——中国魏晋南北朝史学会第九届年会论文集》,武汉:湖北教育出版社,2009 年,第 626—644 页;《〈金楼子·聚书篇〉所见南朝士人的聚书文化和社群活动》,甘怀真编:《身份、文化与权力:士族研究新探》,台北:台湾大学出版中心,2012 年,第 231—270 页。

② 阎步克:《波峰与波谷——秦汉魏晋南北朝的政治文明》,北京:北京大学出版社,2009 年。又田晓菲先生也注意到 6 世纪前半期"文化贵族"的兴起,不过田氏所注意到的"文化贵族"实际上多以文学立身,因此准确一点说,当称之为"文学贵族"。参看《烽火与流星——萧梁王朝的文学与文化》第三章《重构文化世界版图之二:当代文学口味的语境》,北京:中华书局,2010 年,第 74—83 页。

③ 《隋书》卷 35《经籍志四》,第 1071、1075、1076、1080 页。

④ 《颜氏家训》卷 4《文章》,王利器:《颜氏家训集解》,北京:中华书局,1993 年,第 238 页。

⑤ 《南齐书》卷 1《高帝纪上》,第 3 页。

⑥ 《陈书》卷 3《文帝纪》,北京:中华书局,1972 年,第 61 页。

⑦ 《廿二史札记校证》卷 12《宋齐梁陈书并南史》"齐梁之君多才学"条,第 245—248 页。

⑧ 五梁之冠汉代已有,《后汉书》卷 38《法雄传》载海贼张伯路,"冠五梁冠,佩印绶"(第 1277 页),学者或疑张伯路此举是取法皇帝,因此推测汉代皇帝可能也已使用五梁冠(阎步克:《从爵本位到官本位——秦汉官僚品位结构研究》上编第四章《分等分类三题之二:秦汉冠服体制的特点》,北京:三联书店,2009 年,第 140 页注 1)。按,若说汉代皇帝使用五梁冠,那便只能是形似进贤冠的通天冠。不过通天冠梁前有高高的金博山遮挡,是否仍需要以梁数辨别尊卑,恐怕是有疑问的。因此我们认为,李贤注所谓"汉无五梁制"应当是可以成立的。

杂服属于公服的缘故。如果在一些正式场合,冠冕不能凸显皇帝尊贵,皇帝不会满意,大臣也不能心安,如此冠冕势必难以延续。这在古代六冕制度的兴废上体现得很明显。①

与皇帝相比,皇太子及诸王就没那么幸运了。如前所述,太子和诸王只能着三梁进贤冠,而两汉六朝,公侯均可着三梁进贤冠,这便意味着太子、诸王着进贤冠时已与一般公侯无异,较之着"制如通天"的远游冠,②地位大为下降。换言之,太子及诸王在汉代处于皇帝和大臣之间的中间一层,而到南朝,当太子和诸王着三梁进贤冠时,已经低落至与大臣同等地位。如《隋书·礼仪志》所说,"(进贤冠)有五梁、三梁、二梁、一梁之别。五梁唯天子所服,其三梁已下,为臣高卑之别云",③进贤冠五梁和三梁之间已经形成不可逾越的鸿沟。如果说汉代太子、诸王尚游离于鸿沟之外,南朝太子、诸王则已经部分被卷入到犹如天地之隔的君臣之别中了。

# 四、制造士人皇帝

通过以上论述,至此我们可以确认,中古皇帝舆服制度中出现的一些自下而上、来自臣民的元素,如牛车、白纱帽、进贤冠等,乃是皇帝学习、模仿士人生活的结果,而其发生或达至鼎盛的时间,多在两晋南朝。事实上,不仅是牛车、白纱帽与进贤冠,六朝皇帝其他一些舆服变革,同样也体现出这一倾向。譬如小林聪先生曾论及,六朝皇帝在正式场合穿着单衣、帻的情形增多,即受到了士人穿着单衣风潮的影响。④

毋庸赘言,六朝皇帝选择学习、模仿士人的行为方式,无疑是出自对士人文化的推崇与欣赏,而六朝皇帝之所以欣赏士人文化,则可从以下两个背景找出答案。其一,六朝是一个士人文化占据主流的社会。如前所述,士人文化的两个标志性特征——"尚清"、"尚文"均在六朝大行其道,成为社会竞相推崇的风气。士人文化既盛极一时,则身处其中的皇帝不可避免地会受到影响,由此皇帝推崇、欣赏士人之风也就是顺理成章的事了。

---

① 阎步克:《服周之冕——〈周礼〉六冕礼制的兴衰变异》。
② 《续汉志》卷30《舆服志下》,第3666页。
③ 《隋书》卷11《礼仪志六》,第234页。
④ 小林聪:《晋南朝における冠服制度の変遷と官爵体系 -『隋书』礼仪志の規定を素材として》,《東洋学報》第77卷第3、4号,1996年。

　　其二,新型皇帝权力结构的形成,也为皇帝接触、体悟士人文化提供了便利条件。钱穆先生提出,西汉中叶以降迄至东汉,中国古代政制渐由宗室、外戚、军人所组之政府演变为士人政府,[①]这便意味着,此前皇帝的生活空间为宗室、外戚、军人所包围,而在此之后,皇帝则可能与士人朝夕相处。与之类似,徐冲先生也强调,"汉魏革命"前后,儒学士人逐渐取代汉代内廷中外戚与宦官的权力位置,原本相互封闭的内廷与外朝二元结构被打破,取而代之的是一种打通内廷与外朝的新型权力结构,而在这种新型权力结构中,儒学士人以其言论与修养影响、熏陶皇帝,使皇帝的日常世界一直处于儒学意识形态的包围与渗透之中。[②] 及至南朝,作为皇帝日常生活空间的内省迅速崛起,起草诏书的中书舍人在内省办公,各种学士、待诏也入直内省,内省渐渐成为政治兼学术文化中心。[③] 而内省地位的提升也就意味着士人大量进入皇帝的日常生活空间,皇帝与士人之间的距离被进一步拉近。要之,从东汉末开始,皇帝日常生活空间渐向士人群体开放,越来越多的士人进入原本属于皇帝"私人"的空间,由此皇帝与士人之间的关系日趋紧密,长期的耳濡目染,使得皇帝越来越熟悉士人文化,越来越认同士人文化。

　　这样,以新型皇帝权力结构为基础,以士人文化占据社会主流为动力,六朝皇帝无可避免地为士人文化所包围,不少皇帝都对士人文化怀有浓厚的兴趣,进而受到士人文化的影响。由被包围到受影响,由受影响再到主动欣赏,六朝皇帝一点点靠近士人文化,一点点认同士人文化,其最终结果便是那些具有士人文化特征的名物也为皇帝所喜欢,其中一部分甚至成为皇帝礼仪制度的组成部分。

　　六朝皇帝接受士人文化,我们还可以举一个考古学的例子。六朝墓葬中,迄今先后有八座曾出土著名的竹林七贤与荣启期壁画,除去北朝的两座不论外,南朝六座分别是南京西善桥宫山墓、丹阳胡桥仙塘湾墓、丹阳胡桥金家村墓、丹阳建山吴家村墓,以及新近在南京发现的雨花台石子岗墓和栖霞狮

---

① 钱穆:《国史大纲·引论》,第14—15页。

② 徐冲:《中古时代的历史书写与皇帝权力起源》单元三第一、二章,上海:上海古籍出版社,2012年,第127—153页。

③ 小林聪:《晋南朝における宮城の構造と政治空間－入直制度と「内省」に関する一試論》,收入森田武教授退官記念会编:《近世·近代日本社会の展開と社会諸科学の現在》,東京:新泉社,2004年,第411—413頁;《晋南朝における宮城内省区域の展開－梁陳時代における内省の組織化を中心に》,《九州大学東洋史論集》35,2007年。

子冲墓。① 六座墓的墓主，仙塘湾墓一般认为是齐景帝萧道生；金家村墓，发掘报告推测是东昏侯萧宝卷，不过曾布川宽认为是齐明帝萧鸾；②吴家村墓，发掘报告和曾布川宽都认为是萧齐末帝和帝萧宝融；③狮子冲墓，不出意外应是梁昭明太子萧统墓；④而宫山墓及石子岗墓，虽然墓主尚未能确认，但为宗室王侯以上当无疑问。⑤ 南朝皇家为何热衷于在陵墓内修建竹林七贤与荣启期壁画？学者指出，竹林七贤在六朝已然成为士人风尚的代表，包括帝王在内的六朝皇室在陵墓装置以竹林七贤为主的壁画，自然表明他们对士人风尚的欣赏和追求。⑥

　　不难想见，在这样的风潮之中，皇帝使用标榜士人气质、象征士人文化的牛车、白纱帽、进贤冠，尽管与专制、神圣的传统皇帝形象相悖，但也不难理解。而这种改变，对于皇帝来说，又意味着什么呢？这里我们借用彼得·伯克的一个说法，即"政府首脑的穿着打扮也在很大程度上向我们显示出了他执政的风格"，譬如"政治首脑电视访谈时则往往穿着随意，不系领带，甚至不穿衬衫，以显得精力充沛、更形亲近民众"。⑦ 我们认为，皇帝使用本为士人所用的车马冠服也具有同样的意义。牛车等把皇帝装扮成士人形象，其向社会展示的皇帝的"执政风格"就是皇帝推崇士人文化，向士人靠拢，逐渐"士人化"，概言之，即制造出一个"士人皇帝"。

　　关于六朝皇帝的"士人化"，一个最直观的证据就是《历代帝王图》中那些身着便服、文弱如士人的皇帝。图一中的陈文帝（梁简文帝），图二中的陈

---

① 发掘报告分别见南京博物院、南京市文物管理委员会：《南京西善桥南朝墓及其砖刻壁画》，《文物》1960 年第 8、9 期；南京博物院：《江苏丹阳胡桥及其砖刻壁画》，《文物》1974 年第 2 期；南京博物院：《江苏丹阳县胡桥、建山两座南朝墓》，《文物》1980 年第 2 期；南京市博物馆、南京市雨花台区文化局：《南京雨花台石子岗南朝砖印壁画墓（M5）发掘简报》，《文物》2014 年第 5 期；南京市考古研究所：《南京栖霞狮子冲南朝大墓发掘简报》，《东南文化》2015 年第 4 期。

② 曾布川宽：《六朝帝陵——以石兽和砖画为中心》，初出 1991 年，傅江译，南京：南京出版社，2004 年，第 27 页。

③ 曾布川宽：《六朝帝陵——以石兽和砖画为中心》，第 27—28 页。

④ 王志高：《梁昭明太子陵墓考》，初刊 2006 年，后收入氏著：《六朝建康城发掘与研究》，南京：江苏人民出版社，2015 年，第 275—284 年；《再论南京栖霞狮子冲南朝陵墓石兽的墓主身份及相关问题》，《六朝建康城发掘与研究》，第 285—295 页；许志强、张学锋：《南京狮子冲南朝大墓墓主身份的探讨》，《东南文化》2015 年第 4 期。

⑤ 韦正：《南京西善桥宫山竹林七贤壁画墓的时代》，《文物》2005 年第 4 期；南京市博物馆、南京市雨花台区文化局：《南京雨花台石子岗南朝砖印壁画墓（M5）发掘简报》。

⑥ 林圣智：《〈竹林七贤与荣启期图〉研究》，硕士论文，台湾大学艺术史研究所，1994 年，第 69—72 页；韦正：《地下的名士图——论竹林七贤与荣启期墓室壁画的性质》，《民族艺术》2005 年第 3 期。

⑦ 彼得·伯克：《制造路易十四》，北京：商务印书馆，2008 年，第 7 页。

废帝（梁元帝），均头戴白纱帽，身着宽袍，手持如意，凭几坐于匼上，状若高士；图三中的陈后主头戴皮弁，①身着宽袍，形状举止也与一般文士无异。陈葆真先生甚至将他们与晚唐画家孙位笔下的高士（图六、图七）及南京西善桥出土六朝砖画中的"竹林七贤"（图八、图九）联系起来，认为其间有相似之处。对此，陈葆真先生推测，这是画家有意为之，寓示褒贬，且暗示他们非正统君主，与此相对，身着衮冕的皇帝则在法统上具有优势。② 陈文曦先生赞同这一观点，并进一步从冕服十二章的设置来探讨画家的创作意图。③不过，此说恐怕求之过深。其明显的反例之一就是被认定为原迹的隋炀帝像（图四），图中炀帝仅着"十有二琪"的皮弁，而未着衮冕，但炀帝的法统地位却是无可争辩的。此外又如汉昭帝像（图五），昭帝身上的便服似乎表明法统上存在问题，无可奈何，陈葆真先生只能勉强把他认作王莽。因此，我们认为，画家对这些皇帝形象如此处理，与其说是寓示褒贬，毋宁说是对他们性格以及所处时代特征的精准把握。换言之，不是画家有意把他们画成士人，而是他们自身已经"士人化"，是"士人皇帝"。

图一　陈文帝（梁简文帝）　　　　图二　陈废帝（梁元帝）

① 孙机先生的意见，下文隋炀帝所戴皮弁同。至于二皮弁形制为何不同，孙机先生认为，隋炀帝所着为大业年间少府少监何稠改制后加施簪导的皮弁，而陈后主所着则是改制前的皮弁。《进贤冠与武弁大冠》，第168—169页。
② 陈葆真：《图画如历史：传阎立本〈十三帝王图〉研究》，第314—321页。
③ 陈文曦：《阎立本的〈十三帝王图〉初探——以冕服"十二章"纹饰为基准》，《书画艺术学刊》第4期，2008年。

图三　陈后主　　　　　图四　隋炀帝　　　　　图五　汉昭帝

图六　《高逸图（右）》（王戎、山涛）

图七　《高逸图（左）》（阮籍、刘伶）

图八　《竹林七贤与荣启期(局部)》(山涛、王戎)

图九　《竹林七贤与荣启期(局部)》(刘伶、向秀)

事实上，观察六朝皇帝的一些行为，也可发现有明显的士人倾向。以梁武帝为例。《梁书》曾记载武帝与沈约的一场比赛，"约尝侍宴，值豫州献栗，径寸半，帝奇之，问曰：'栗事多少？'与约各疏所忆，少帝三事"。①显然，这场记忆典故多少的君臣比赛，无疑更像是两个士人之间的智力竞赛。②又中大通六年(534)，荧惑(火星)入守南斗六星，武帝"以谚云'荧惑入南斗，天子下殿走'，乃跣而下殿以禳之，及闻魏主西奔，惭曰：'虏亦应天象邪！'"③仔细玩味，梁武帝"跣而下殿"禳星，怎么看都更像是一个迂腐得有点可爱的士人所为。

当然必须指出，成为"士人皇帝"或许并不是皇帝使用牛车等的初衷，如阎步克先生所说，"中国的皇帝不是神而是人，甚至不是儒家期许的圣人而是凡人，他也渴望着士人和民间的乐趣，他的荣华是世俗化的荣华。比如，他也觉得端正站立乘马车，不如牛车悠闲自在；他也不喜欢古式辂车，勉强乘辂南郊，礼毕就纵马而归；他有时也厌倦了礼服的约束，而心仪着巾帢和幞头的舒适轻松"，④可能只是个人兴趣使然。事实上，牛车、白纱帽、进贤冠的使用很多都是在皇帝私人场合，如牛车为日常所乘，白纱帽、进贤冠多在宴饮时戴，⑤而这些场合往往也正是皇帝能够释放个人兴趣的地方。

无论如何，皇帝使用牛车、白纱帽、进贤冠，客观上造就了这样一个结果，即皇帝与士人之间有了更多的共通性。尽管出于"尊君"的考虑，皇帝(包括臣僚)也曾试图在这些通用的仪制上与士人拉开距离，⑥譬如他会在牛车的车饰上大做文章，进贤冠也创造性地使用五梁，甚至还会规定"天子宴私，著白高帽，士庶以乌"，⑦但无论如何，较之秦汉时代皇帝舆服与士人

---

① 《梁书》卷13《沈约传》，第243页。
② 这种智力竞赛在六朝士人间颇为常见。如《南齐书》卷39《陆澄传》："(王)俭集学士何宪等盛自商略，澄待俭语毕，然后谈所遗漏数百千条，皆俭所未睹，俭乃叹服。俭在尚书省，出巾箱案机杂服饰，令学士隶事，事多者与之，人人各得一两物，澄后来，更出诸人所不知事复各数条，并夺物将去。"第685页。
③ 《资治通鉴》卷156《梁纪十二》武帝中大通六年，第4853页。
④ 阎步克：《服周之冕——〈周礼〉六冕礼制的兴衰变异》第十二章《理性化与世俗化》，第425—426页。
⑤ 又《宋书》卷3《武帝纪》："诸子旦问起居，入阁脱公服，止著裙帽，如家人之礼。"(第60页)着帽被视为"家人之礼"。
⑥ "尊君"是中国古代皇帝舆服变化的主线之一，参看阎步克：《服周之冕——〈周礼〉六冕礼制的兴衰变异》第一章《绪论》，第24—26页。
⑦ 《隋书》卷12《礼仪志七》，第266页。

车服之间的巨大格差,皇帝、士人在牛车、白纱帽及进贤冠上所体现出的差异无疑是较小的。皇帝与士人共通性的增多也就意味着皇帝身上具有了更多士人元素,成为"士人皇帝"。

# 五、余　论

以上我们通过揭橥六朝皇帝舆服对于牛车、白纱帽和进贤冠等来自臣民服饰元素的使用,指出六朝皇帝有一个"士人化"的过程。那么"士人皇帝"的揭示,对于思考六朝皇帝性格乃至中国古代皇帝的专制属性,又有哪些启示呢? 最后我们对这个问题略作申述,以代结语。

对于六朝时代的皇帝性格,学界已多有论述。概言之,无论是日本学界盛行的贵族政治论,还是田余庆先生所提倡的变态皇权论,[1]都承认这一时期皇权属有限皇权,较之汉唐有所削弱。而恰是在此时代,原本专制、神圣的皇帝形象呈现出"士人化"的一面。这种对应恐怕不是偶然。不难想见,士族政治主导下士人文化的强大和无所不在,自然容易吸引生长于斯的六朝皇帝,由欣赏而接受,进而学习、模仿,直至形成"士人皇帝"。不过,这种对应似乎也不应过高估计。如上所述,皇帝选择把自己装扮成文士形象,由此造成"世俗化"、"士人化",完全是出自自主选择,并未受到权力的限制。这就好像唐代皇帝喜着襆头,爱好骑马,由此塑造的简易自由的皇帝形象也与权力因素无关(图十、图十一)。概言之,士族政治、有限皇权只是建构了易于皇帝学习、模仿士人的文化氛围,并不能直接导致六朝皇帝的士人化;六朝皇帝的士人化,更多地是一个自主选择过程,是一种自我士人化。

明确了这一点之后,则六朝"士人皇帝"对我们理解中国古代皇帝的专制属性就有了新的启发。皇帝的自我士人化,这就意味着是皇帝的主动选择推动了"专制"、"神圣"形象的削弱、解消。而众所周知,以往反对中国古代皇帝专制说的学者多强调皇帝权力并非绝对的,而是受到外在因素,如礼制或行政理性的制约。应当指出,犹如皇帝是立体的一样,皇帝的"专制"同样也是立体的,专制权力是一个侧面,舆服制度所展示的皇帝形象也是一个侧面。如果说皇帝权力的非专制是受制于外力,属于被动结果的话,那么皇

---

[1]　田余庆:《东晋门阀政治·后记》,北京:北京大学出版社,1989 年,第 340—347、359—362 页。

图十　《步辇图（局部）》（唐太宗）

图十一　《明皇幸蜀图（局部）》（唐玄宗）

帝在舆服制度上专制的"解消",则如本文所考察的那样,是出自皇帝自主选择的结果。通俗一点说,即便是皇帝自己,恐怕也不愿意整天坐在那"神圣"、"专制"的神坛上,有些时候,他们会选择自己走下来。


附识:本文原刊《田余庆先生九十华诞颂寿论文集》,北京:中华书局,2014 年,修订后收入。

# 唐《魏公先庙碑》的流传及相关问题

## 游自勇

  《魏公先庙碑》又称《魏公暮先庙碑》《相国魏暮先庙碑》《魏氏先庙碑》，是唐代名臣魏征的五世孙魏暮重修家庙时所立，由柳公权书丹。魏暮，唐文宗大和七年（833）登进士第，宣宗大中五年（851）备位宰相，十二年去世，"绰有祖风"，①以敢于直谏闻名。此碑撰于大中六年，为柳公权晚年所书，尽显庄重之气，其重要性不言自明，故于清雍正年间出土后，学者竞拓。然《魏公先庙碑》（以下简称《先庙碑》）出土时残破，文字多有磨泐，加上诸家拓本质量不一，竟无一份精确之录文，致使碑文的内容不能得到很好解读，乃至于谬误重重。本文在梳理《先庙碑》流传过程的基础上，参照所见精拓，对此碑进行校录，并试图对一些聚讼不已的问题作出解答，以就正于方家。

## 一、《魏公先庙碑》的流传

  北宋朱长文《墨池编》最早著录此碑："柳公权书，在京兆。"②南宋赵明诚《金石录》记："崔绚撰，柳公权正书，大中六年十一月。"③佚名撰《宝刻类编》云："崔玙撰 柳公权书并篆额，大中六年立，京兆，存。"④"崔绚"为"崔

---

① 《旧唐书》卷176《魏暮传》，北京：中华书局，1975年，第4571页。

② 朱长文：《墨池编》卷6《碑刻一·唐碑·祠庙》，影印文渊阁《四库全书》本，第812册，第893页上。

③ 赵明诚撰，金文明校证：《金石录校证》卷10，桂林：广西师范大学出版社，2005年，第184页。

④ 佚名：《宝刻类编》卷4，《石刻史料新编》第1辑，台北：新文丰出版公司，1982年第2版，第24册，第18459页。

玙"之误，清代学者多有辨析，已是不刊之论。此碑在元、明两代不见踪影，①清雍正年间，时任陕西藩署长官杨馥因升置颜真卿手书之《郭汾阳家庙碑》，掘土得此碑，当时已经断裂，得石五块，镶嵌成版（见"《魏公先庙碑》断裂示意图"之第①②③④⑤石），置于陕西布政使司二门内的廊壁上。最初将第⑤石斜置于第①石左方，后重新移置左下方。② 乾隆二十年（1755），毕沅主持重修《西安府志》时再次著录此碑，全据《金石录》。③ 此后，乾嘉学者多留意此碑，撰写了不少考证性的文字，④但直到王昶编《金石萃编》时，才将碑文录出，惟磨泐严重，仅能辨得七百余字，不能成诵。《全唐文》的录文大体同于《金石萃

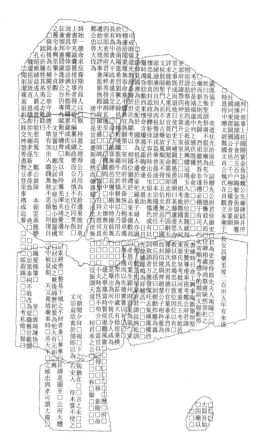

《魏公先庙碑》断裂示意图

---

① 明代于奕正《天下金石志·陕西》著录有"唐魏誊先庙碑　柳公权书"（《石刻史料新编》第2辑，台北：新文丰出版公司，1979年，第2册，第833页下），但该书乃是前代碑录的汇编，作者不一定亲见原碑拓。

② 杨馥：《复置颜柳碑记》，雍正十二年，西安碑林藏石，图版见高峡主编：《西安碑林全集》第48卷，广州：广东经济出版社、海天出版社，1999年，第4601页。另参方若：《校碑随笔·唐·魏公誊先庙残碑》，此据王壮弘增补：《增补校碑随笔》（修订本），上海：上海书店出版社，2008年，第409页。王壮弘谓此碑于雍正十二年出土，实误，这是杨馥撰写《复置颜柳碑记》的时间，实际出土时间应该在这之前。

③ 舒其绅修，严长明纂：《（乾隆）西安府志》卷72《金石志》，《中国地方志集成·陕西府县志辑》，南京：凤凰出版社，2007年，第2册，第220页下。

④ 朱枫：《雍州金石记》卷9，《石刻史料新编》第1辑，第23册，第17171页；王鸣盛：《十七史商榷》卷91"魏誊世系"，北京：中国书店影印，1987年；武亿：《授堂金石文字续跋》卷6，《石刻史料新编》第1辑，第25册，第19224页；孙星衍：《寰宇访碑录》卷4，《石刻史料新编》第1辑，第26册，第19912页；王昶：《金石萃编》卷117，北京：中国书店影印，1985年，叶8—9；赵绍祖：《古墨斋金石跋》卷6，《石刻史料新编》第2辑，第19册，第14154页；洪颐煊：《平津读碑记》卷8，《石刻史料新编》第1辑，第26册，第19440页上。

编》，只是修正了几处文字。① 之后，五石拓本流传愈广，道光二年
（1822）车秋舲在为黄本骥《隋唐石刻拾遗》作题辞时就说，"僧怀仁所
集《圣教序记》、柳诚悬所书《魏公先庙碑》数种为眼前习见之本"，②相
似的言论也见于两年后王志沂所编《关中汉唐存碑跋》的序文中。③ 或许
是已成为常见之物，道光以后学者们为《先庙碑》撰写跋文的热潮渐退，考
订的内容也没有逸出乾嘉时期的范围，④尤可注意者，陆增祥对《金石萃
编》的录文作过大幅修正，文义稍通。光绪十七年（1891），时任陕西布政
使的陶模在整修衙署时掘得颜真卿书《马璘碑》，同时又获《先庙碑》二残
石，嵌于原碑之左方和右下趾（见"《魏公先庙碑》断裂示意图"之第⑥⑦
石），第⑥石存一百七十余字，第⑦石仅存十余字，此后传拓者为七石本。
民国时第⑦石又佚，故又有六石本。⑤ 时至今日，七块《先庙碑》原石都已
不知下落。⑥

　　如上所述，《先庙碑》存世旧拓有五石本、七石本和六石本三种。光绪十
七年前拓者为五石本，此间拓者最多，故流传最广，就收藏机构和近年来各
大拍卖行的拍卖情况看，几乎全是五石本。五石本又分五石整拓和装裱本
两种。因原石出土时已经残损严重，拓片的质量差别较大，而装裱本只将拓
印清晰的文字剪裁下来装裱，其书法意义大于史料意义。笔者所知，北京故
宫博物院藏有五石装裱本一种，15 页，半叶 5 行，行 9 字，钤朱文"郦毓麟"
等章 4 枚。⑦ 台湾"国家图书馆"收藏一种，编号金 2717，半叶 5 行，行 9 字。
北京大学图书馆收藏两种：一种编号 B2478，折页装，有上下夹板，16 页，半

① 《全唐文》卷 741，北京：中华书局，1983 年，第 7660—7661 页上。
② 黄本骥：《隋唐石刻拾遗》"车秋舲题辞"，《石刻史料新编》第 2 辑，第 14 册，第 10297
　　页下。
③ 王志沂：《关中汉唐存碑跋·序》，同作者编：《陕西志辑要》附，道光七年赐业堂刻本。
④ 黄本骥：《隋唐石刻拾遗》卷下，第 10388 页上—10389 页上；王志沂：《关中汉唐存碑跋》，
　　叶 49；陆增祥：《八琼室金石补正》卷 77，北京：文物出版社，1985 年，第 533 页；毛凤枝：
　　《关中金石文字存逸考》卷 2，《石刻史料新编》第 2 辑，第 14 册，第 10412 页上。
⑤ 陶模：《陕西藩署增置颜柳碑记》，光绪十七年，西安碑林藏石，图版见《西安碑林全集》第
　　55 卷，第 5219 页；王壮弘：《增补校碑随笔》，第 646 页；杨守敬：《寰宇贞石图·魏公先庙
　　残碑》徐无闻"说明"，谢承仁主编：《杨守敬集》第 9 册，武汉：湖北人民出版社、湖北教育
　　出版社，1997 年，第 544 页。杨震方编著《碑帖叙录》谓嘉道间又得二石，误（上海：上海古
　　籍出版社，1982 年，第 248 页）。
⑥ 徐无闻"说明"中提到"此碑残石今在陕西西安碑林"，2011 年 6 月下旬，笔者在西安考察
　　时，曾专门就此事求教于西安碑林博物馆王其祎先生，王先生告知碑林并无此碑。
⑦ 中国书法编辑组编：《中国书法·柳公权》第 2 册，北京：文物出版社，1980 年，图版见第
　　132—160 页，"图版说明"见第 231 页。

叶 5 行,行 8 字;一种编号 D241:107,折页装,18 页,半叶 4 行,行 8 字。另有五石装裱本,封面题"柳城(诚)悬魏公先庙碑",半叶 4 行,行 7 字,中有朱文印章 3 枚,末有"看云道人"评柳公权书法的跋文,钤有"茶半香初"、"聊以自娱"朱文印章。① 这些装裱本相差无几,碑文后半部在装裱时几乎都出现了严重的次序错乱问题,清人赵绍祖在《古墨斋金石跋》中就曾感慨:"碑既残阙,而余本又以剪裁失次不可读,故无从与史细为核对。"因此,这些装裱本本对于我们读懂碑文帮助甚微。五石整拓,据笔者所知,最早的是雍正十三年(1735)拓本,为戚叔玉先生旧藏,现归上海博物馆,编号 11357。② 中国国家图书馆收藏两通,一通年代较早,是最初将第⑤石斜置于第①石左方时所拓,③但此通在国家图书馆的检索系统上已无登记,可能遗失;另一通高 168 厘米,宽 98 厘米,拓印不精,致使很多文字无法识读。④ 北京大学图书馆藏五石整拓,编号 A142130,据签条记录,此为缪荃孙"艺风堂金石旧藏",一通一纸,长五尺一寸,广三尺,36 行,行 60 字。《艺风堂金石文字目》卷六著录:"魏謩先庙碑铭　崔绚撰,柳公权正书,裂为五石,大中六年十一月,在陕西长安。"⑤此为精拓。这两通五石整拓都是在将第⑤石重移至左下方之后所拓。⑥ 台湾"国家图书馆"还藏有一种编号金 2224 者,115 × 101.5 厘米,有民国时期天津孟继埙题记:"崔玙撰,柳公权书。在长安,大中六年十一月立。碑毁于前明地震,仅存残石五段。此本稍旧且拓法细腻,校新拓数倍精神。光绪五年得于厂肆。"⑦因拓片残损严重,馆方拒绝调阅,详细信息不得而知。

　　光绪十七年以后拓者为七石本,因新出二石的消息知者甚少,故传拓亦少。笔者所见者有四种。一为杨守敬所得,刊于《寰宇贞石图》中。此书于

---

① 照片见 http://photo.163.com/maishuren2007200/big/#aid=21383485&id=873307115。
② 上海博物馆图书馆编:《戚叔玉捐赠历代石刻文字拓本目录》,上海:上海古籍出版社,2006 年,第 288 页。据目录,戚先生另捐赠有装裱本一册,编号 10392。
③ 《中国书法·柳公权》第 2 册,图版第 131 页。
④ 北京图书馆金石组编:《北京图书馆藏中国历代石刻拓本汇编》第 32 册,郑州:中州古籍出版社,1989 年,第 81 页。本拓的文字说明中撰者仍是"崔绚",实误。
⑤ 《石刻史料新编》第 1 辑,第 26 册,第 19621 页下。
⑥ 关于五石拓本的前后时间判断,王壮弘综合晚清近代学者的认识总结为:"此石初拓本仅五石,首行'判'字不损。三十三行'右补阙'之'右'字左撇不损。稍晚拓三十行'权倖恶忌'之'恶'字'亚'部左方上小撇,未与下细线石花泐连。"(《增补校碑随笔》修订本,第 409 页)仲威《中国碑拓鉴别图典》基本照录了王壮弘的总结,但配上了五石整拓和局部图版,更为直观(北京:文物出版社,2010 年,第 701—702 页)。
⑦ 封思毅:《天津孟氏及其金石拓片题记》,《"国立中央"图书馆馆刊》24:2,1991 年 12 月,第 186 页。

日本京都大学人文科学研究所藏七石本拓片

资料来源：http://kanji. zinbun. kyoto-u. ac. jp/db-machine/imgsrv/djvu/bei/tou1647x. djvu

光绪八年(1882)初刊时用的是五石本,到宣统元年(1909)重印时,五石本换成了七石本。① 一藏北京大学图书馆,编号02132,牛皮纸袋封面记录有"陈簠斋旧藏"、"柳风堂金石旧藏"字样。内有二通二纸,一通是五石整拓,一通是七石整拓。陈簠斋(1813—1884),名介祺,字寿卿,以号行。"柳风堂"主人张仁蠡(1900—1951),是张之洞最小的儿子,曾经当过汪伪政府的天津市长,1951年被枪毙。因二通拓片放置在一起,此七石本到底是谁的旧藏,已经无法确知了。一藏日本京都大学人文科学研究所,编号TOU1647X,长约170厘米,据数据库著录的年代是咸通末,所据当源自王昶的猜测。② 三种七石本均为精拓。另有一种刊布于"中国书法网",高170厘米,宽100厘米,拓片背面宣纸签条书"唐魏公暮先庙碑"大字,下书"六石本近拓",左侧钤有"一粟"朱文印章,当是周绍良先生旧藏。③ 虽名为六石本,其实拓片上包括了七石,只不过第七石的文字没有拓印出来而已。

民国时期所拓者为六石本,极为罕见。台湾"国家图书馆"藏有一种,编号金2223,172×100厘米④。另外,"书法纵横"网站曾发布过一幅整拓,但未提供更多信息。⑤

## 二、《魏公先庙碑》录文

以往学者在讨论《先庙碑》时,几乎全部利用的是五石本;《金石萃编》(以下简称《萃编》)《全唐文》和《八琼室金石补正》(以下简称《补正》)的录文也是据五石本过录。而后出的二石文字有将近二百字,对于碑文的释读有很大帮助。所以,此处以京都大学人文研究所、北京大学图书馆藏七石整拓为底本,参考其他旧拓,按行录文。因残缺造成缺字者,用□表示;不能确知缺失几个字的,前缺用"▁▁▁▁"表示,中缺用"▢▢▢"表示,后缺用

① 徐无闻:《〈寰宇贞石图〉浅说》,《江汉考古》1988年第1期;亦见杨守敬《寰宇贞石图·魏公先庙残碑》徐无闻"说明"。

② 见京都大学人文研究所藏石刻拓片数据库: http://kanji. zinbun. kyoto-u. ac. jp/db-machine/imgsrv/djvu/bei/tou1647x. djvu

③ 照片见 http://www. freehead. com/forum. php? mod = viewthread&tid = 6635602&page = 1。上述几种拓片印章、跋文及藏家的认定,得到了朱玉麒、史睿二位先生的帮助,谨致谢忱。

④ 本节所涉及台湾"国家图书馆"所藏三种拓片的简要信息,可在其网站内"古籍与特藏文献资源"库处检索得知,李丹婕女史在台北中研院访问期间,受托专程前往查阅,告知更为详细的信息,谨致谢忱。

⑤ 照片见 http://bbs. 8mhh. com/thread-31976-1-1. html。

"▭▭▭"表示；凡缺字可据残笔画和文义推知者，径补，将所补文字置于□内；无法拟补者，作缺字处理；不识者，在该字后以"？"表示。

1 ▭▭▭判户部事上柱国赐紫金鱼袋魏公先庙碑铭并序

2 ▭▭▭国博陵县开国子食邑五百户赐紫金鱼袋崔 玙 篆

3 ▭▭▭柱国河东郡开国公食邑二千户柳公权书并篆额

4 ▭▭▭□特进、侍中、赠太尉郑国文贞公魏氏在贞 观 立家庙于 长
安昌乐里。后二百卅五年，有来 孙 ▭▭▭

5 ▭▭▭岁，既协于帝，道化光洽，前此诏赠先公府君侍御史□君为
吏部侍郎，先夫人南阳□□▭▭▭

6 ▭▭▭姓曰：吾惟圣训，祭器不假，宗庙为先。今吾□□德惭前人，
而□位卿 相 ，岁时尚祭寝缺然，崇祀之▭▭▭大罚吾如▭▭▭

7 ▭▭▭□庙而新之，则流光归烈祖。虽然，吾非达礼，必稽于有司。
□□太常，顺考礼令，酌损前文，版勋劳▭▭▭□四庙以

8 ▭▭▭考。公于是靖端虚中，列上感疢。既获俞命，□□□□□
□□书练时日，命工兴事，陶甄筑堭，坚▭▭▭▭▭

9 ▭▭▭物，宿设助祭，夜鼓四通。公祇被凤兴，缨冠鸣玉，入进于
位，宾亲就 列 ，祝史赞导，虔 奉 祖考郑公府君 讳 ▭▭▭

10 ▭▭▭吏 部府君讳舅四神主第升于室。室上□□以祖考姚郑国
夫人 河 东裴氏、皇考姚河东裴氏、王考姚范▭▭▭

11 ▭▭▭堂之事既成而退。他日，使门吏左补阙郑愚羡谓玙曰："某
涤虑虔思，由教以移忠，竭忠以致位，因位以有□▭▭▭

12 ▭▭▭详求能敌予之重托者，宜莫如子。"玙闻命震悚，即走相君之
门，固辞 不 获。归次其世胄、德行、官业， 垂 承烈休▭▭▭

13 ▭▭▭文侯能师圣门人，而不好古乐，故风颓而不得□五伯。至无
忌，不□国而封信陵，与齐、赵、楚公子相矜奋为▭▭▭

14 ▭▭▭派绪滋广，因自别为西祖。暨诸戎盗华，晋鼎凌□，本宗随
迁，世仕□□顿丘。四世之孙曰钊，树勋捍难，为义▭▭▭

15 ▭▭▭怀忠乱朝，直封诋政，侵轹奸倖，不容于时。出长屯留，去无
愠色。或有以词致诮者，方激发忼吒，志气横厉，权西▭▭▭

16　□属时浊昏，助勤西东，怀奇含耀，濡足霜晦，竟逢大晨，助日月光，龙摅凤鸣，为祥辅昌。宀□□□□□

17　□□□□之迹焯见国书。为臣克配于国享，为祖不迁于家祀，虽童子妇人，亦识□然。郑公生司业府君讳叔琬，祗训□□□□□

18　□司成，师儒道光，教源益濬，于世次为显考。以相国位犹滞于三品，室未备数，尚□孝思。司业生颍州府君，是为第二室。□□□□□

19　□积虑洽闻，业履无忝，命塞不雠，登宜孰归。第三室河西府君，天资恢□，抱器卓迈，□无不通。而以先德，实尝以礻□□□□

20　于时为邑南阳，当希烈猖獗之余，邑□杨桁，残蹢狼藉，牛空于牿，耕无以力，乃用古□，□□□犁，作为区田，岁大有稔。宿秉横□□

21　长有为。中贵人干政者，违言交肆，□命□□，蔽罪无颇，邑长获申，刚中特操，前无□□，□□是举，出为河中猗氏令，人咸为□□

22　四室即吏部府君，浑粹秀发，识洞玄远，至□□□，□机难尚，□中□□，立德无方。而□□□□，蕴之华藻，当时贤侯，遝听风徽，□□□□，□□□□。历□府□□□

23　迁，始以大理评事兼监察换殿中侍御史。盛（？）□师帅，□□恤刑。召拜大理司直，□□□□，小大时当，性不苟合，□□当官，以□得□，□□移泰陵□命□□

24　郑公忠劳大伐，为唐□臣，是宜延庆斯远。然而德器虽□，出比四世，无□□□□没振，谓天道□□，相君承之，公□□□□和□举□□□□□

25　终始一德，命求昆裔，期肖前人。以□察持盈之理得公，乃用为右拾遗，果能封章□□□可朝闻夕拜，□视□下之病犹在，□□言之未□□□□

26　上，书草充溢囊箧，使好事者得之，皆可编纂以续《政要》。而公贞

慎不伐,存同焚削,□文宗益欲寘于侧,即以为右史入侍,未尝不使之□□□□□

27　故会昌中权倖恶忌,挤之外郡。闲关累岁,或佐或刺,上宅位之二年,□□□□

28　征兼领邦宪。间岁进陟公台,仍专九赋,衡平总齐,□度以贞时。属羌浑未靖,忧边安□,索将勇□,整易干城之不材者,蚕□孳孳□征缮是图。至□公府大体□□□□

29　之旧宅永兴里,肇卜贞观,文皇尝以郑公居无正寝,方制小殿,罢构□材以成之。厥后绵历祀业,为他人有。元和□兴□□□□

30　□□猗,猗后为右补阙。至公恭守俭德,不敢有加出入;瞻践无敢,不思循□则复。自□中被衮朝天,又葺故庙,奉时□烝,天下□之,维忠与孝,可谓大备□□□□□

31　□□□铭石于丽牲,其烝夷之志欤! 铭曰:

32　□□□□孔昭,厥绪益遥。人爵或替,行能愈高。笃生郑公,岳降本朝。云蒸龙变,□撰爰操。肇□皇□,廓端谏恪。□□□□

33　□□□□□。魏还祖居,旌直恩购。弈弈先庙,孝孙新之。孝孙致尧,□□□□。居第奉祠,不敢改为。衮职旧官,载 扬 □□□□□

34　□□□□□闻,躬洁裸羞,俎折 灬 豚,交神恧善。尽物豆,登常事,礼成追养□□□□绥嘏锡□□□□□考私维□报□□□□□

# 三、关于《魏公先庙碑》的几个问题

乾嘉以来,学者们为此碑撰写了不少跋文,但未见有能通解此碑者,一是因为学者利用的是五石本,文字缺失较多,文义不能贯通;二是对唐代家庙制度了解不够,无法准确把握碑文的书写脉络。此碑遵循了家庙碑的一般写作模式,先叙立庙由来及经过,接着记祔庙祖先及配飨者,再录历代祖先及立庙者(庙主)的事迹,重点是后者,最后是铭文。有关庙主魏謩的经历,笔者已有详细讨论,①兹不重复,此处就碑文的其他几个问题再作探讨。

---

① 　游自勇:《魏征历史地位探赜——以魏氏家族在唐代的沉浮为中心》,荣新江主编:《唐研究》第 17 卷,北京:北京大学出版社,2011 年,第 321—325 页。

### （一）立碑时间

碑文中有关立碑时间的部分已残,《金石录》《宝刻类编》均记立于大中六年。武亿首先提出质疑,他据《旧唐书·崔珙传附崔玙传》所载碑文撰者崔玙受封"博陵县开国子"的时间在大中七年,认为《先庙碑》"当亦作于是时或更后于是",《金石录》"大中六年"之说是"传刻讹易"所致。王昶又举出新的证据。碑文首句云:"＿＿＿＿□特进、侍中、赠太尉郑国文贞公魏氏在贞观立家庙于长安昌乐里。后二百卅五年,有来孙＿＿＿＿"据《长安志》记载,魏征家庙在长安城朱雀大街东第二街昌乐坊,大中中,有孙魏薯为相,再新旧庙,以元成(笔者注:即魏征)为封祖。① 就重修家庙一事来说,《长安志》的这条记载正可与碑文合。王昶以贞观十六年(642)魏征卒年后推235年,为唐僖宗乾符三年(877),与大中时期不符。综合以上两条,王昶认为《先庙碑》不能确定立于大中六年,姑且定在咸通之末。黄本骥完全赞同此说。晚清近代学者虽无确证来反驳此说,多数人还是认为宋人当亲见原碑,所记时间不致有误。今人吴鸿清力驳王昶之说,理由有三:第一,魏薯卒于大中十二年(858),"何能于卒后请崔玙撰文立碑? 王昶之误不辨自明";第二,《旧唐书》所记人物历职时间不很精确,《崔玙传》"大中七年"的记载不一定正确;第三,碑文"二百卅五"的"卅"字三竖下有一横,故此字当是"廿",如果从贞观元年(627)下推225年,正好是大中六年。② 上述第一、二条理由比较充分,第三条则不能成立。从笔者接触到的多种精拓来看,"卅"字三竖下确有一横,但这是"卅"的俗写,而非另一个字"廿",故"二百卅五"无误。笔者此前的研究已经表明,尽管唐代法令规定官员升至五品即可建立家庙,但多数官员还是要等到三品时才有实力建家庙。③ 依此惯例,贞观六年(632)魏征为检校侍中,可立家庙,以此后推235年,当在咸通中。然碑文首题"(前缺)判户部事上柱国赐紫金鱼袋魏公先庙碑",此"魏公"即魏薯,魏薯卒于大中十二年,时为太子少保,又赠司徒,其后裔若居显官,为立家庙碑,叙官职不当以"判户部事"止。碑中多处称魏薯为"相君",又云"相国位

① 宋敏求:《长安志》卷7,平冈武夫编:《唐代的长安与洛阳(资料)》,上海:上海古籍出版社,1989年,第104页上。
② 吴鸿清:《作品考释·魏公先庙碑》,同作者主编:《中国书法全集》第27卷《柳公权(附柳公绰)》,北京:荣宝斋出版社,1993年,第219页。
③ 游自勇:《礼展奉先之敬——唐代长安的私家庙祀》,荣新江主编:《唐研究》第15卷,北京:北京大学出版社,2009年,第437—440页。

犹滞于三品"，可知这是魏謩位居三品宰相时所立。我们可以排出魏謩在唐宣宗大中前期的仕途经历：大中二年，内征为给事中，很快就迁御史中丞，兼户部侍郎，判本司事，后又自请奏罢御史台事；五年以本官同中书门下平章事，判如故；六年十二月，为中书侍郎；八年十二月罢户部。① 魏謩虽于大中五年同中书门下平章事，备位宰相，但其本官是户部侍郎，属正四品下，只有中书侍郎是正三品，当时他还是判户部事。据此推测，《先庙碑》当立于大中六年十二月至八年十二月间。依常理推测，宋人亲见原碑的可能性极大，且《金石录》明确系于十一月，惟碑文磨泐之下一、二易混，"十一月"、"十二月"必有一误，然此碑立于大中六年魏謩官至中书侍郎之时应较可信。至于"二百卅五年"，依旧不可解，或因年代久远，时人记忆不清致误亦未可知。

### （二）家庙地点

关于家庙地点，王鸣盛云：首言魏氏家庙在昌乐里，后又言茸故庙于永兴里旧宅，"盖魏征家庙在昌乐，謩所茸则在永兴也"。王氏所言实误。魏征家庙在昌乐里，《先庙碑》和《长安志》均明载，碑文云"又茸故庙，奉时□烝"，魏謩既然只是修茸故庙，自然无择地重建之理。至于永兴里旧宅，碑文云："至□公府大体□□□□之旧宅永兴里，肇卜贞观，文皇尝以郑公居无正寝，方制小殿，罢构□材以成。厥后绵历祀业，为他人有。元和□兴□□□□□猗，猗后为右补阙。至公恭守俭德，不敢有加出入；瞻践无取，不思循□则复。"与所谓修茸故庙无涉。魏征旧宅在永兴坊，内有唐太宗赐建之正堂，开元中正堂毁于火。后子孙不肖，贫甚，将旧宅典卖与他人，元和中由朝廷赎回，交与魏氏嫡裔魏稠，此事在当时颇具政治意味，笔者已有论述，此处从略。②

### （三）魏謩世系

《先碑庙》对于魏謩世系叙之最详，言魏氏可追溯至战国时代魏文侯——信陵君魏无忌一系，后传至西晋，分成东祖、西祖两支，魏征属西祖这一支。然考之《元和姓纂》和《新唐书·宰相世系表》，"西祖"下均无魏征一系的记载。魏征一系最早以名显者是魏钊，《北史》卷五六有传。魏钊之后，碑文失名，王鸣盛谓碑中"出长屯留"者乃魏钊之孙、魏征之父魏长贤，其说可从。《北史·魏长贤传》云："河清中，上书讥刺时政，大忤权幸，为上党屯

---

① 《新唐书》卷63《宰相年表下》，北京：中华书局，1975 年，第 1731—1732 页。
② 游自勇：《魏征历史地位探赜》，第 309—310、319—321 页。

留令。"碑文曰："或有以词致诮者,方激发忼吒,志气横厉。"盖指"亲故以长贤不相时而动,或为书以相规责",长贤乃作长文复书,为时人所重。①

碑文言袝庙神主,前云"虔奉祖考郑公府君讳□□□吏部府君讳舅四神主第升于室。室上□□以祖考妣郑国夫人河东裴氏、皇考妣河东裴氏、王考妣范□□□"后又言司业府君叔瑜、颍州府君、河西府君、吏部府君云云。据碑文,此家庙为四庙之制,即有四位祖先得以袝庙受享。第一室"祖考郑公府君"指魏征,前辈学者殆无疑议,以下诸位祖先则颇多疑雾。先说司业府君叔瑜,碑文云:"郑公生司业府君讳叔瑜,祗训□□□司成,师儒道光,教源益濬,于世次为显考。以相国位犹滞于三品,室未备数,尚□孝思。"其中"世"字缺笔写成"廿"。毫无疑问,叔瑜是魏征之子。王鸣盛将"濬"录作"浚",濬同浚,他专注于"浚于世次为显考"一句,认为《旧唐书·魏暮传》言其父名"冯"有误,"暮父名浚不名冯也";王昶谓"又云显考相国位犹滞于三品,室未备数。显考相国即谓暮也";黄本骥则误将叔瑜作魏征之父。后者之误明显,前两位则是对本句理解不当。四庙中以魏征为第一室,下文以颍州府君为第二室,两者间叙魏征子叔瑜事迹。叔瑜官国子司业,故言"司成,师儒道光,教源益濬";就世系而言,乃魏暮高祖,故云"为显考";因魏暮只是三品官,本只当立三庙,立四庙已属殊恩,仍不能将所有祖先都袝庙,故言"室未备数,尚□孝思",将高祖叔瑜排除在外。其次是第二室颍州府君、第三室河西府君,王鸣盛考之《新唐书·宰相世系表》无果。关于颍州府君,2003年洛阳偃师出土的魏征曾孙魏系墓志提供了新线索。②据墓志,魏系父亲名魏殷,卒官蔡州汝阳令,正与《宰相世系表》《旧唐书·魏暮传》合;墓志又云魏殷赠官为颍州刺史,与《先庙碑》合。故笔者认为颍州府君即魏殷。③ 河西府君情况不明,据《宰相世系表》和《旧唐书·魏暮传》,或为魏明。其于李希烈之乱后出任南阳令,颇有作为,后受排挤,改河中猗氏令,最后的卒官很可能就是猗氏令,"河西"亦当是赠官。最后是第四室"吏部府君讳舅",按照袝庙神主规则,第四室应是魏暮父亲,拓本"吏"字仅存左撇下半,碑文上言"赠先公府君侍御史□君为吏部侍郎",可确定此为"吏"字。《旧唐书·魏暮传》《资治通鉴》卷二三七作"魏冯",《宰相世系表》作"魏凭",武亿、赵绍祖已指出当以碑为准。黄本骥将魏舅作魏暮祖父,又误。兹

---

① 《北史》卷56《魏长贤传》,北京:中华书局,1974年,第2041—2042页。
② 图版及录文见胡戟、荣新江主编:《大唐西市博物馆藏墓志》,北京:北京大学出版社,2012年,第638—639页。
③ 游自勇:《魏征历史地位探赜》,第313页。

列魏謩世系如下：

> 魏征——魏叔琬（国子司业赠潞州刺史）——魏殷（汝阳令赠颍州
> 刺史）—河西府君（魏明？）——魏鼻（侍御史赠吏部侍郎）——魏謩

### （四）家庙性质①

贞观中兴建之魏氏家庙，庙主是魏征，故为魏征家庙。唐后期经魏謩修葺，从《先庙碑》首题来看，此"魏公先庙"指的是魏謩先庙，庙主应为魏謩。从礼制上说，二者本当是两座家庙，而非一体，但实际情况并非如此。王昶谓"魏公先庙始建为祀郑公，而重修则为祀謩"，觉察到了前后的不同，可惜未能切中肯綮。

魏征首建家庙，他在世时，祭祀父、祖及曾祖三代，等到魏征去世后祔庙，因其为家庙的创立者，处在了"始祖"的位置上，属于百代不迁，其神主不会被迁出家庙，只要家庙能够维持，他就会一直受到后世子孙的供奉。宗法制下，家庙的祭祀权掌握在嫡系手上，旁支处于陪祀的地位，换言之，旁支不能直接祭祀魏征。魏征嫡系魏叔玉、魏膺均承袭了郑国公的爵位，如无意外，至少到唐中宗时期，家庙仍在维持。魏膺后裔不显，且生活日趋贫困，以至于在魏稠时不得不把一直居住的永兴坊故宅典卖与他人，到元和四年（809）才由宪宗下令用内库钱赎回，赐还魏稠等人。宅邸尚且不能固守，远在昌乐坊的家庙恐怕更难以维持，笔者推测安史之乱以后，魏征家庙已经处于废祀的状态。转机出现在唐后期。据碑文，魏謩按照营建家庙的一般程序上奏宣宗，提出申请，又为自己的父亲魏鼻求得吏部侍郎的赠官。他还"稽于有司。□□太常，顺考礼令，酌损前文，版勋劳□□□□"，通过了相关部门的审核。结果令人惊讶，魏謩可立四庙，于是他举行了很隆重的祔庙仪式，供奉魏征以下四室神主（见下表）：

| 室　数 | 神　　主 | 配　　享 |
|---|---|---|
| 第一室 | 祖考郑国公魏征 | 祖考妣郑国夫人河东裴氏 |
| 第二室 | 皇考颍州府君魏殷 | 皇考妣河东裴氏 |
| 第三室 | 王考河西府君 | 王考妣范阳□氏 |
| 第四室 | 考吏部府君魏鼻 | 考妣南阳□氏 |

---

① 本部分内容笔者曾在《魏征历史地位探赜》一文中有所论述，故注释从略。当时考虑不够缜密，认识有误，此处重新论证，结论与之前的认识完全相反，敬请读者留意。

这明显是逾制了。按照礼制的规定，魏謩此时位居三品，只能立三庙，祭祀曾祖魏殷、祖父河西府君和父亲魏翃三代。虽然礼仪上的逾制在中唐以后十分普遍，但家庙的修建需要上奏皇帝批准，因此很难出现违制的情形。魏謩的举动显然得到了礼官的认可。以三品官得立四庙，整个唐代仅此一例。

然而问题的核心不在于此。即便魏謩得立四庙，他也只能祭祀至高祖魏叔琬，如前所述，祭祀魏征的主祭权在魏叔玉嫡系手上，其余各房只能是陪祀。所以，礼制上，如果魏謩营建家庙，这个家庙只能是以他为始祖，并非之前魏征家庙的延续，非嫡裔的身份也不可能让他在自己的家庙中祭祀魏征。换言之，魏謩所建家庙与贞观中魏征所立家庙本无关系。但现实情况是，魏謩在修葺了魏征家庙后，将嫡裔魏叔玉以下神主迁出，只留下魏征神主，然后将自己的三代祖先魏殷、河西府君、魏翃的神主祔庙。在原家庙体系中，魏征属始祖，百代不迁，但这是针对嫡裔来说的，支裔根本就无权作为主祭者来祭祀魏征。现在，魏謩将魏征作为始祖来祭祀，等于放弃了自己作为百代不迁始祖的身份，其实是抢夺了嫡裔的地位。因此，他修葺后的家庙，依旧是魏征家庙，而非魏謩家庙。


附识：本文原刊《文献》2014 年第 6 期。

# 关于北宋的"大敕系衔"

张　祎

宋代文献中间或提到"大敕系衔"的制度。例如,熙宁九年(1076)十月,王安石罢相,授镇南军节度使、同平章事、判江宁府。鉴于他的身份、地位,朝廷循例给予优待,"仍诏安石大敕系衔在陈升之上,出入内廷,并依中书、枢密院臣僚例"云云。①"大敕系衔"是唐代制度在宋代的遗迹,它关涉唐宋使相、宰相制度和朝廷敕命颁行等重要问题。本文期待在相关研究的基础上,对该制度的本末源流稍作阐说。

## 一、"大敕系衔"者为使相

"大敕系衔",宋代文献中又表述为"大敕后系书"、"大敕系位"、"大敕列衔"等。相关记载在史籍中较为常见的约有十余例。无一例外,它们都发生在北宋前期,即元丰改制以前,且都与使相有关。以下择取颇具代表性的六则,稍加解说。

### (一)《宋会要辑稿·仪制》三之一五:

〔明道二年〕十月三十日,诏中书门下大敕后系书,张士逊、杨崇勋在王曾之下。

该条记载涉及张士逊、杨崇勋、王曾三人。明道二年(1033)十月底,张士逊为山南东道节度使、同平章事、判许州,杨崇勋为河阳三城节度使、同平章

① 李焘:《续资治通鉴长编》卷278,熙宁九年十月丙午,北京:中华书局,2004年,第6803页。

事、判陈州,①王曾则是天平节度使、同平章事、判天雄军。②

## (二)《宋会要辑稿·仪制》三之一五又载:

〔景祐元年〕七月十七日,诏新除枢密使、吏部侍郎、同平章事王晓敕后系书在张士逊之下。

材料中的王晓原名曙,此处避宋英宗讳而改字。张士逊宝元元年(1038)三月由山南东道节度使、同平章事、判河南府拜相,③结合其明道二年旧衔可知,景祐元年(1034)他必定仍带山南东道节度使、同平章事衔无疑。

## (三)《续资治通鉴长编》卷二○二,治平元年(1064)六月:

戊申,诏大敕系位,皇子顼在富弼上,颢在宋庠下。④

皇子赵顼即后来的宋神宗,当时封为忠武节度使、同平章事、颍王;⑤赵颢则是检校太傅、同平章事、保宁军节度使、东阳郡王。⑥ 此时,富弼为枢密使、户部尚书、同平章事;⑦宋庠大概是武宁节度使、同平章事、判亳州。⑧

## (四)熙宁三年(1070)九月,曾公亮罢相。《宋大诏令集》著录其罢相制词云:

……可特授守司空、检校太师、兼侍中、使持节孟州诸军事、行孟州刺史、河阳三城节度、孟州管内观察处置河堤等使、集禧观使,仍改赐推诚保德崇仁守正协恭忠亮翊戴功臣。仍诏大敕系衔在曹佾上,出入如

---

① 李焘:《续资治通鉴长编》卷113,明道二年十月戊午、己未,第2640、2641页。
② 李焘:《续资治通鉴长编》卷111,明道元年十二月壬寅,第2595页。明道二年(1033)十一月,王曾由天雄军徙判河南府,景祐元年(1034)八月仍带天平节度使、同平章事衔。见《续资治通鉴长编》卷113,明道二年十一月己卯,第2644页;卷115,景祐元年八月庚午,第2694页。
③ 李焘:《续资治通鉴长编》卷121,宝元元年三月戊戌,第2865页。
④ 李焘:《续资治通鉴长编》卷202,治平元年六月戊申,第4891页。
⑤ 李焘:《续资治通鉴长编》卷202,治平元年六月己亥,第4889页。
⑥ 《宋会要辑稿·帝系》1之36。
⑦ 李焘:《续资治通鉴长编》卷198,嘉祐八年五月戊午,第4808页;卷201,治平元年闰五月戊辰,第4878页;卷205,治平二年七月癸亥,第4976页。
⑧ 治平元年(1064)正月,景灵宫使、武宁节度使、同平章事宋庠判亳州,见李焘:《续资治通鉴长编》卷200,治平元年正月戊申,第4845页。据王珪《华阳集》(景印文渊阁《四库全书》本)卷48《宋元宪公神道碑铭》,数月后,以司空致仕,此时或许仍在亳州任上。

二府仪，五日一奉朝请。①

治平四年（1067）三月，曹佾新除昭德军节度使、兼侍中，②至元丰三年（1080）三月方改为护国节度使、守司徒、兼中书令，③故此时仍为昭德军节度使、兼侍中。

**（五）《续资治通鉴长编》卷二二〇，熙宁四年（1071）二月：**

> 壬申，山南西道节度使、检校太尉、同平章事、高密郡王顼为保信保静等军节度使，进封嘉王。仍诏大敕系衔文彦博上。④

高密郡王赵顼为宋神宗母弟，此时进封国王，加两镇节度使，仍带同平章事衔。⑤ 自治平二年（1065）七月至熙宁六年（1073）四月，文彦博则一直是枢密使、兼侍中。与此同时，他还带有节度使衔。⑥

**（六）《宋会要辑稿·仪制》三之四〇：**

> 〔熙宁十年〕十月二十八日，诏：宗室新除昭化军节度使、同中书门下平章事宗谊大敕系衔在宗旦之下。

宗室赵宗旦此时为崇信军节度使、同平章事、判大宗正事。⑦

　　以上六条例证跨越宋仁宗、英宗、神宗三朝，最早的一例属于仁宗初年，最晚的则在神宗熙宁（1068—1077）末期。具备"大敕系衔"资格的人物都是所谓的"使相"。在宋代，"使相"是一批高级臣僚的统称，其地位极为尊崇。概括说来，所谓"使相"即带有宰相头衔而另有使职差遣的臣僚。《宋会要辑稿·职官》一之一六引《两朝国史志》记载："亲王、枢密使、留守、节

---

① 佚名：《宋大诏令集》卷68《曾公亮罢相建节集禧观使制》，北京：中华书局，1962年，第333页。

② 《宋会要辑稿·仪制》3之31。

③ 李焘：《续资治通鉴长编》卷303，元丰三年三月己丑，第7371页。

④ 李焘：《续资治通鉴长编》卷220，熙宁四年二月壬申，第5352页。

⑤ 李焘：《续资治通鉴长编》卷308，元丰三年九月丙戌，第7488页。

⑥ 李焘：《续资治通鉴长编》卷205，治平二年七月庚辰，第4979页；卷206，治平二年十月癸卯，第5004页；卷244，熙宁六年四月己亥，第5944—5945页。

⑦ 据《宋会要辑稿·仪制》3之40，熙宁十年（1077）二月，赵宗旦新除崇信军节度使、同平章事、判大宗正事。至十二月，他仍带上述职衔，参见李焘：《续资治通鉴长编》卷286，熙宁十年十二月甲申，第6997页。

度使兼中书令、侍中、同平章事者,谓之'使相'。"此外,北宋前期制度规定中的"使相"应该还包括京尹兼中书令、侍中或同平章事。①

上述例证涉及的"使相"类型还比较丰富,颇具代表性。其中既有文臣使相,如王曾、富弼等;也有武臣使相,如杨崇勋、曹佾之类;此外还有宗室使相,如例3中的皇子颍王顼、东阳郡王颢以及例6的节度使、同平章事宗谊等。就所带职衔而言,除了最为普通的节度使、同平章事以外,还有地位较高的节度使、兼侍中(例4曾公亮),以及枢相②——枢密使、同平章事(例2王曙)和枢密使、兼侍中(例5文彦博)。北宋前期,中书令极少除授,留守、京尹也只在比较特殊的情况下才有任命。带中书令衔或充任留守、京尹的使相,地位较高,一般使相享有的权利,他们绝不会欠缺。因此,笔者认为,北宋前期所有的"使相"都具有"大敕系衔"的资格。

需要稍作解释的是,上述例证以及宋代史籍中直接提到"大敕系衔"的记载,大多与使相位次排定有关。这是因为北宋前期职衔体系繁复,衡量官员的身份、地位需要综合考虑阶官、职事、年资、出身等多重因素,经常难以抉择,需要特旨裁定的缘故。此外,文献中通常只在类似情况下提及"大敕系衔",也实在是因为这项制度除了彰显使相的高位与荣耀以外,的确没有太多实际意义。这一点可参看下文论述。

## 二、何谓"大敕系衔"

"大敕系衔"主要是北宋前期的制度。《文献通考》卷五九《职官考十三·节度使》概括称:"旧制,敕出中书门下,故事之大者使相系衔。"③这就是"大敕系衔"的大致涵义,以下结合其他史料记载稍作阐释。

《文献通考》这段概括是在追述北宋元丰(1078—1085)以前的制度,故称"旧制"。所谓"敕出中书门下",意即敕命自宰相机构中书门下发出。不过,中书门下所出之"敕",不是一般意义上的诏敕,而是一种名为"敕牒"的

---

① 参见:《宋会要辑稿·仪制》3之17;《宋史》卷168《职官志八·建隆以后合班之制》,北京:中华书局,1977年,第3987页。

② 关于"枢相"的研究可参看马玉臣:《试论北宋前期之枢相》,《中州学刊》2002年第5期。

③ 马端临:《文献通考》卷59《职官考十三·节度使》,上海师范大学古籍整理研究所、华东师范大学古籍研究所点校,北京:中华书局,2011年,第1772页。

命令文书。敕牒出现于唐代前期，当时被归入"王言之制"，①但它实际上并不是皇帝的诏令。唐史学者刘后滨认为敕牒是伴随中书门下体制成立而出现的文书形式。② 从内容上来看，它是"敕和牒的统一"，表示宰相机构"中书门下奉敕而牒百官百司"。③ 敕牒为宋代所沿用，从文书运行程序来看，它由中书门下用印、宰执签发，实际属于宰相机构的命令文书。④ 因此敕牒又称为"中书门下牒"，而"中书门下牒"也可泛泛简称为"敕"，如欧阳修曾提到"今世止见中书门下牒，便呼为敕"。⑤ 宋代文献中的"敕"，很多时候都是指敕牒这种文书形式。《文献通考》所谓"敕出中书门下"，谈论的也就是中书门下签发敕牒的情况。

自然，指挥处理"事之大者"的敕牒应该就是所谓的"大敕"了。朝堂之上，哪些政务属于"事之大者"呢？《宋会要辑稿·职官》一之一六引《两朝国史志》指出，使相"不预政事，不书敕，惟宣制除授者敕尾存其衔而已"。"不预政事"是指使相并不参与中书门下日常政务的处理。与此相应，指挥政务的敕牒也不需使相签发，即"不书敕"。"惟宣制除授者敕尾存其衔而已"其实就是"大敕系衔"的另一种表述。由此可知，"宣制除授"时颁出的敕牒应该属于所谓的"大敕"。在宋代，加封除拜亲王、后妃、宰相、枢密使、节度使等，需委任学士院起草麻制，以朝堂宣布的方式颁行，郑重其事，与任免其他官员的外制除授程序不同，是为"宣制除授"。⑥"宣制除授"需要用到敕牒，是因为北宋前期颁行人事任命又有所谓"诰敕并行"的制度。"诰敕"又写作"告敕"，指官告与敕牒。"诰敕并行"即下达一项任命，需要给受命者同时颁发官告与敕牒两份文书。⑦ 相较于外制除授所用的敕牒，"宣制除授"发出的敕牒，处理的当然是"事之大者"，自然就属于"大敕"。

除人事任命的"大敕"以外，颁行政策所用的敕牒中似乎也有可称为

① 李林甫等撰：《唐六典》卷 9《中书省》，陈仲夫点校，北京：中华书局，1992 年，第 273—274 页。
② 刘后滨：《唐代中书门下体制研究：公文形态·政务运行与制度变迁》，济南：齐鲁书社，2004 年，第 352—354 页。
③ 刘后滨：《唐代中书门下体制研究》，第 346 页。
④ 张祎：《制诏敕札与北宋的政令颁行》，北京大学博士学位论文，2009 年，第 125—126 页。
⑤ 欧阳修：《欧阳修全集》卷 142《集古录跋尾卷九·唐濠州劝民栽桑敕碑》，李逸安点校，北京：中华书局，2001 年，第 2298 页。
⑥ 张祎：《麻制草拟与宋代宰相任免：重在文书运行环节的探讨》，《汉学研究》第 27 卷第 2 期，2009 年 6 月，第 102—124 页。
⑦ 张祎：《制诏敕札与北宋的政令颁行》，第 147—155 页。

"大赦"的,例如胡宿《乞慎选省府推判官提点刑狱》谓"天圣、景祐之间屡降大赦举提点刑狱"、①《宋朝事实类苑》载陈执中"用大赦举京官"等。② 可惜资料太少,尚难确定类似"大赦"与"大赦系衔"制度是否有关。

最后再来解释"使相系衔"的问题。"使相系衔",简单说来,就是"不书敕"而"敕尾存其衔"的意思。李焘《续资治通鉴长编》卷一七叙述更明确些,谓使相"五代以来,不预政事……凡定(宣)制除授者,敕尾存其衔而不署,侧注'使'字"。③ 洪迈《容斋三笔》也提到使相"皆大赦系衔而下书'使'字。五代尤多,国朝创业之初,尚仍旧贯"云云。④ 一般情况下,北宋前期的敕牒末尾只会列出中书门下宰执的名衔,由宰相和参知政事负责签押。⑤而"宣制除授"发出的"大赦",末尾还会列上所有使相的名衔。不过,使相"不预政事",虽列衔却无权签押,只是由中书门下官吏在其名衔之下标注一个"使"字而已。

"大赦系衔"的内涵大致如此。它虽然属于宋廷敕命颁行制度中的一环,但对于实际的文书运作,并没有什么用处。它的意义只在于承认和彰显使相的身份、名位,表现为一种虚化的优待。不过,北宋初年也曾出现过一次使相实际签发敕牒的事例,颇有影响,可以引来对"大赦系衔"的具体情形再作一些补充说明。

乾德二年(964)正月,宋太祖将此前留用的后周宰臣范质、王溥、魏仁溥一齐罢免。隔一日,拜枢密使赵普为相。由此出现了中书门下没有宰臣在位,无人签发敕牒的尴尬局面。《宋会要辑稿·职官》一之六八记载:

> 太祖乾德二年正月,以赵普为宰相。制既下,时范质等已罢,纶诰将出,无宰相书敕,太祖令问翰林学士讲求故事。承旨陶谷以为,自古辅相未尝虚位,唯唐太和中甘露事后数日无宰相,当时仆射令狐楚等奉行制书,今尚书亦南省官,似可书敕。学士窦仪曰:"谷之所陈,非承平时事,不足援据。今皇弟开封尹同平章事,即宰相之任也。"帝闻之曰:

---

① 胡宿:《文恭集》卷8《奏议·乞慎选省府推判官提点刑狱》,景印文渊阁《四库全书》本。
② 江少虞:《宋朝事实类苑》卷48《占相医药·陈恭公》,上海:上海古籍出版社,1981年,第632页。
③ 李焘:《续资治通鉴长编》卷17,开宝九年二月庚戌,第364—365页。
④ 洪迈:《容斋随笔·三笔》卷12《兼中书令》,孔凡礼点校,北京:中华书局,2005年,第570页。
⑤ 张祎:《制诏敕札与北宋的政令颁行》,第107—109页。

"仪之言是矣。"即命太宗书敕以赐之。①

赵普拜相属于"宣制除授"，该项任命一度无法颁行，是受制于北宋前期"诰敕并行"制度的缘故。所谓"纶诰将出，无宰相书敕"，"纶诰"指赵普的拜相官告，"敕"即中书门下敕牒。

关于北宋前期"宣制除授"时"诰敕并行"的文书制度，《丁晋公谈录》有颇为翔实的记载：

> 近代宰臣、节帅除拜，出自宸衷，不欲预闻于外，故以隔日宰臣百官出后，密召翰林学士怀具员册入禁闼，上前议定。是夕草制，谓之"内制"。中夜进入，五更降出，以麻纸大书之，一行只可三字，谓之"白麻"……翊日……候进呈事退，即降麻而宣之，讫送中书出敕写官告。敕纸广幅与常纸不同。年月日先，后署执政参政宰相衔，署字。后方接次列以使相衔，不押字，亦不控断。行其官告，却只下直日知制诰官名宣奉行，更不下元撰麻词翰林学士名衔。缘翰林学士无例于中书行词故也。然后选中书上事日，于阁门受告敕后，始赴上。②

相关程序涉及麻制、敕牒、官告三种文书形式。"白麻"即麻制，宋廷任免宰相的决定出于君主独断，命令文辞则由翰林学士协助起草，制成麻制，次日在朝堂宣读颁布。然后，宰相机构中书门下承接麻制，按照麻制内容"出敕写官告"，将任命行下。这个环节必须同时出具官告、敕牒两份文书，材料也提到，受命者必须"于阁门受告敕后"，才能正式就职。

告敕之中，以敕牒更为关键。官告是发给受命者的委任证书，其列衔签署延续唐代制度，按照三省格局展开。而北宋前期，三省六部的职事几乎被各种使职差遣抽空了。带三省六部本官衔的宰臣不在官告上签押，真正在官告上签名的主要是一些负责具体事务性工作的官吏。③ 而敕牒则不同，其末尾有中书门下所有在职宰臣的集体签署，具备充分的行政效力。因此，诰敕并行的情况下，宋廷政务运行的真正依托在于敕牒。

---

① 关于该事件的记载，亦可参看李焘：《续资治通鉴长编》卷5，乾德二年正月庚寅，第119页。
② 潘汝士：《丁晋公谈录》，杨倩描、徐立群点校，北京：中华书局，2012年，第29页。标点、断句略有调整。
③ 张祎：《制诏敕札与北宋的政令颁行》，第30—40页。

所以,赵普拜相之际,无宰臣签发敕牒,便意味着这项任命难以推行了。对此,太祖曾向赵普征求意见,表示:"卿但进敕,朕为卿署字,可乎?"但赵普认为不妥,指出签发敕牒乃是"有司所行,非帝王事也",①君相职分不宜侵紊。于是只好让翰林学士检讨典故,商议解决方案。学士承旨陶谷认为,唐代甘露事变后没有宰臣在位,曾临时让尚书仆射奉行制书,或许可以参考。学士窦仪则一针见血地指出,陶谷所说是朝廷严重动乱之际的权宜方案,不便效法。他的思路是:当时的皇弟开封尹赵光义——后来的太宗正带"同平章事"衔,也就是宰相,可以由他来签发敕牒。太祖对这一方案非常满意。

综合来看,窦仪的建议确实要比陶谷所说高明许多。除了材料中强调的"承平令典"之类体统问题外,在务实方面也有两大优势:

其一,按规定,敕牒只能是中书门下宰执签发,由带"同平章事"衔的赵光义签署更合乎制度。光义当时为开封尹、同平章事,属于使相。使相就是带有宰相头衔而另有使职差遣的臣僚,原本就具备一重"宰相"的身份。用窦仪的原话来说,同平章事"即宰相之任也"。由他来代行宰臣职事,名正言顺。

其二,赵普拜相敕牒属于"大敕",使相赵光义本就有资格列衔敕尾,由他签署也极为便利。前引《丁晋公谈录》称,敕牒之上,年月日"后署执政参政宰相衔,署字。后方接次列以使相衔,不押字"。所谓"后署执政参政宰相衔,署字"大体说的是敕牒末尾宰相、参知政事列衔签押的情况。②"后方接次列以使相衔,不押字"则是关于敕尾使相系衔的描述。赵普拜相之际,尚未设置参知政事,又无宰相在位。可以想见,所出敕牒末尾就只是各种使相——"亲王、枢密使、留守、节度使兼中书令、侍中、同平章事"之类杂然纷呈,皇弟开封尹、同平章事赵光义就赫然其中。一般情况下,使相虽能列衔,却"不押字",与敕牒生效与否没有关系。此时情况特殊,需要赵光义暂代宰相职权,使敕牒生效。不难想象,相关处理也极为方便:不必调整敕牒格式,不必另外增添内容,只需在敕尾所列赵光义名衔之下签画押字,替代原本的"使"字就可以了。

总之,窦仪提出的"太宗书敕"建议,既合乎规制,又操作便利,确实是一

---

① 李焘:《续资治通鉴长编》卷5,乾德二年正月庚寅,第119页。
② "后署执政参政宰相衔"较为费解。宋代通常以"执政"指称参知政事与枢密院官员。枢密院官员无权签发敕牒,而"执政"之后又列"参政",不知为何重出。抑或者"执政参政宰相"是指实际"执政"(执掌朝政)的参政、宰相,而与后文"不预政事"的使相对而言?难以确定,姑且存疑。

个妥当、得体的方案。相较而言，陶谷认为可以考虑让仆射之类南省官"奉行制书"、"书敕"，就颇为勉强了。一则，早在唐初，尚书省长官已被排除在宰相序列之外，①不具备宰相身份，怎能行使宰相职权？再则，仅有尚书省职衔的官员也没有资格列衔敕尾，这一点可以引五代时期的一道敕令印证说明：

> 后唐天成四年八月敕："朝廷每有将相恩命，准往例，诸道节度使带平章事、兼侍中、中书令，并列衔于敕牒后，侧书'使'字。今两浙节度使钱镠是元帅、尚父，与使相名殊，承前列衔，久未改正。湖南节度使马殷先兼中书令之时，理宜齿于相位，今守太师、尚书令，是南省官资，不合列署敕尾。今后每署将相敕牒，宜落下钱镠、马殷官位，仍永为常式。"②

宋代的"大敕系衔"制度沿袭自晚唐五代，这道敕令是后唐为规范"大敕系衔"而颁布的。材料中描述的"朝廷每有将相恩命，准往例，诸道节度使带平章事、兼侍中、中书令，并列衔于敕牒后，侧书'使'字"，与宋代的制度完全吻合——所谓"将相恩命"就是指宣制除拜节度使或宰相。在这道敕令中，最值得注意的是湖南节度使马殷的例子。马殷原本带"兼中书令"衔，属于使相，因而得以"列衔于敕牒后"。此时他加封至守太师、尚书令，尚书令位次还在中书令之上，却"是南省官资"，没有资格"大敕系衔"了。故而下令，今后有关敕牒中落下马殷官位，并且该处理原则"永为常式"。据此评判陶谷、窦仪的主张，无疑是后者更加名正言顺。

## 三、北宋前期的宰相衔

"大敕系衔"是对于使相的一种虚化优待，没有附着实质的政治权力。赵普拜相之际，由于翰林学士窦仪的巧妙运用，才让它获得一次发挥实际效用的机会。开封尹、同平章事赵光义有资格"大敕系衔"，取决于他带有的"宰相"身份。同理，后唐天成四年（929）敕令规定，"将相敕牒"末尾要落去尚书令马殷的名衔，也是因为尚书令只是"南省官资"，不宜"齿于相位"。

---

① 参见吴宗国主编：《盛唐政治制度研究》，上海：上海辞书出版社，2003 年，第 16—20 页。
② 王溥：《五代会要》卷 13《中书门下》，上海：上海古籍出版社，2006 年，第 215 页。

总之,"大敕系衔"资格与"宰相"身份是密切关联的。那么,晚唐五代以来,尤其北宋前期,具体哪些官职属于宰相头衔,能够标志宰相身份呢?

关于北宋前期的宰相衔,由于史籍记载歧互,学者理解不同,曾有多种说法。有人认为,宋承唐制,三省长官尚书令、中书令、侍中皆为宰相,此外又以它官加"同平章事"衔充宰相之任;也有人认为北宋前期三省长官头衔从来只是"序进之位",不预朝政,唯有同平章事才是标志宰相身份的正式职衔……众说纷纭。1985 年,陈振先生发表《关于北宋前期的宰相制度》,对此作了系统的梳理与辨析。因为关涉"大敕系衔"与使相制度,这里对陈振先生的观点稍加补充阐发。

文章中,陈振先生对唐至北宋前期的宰相制度有一个通盘的考察。其演变轨迹大致如下:1. 唐初以三省长官为宰相;2. 唐高宗以后,实际只以两省长官侍中、中书令为宰相,此外又以他官带同平章事等头衔,充任宰相之位,尚书省官员尚书令、仆射则被排除出列;3. 五代沿袭唐高宗以来的制度,但由于两省长官位高罕除,绝大多数情况下宰相只是带同平章事衔——中书令后来升在侍中之上,五代时期以侍中拜相者才有六人,而中书令拜相者仅三位;4. 降及北宋前期,一百二十年间,竟无一人以中书令出任宰相,曾获侍中任命的也只有七人。因此,概括来说,北宋前期实际是以侍中和同平章事为宰相职衔,而以同平章事为主。陈振先生认为,史籍中的种种异说,是因为分别著录唐宋不同时期名义上的制度规定,或者概括各个阶段的实际运作而造成的。①

众说纷纭的原因,除了陈振先生指出的这一点外,笔者以为,北宋前期中央官制与机构设置的叠床架屋也是重要原因。北宋前期的宰相机构为中书门下,简称"中书",但中央官制仍然保留唐代以来三省制度的残存框架,另外还设立着中书、门下、尚书三省。中书门下与三省是两套不同的机构班子,但由于历史原因,彼此之间又有千丝万缕的联系。这种繁复的状态,也是造成北宋前期宰相职衔异说纷呈的原因之一。

不过,在中央机构新旧并存、叠床架屋的背后,唐至北宋的宰相制度实际经历了一个由三省体制到中书门下体制的转变。② 如果仍从三省制的角度来辨析哪些职衔属于北宋前期的宰相衔,难免治丝益棼,但若改换为中书门下体制的视角,即可发现北宋典制之中就有明确规定,一目了然。《宋会

---

① 参见陈振:《关于北宋前期的宰相制度》,《中州学刊》1985 年第 6 期。
② 关于唐代三省体制向中书门下体制的演变过渡,可参看吴宗国主编《盛唐政治制度研究》、刘后滨《唐代中书门下体制研究》等论著。

要辑稿·职官》一之一六引《两朝国史志》记载：

> 中书门下：中书令、侍中、同平章事、参知政事。中书令，国朝罕
> 除。侍中虽常除，亦罕预政事。同平章事是为宰相之职，掌邦国之政
> 令……以丞郎以上至三师为之……参知政事贰宰相，批大政，参庶务，
> 以中书舍人以上至尚书为之。亲王、枢密使、留守、节度使兼中书令、侍
> 中、同平章事者，谓之"使相"，不预政事……

抛开三省观念的固有牵绊，直接研读这段记载，其涵义实际非常明确。中书
门下是北宋前期的宰相机构，"中书门下"之后罗列"中书令、侍中、同平章
事、参知政事"，意味这四种职衔是中书门下官员的头衔，换言之就是正副宰
相：其中，前三个头衔属于宰相，参知政事则是副相。"丞郎以上至三师"、
"中书舍人以上至尚书"则是有资格出任正副宰相的本官条件。其余兼带宰
相头衔、实际不在中书门下任职的"亲王、枢密使、留守、节度使"则为使相。
之所以又说"中书令，国朝罕除。侍中虽常除，亦罕预政事"，是涵括宰相、使
相一并来谈的。北宋前期并无一人以中书令任宰相，使相也极少能带中书
令头衔，故曰"罕除"；曾带侍中头衔的臣僚稍多，但绝大多数都是使相，只有
少数人是宰相，故曰"罕预政事"。表述切当而有条理。

因此，北宋前期的正宰相职衔——使相所带的宰相衔，实际就是中书
令、侍中、同平章事三种。围绕这一结论，还有三点内容值得补充交代。

其一，北宋前期虽然从没有以中书令拜相、入中书门下供职的事例，但
中书令确是制度规定中的宰相职衔。与前引《宋会要辑稿·职官》一之一六
记载类似的表述，又见于《职官》一之六八，称："中书令、侍中及丞郎以上至
三师同中书门下平章事并为正宰相……中书舍人以上至尚书为参知政事，
贰宰相之任也。"此外，北宋前期一次除授实例中的争议也可以印证这一点。
元丰三年（1080），宋神宗对太皇太后曹氏亲属大规模"推恩"，甚至打算除
授曹佾为正中书令。这个计划遭到宰执的反对：

> 吕公著言："正中书令，自宋兴以来未尝除人，况不带节度使，即宰
> 相也，非所以宠外戚。"上曰："此诚阔典，第不如是，不足以称厚恩尔。"
> 公著固争，乃以节度使兼中书令。①

---

① 李焘：《续资治通鉴长编》卷303，元丰三年三月己丑，第7371—7372页。

吕公著明确指出,正除中书令而不带节度使,即为宰相。宋初以来,"祖宗"法度是不以外戚任宰相的。在吕公著的坚持下,曹佾最后只是由原先的昭德节度使、兼侍中,进位为护国节度使、兼中书令,[1]"厚恩"被限制在使相加封的范围之内。由此可见,中书令确实是北宋前期制度规定的宰相职衔之一。

其二,中书令、侍中与同平章事均为宰相职衔,前二者与后者之间不能构成本官与差遣的搭配关系。具体说来,就是北宋前期以侍中任宰相,不会再带同平章事衔。以毕沅《续资治通鉴》为代表,曾有一些学者误认为,宋代以侍中拜相也必带同平章事职衔,否则即非真宰相。对此,陈振先生从北宋前期的除授实例入手,驳正了这种以讹传讹的看法。[2] 这里再从官名涵义的角度补充阐发。

自唐高宗以来,两省长官中书令、侍中就是当然的宰相。其他官员则需加同三品或同平章事之类头衔方可充任宰相之职,其后渐渐固定使用同平章事衔。[3] 同三品全称"同中书门下三品"。唐前期两省长官中书令、侍中为正三品,故其他官员加"同中书门下三品","谓同侍中、中书令也",[4]由此确认宰相身份。唐代宗大历二年(767),将中书令、侍中升为正二品,[5]其后该职衔也相应调整为"同中书门下二品"。不过,唐后期至五代并无一人以"同中书门下二品"结衔拜相,该职衔只在五代、宋初除授使相时使用过。[6]相应地,同平章事全称"同中书门下平章事",意谓虽非两省长官,但可同于两省长官处理政事。吴宗国先生指出,唐高宗以后,除中书令、侍中以外,其他官员都可带同平章事衔出任宰相。[7] 五代至北宋也是如此,如果一位臣僚已经除授中书令或侍中,即意味着他有资格入中书门下治事,若还加"同中书门下平章事",显然重复、累赘。总之,"同平章事"之类职衔是有其实在含义的,并不是完全抽象的代号,官员除授、结衔之际不可能与中书令、侍中并存。

北宋前期,同平章事"以丞郎以上至三师为之",[8]而中书令、侍中头衔

① 李焘:《续资治通鉴长编》卷303,元丰三年三月己丑,第7371页。
② 陈振:《关于北宋前期的宰相制度》,第95—97页。
③ 参见吴宗国主编:《盛唐政治制度研究》,第20—25页。
④ 《新唐书》卷46《百官志一》,北京:中华书局,1975年,第1182页。
⑤ 《旧唐书》卷11《代宗纪》,北京:中华书局,1975年,第288页。
⑥ 《资治通鉴》卷278,后唐明宗长兴四年九月庚寅,北京:中华书局,1956年,第9088页;李焘:《续资治通鉴长编》卷1,建隆元年正月己未、二月乙亥,第7,9页。
⑦ 参见吴宗国主编:《盛唐政治制度研究》,第22页。
⑧ 《宋会要辑稿·职官》1之16引《两朝国史志》。

实际不在这一叙迁序列之中。① 换言之，它们不被用作"同平章事"的寄禄官阶。作为宰相职衔，中书令、侍中并非通常所谓的"本官"，与尚书省六部之类官职不同。

其三，北宋前期制度规定中的宰相职衔不包括尚书令。尚书令不属于中书门下官员，自然也就不是北宋前期的宰相衔。《宋会要辑稿·仪制》三之一六至一七记载：

> 〔景祐五年〕八月，阁门详定合班杂座仪：中书令、侍中、同中书门下平〔章〕事（以上为宰相，或谓之宰臣）、亲王、使相（枢密使、留守、节度、京尹兼中书令、侍中、同中书门下平章事）、尚书令、太师、太尉、太傅、太保、司徒、司空……

材料中官职序列的层次非常清晰，尚书令不在宰相职衔之列，而且使相所带宰相衔也只有中书令、侍中、同平章事三种，不包括尚书令。

《宋会要辑稿·职官》四之五引《神宗正史·职官志》指出，尚书令"国朝以来未尝除。惟亲王元佐、元俨以使相兼领，不与政，不置厅事之所"。北宋前期，楚王元佐、泾王元俨分别于大中祥符七年（1014）、乾兴元年（1022）加尚书令，此外还有相王元偓大中祥符八年（1015）加尚书令，但他们同时都带有兼中书令头衔。② 可见三人确实是"以使相兼领"尚书令，"使相"取决于他们以亲王带中书令衔的身份，而不是说加尚书令之后才成为使相。总之，尚书令与宰相、使相身份都没有直接联系，认为北宋前期"以三省长官为宰相"或"节度使等带三省长官衔为使相"的说法，都失之笼统了。

## 四、"大敕系衔"的由来与终结

北宋前期，使相所带的宰相衔与中书门下的正宰相衔，两者完全一致，

① 李焘：《续资治通鉴长编》卷435，元祐四年十一月庚午小注引《两朝史·职官志》，第10475—10477页；《宋史》卷169《职官志九·群臣叙迁》，第4023—4029页。
② 参见李焘：《续资治通鉴长编》卷83，大中祥符七年十二月辛酉，第1906页；佚名：《宋大诏令集》卷26《亲王一·进拜一》之《皇兄楚王元佐天策上将军兴元牧赐剑履上殿诏书不名制》《皇弟元偓兼尚书令加恩制》《皇叔泾王元俨守太尉尚书令移两镇进封定王加恩赐赞拜不名制》，第135、136页。

是共通的。中书门下官员中书令、侍中、同平章事是为宰相,带上述头衔又另有使职差遣的臣僚即为使相。换言之,使相制度与中书门下宰相制度是密切关联的。而使相列衔于赦牒末尾的做法,也与中书门下体制相始终,紧随着中书门下的形成而出现,到宋神宗元丰改制最终废止。这其中,使相赦尾列衔,又经历了一个从所有赦牒均可列衔到"大赦系衔"的演进过程。

中书令、侍中、同平章事早在唐初已成为宰相职衔,但中书门下体制的成立还要等到玄宗朝,使相的出现也正在这一时期。开元十一年(723),中书令张说奏改政事堂为中书门下,刘后滨认为这标志着中书门下体制的建立。① 此前标识或比拟两省长官身份的中书令、侍中、同三品、同平章事之类就转变为中书门下的职位,也就是中书门下体制下的宰相头衔。与此相应,带上述职衔而又另外充任节度使之类使职,不入中书门下执掌朝政的官员也就成为使相。②

《唐会要》载玄宗时"使相八人",张美华认为,考诸史籍,仅张说、王晙曾带同三品或中书令衔出镇朔方节度,确为使相,其余六人则都有疑问。因此,开元十年(722)大概才是唐代使相最早出现的时间。③ 尽管中书门下、使相各有其制度渊源和演进脉络,绝非携手"横空出世",但这两种制度差不多都在开元十年、十一年左右有了关键性的进展,应该不会是偶然的。

这些兼带中书门下职衔的使相被视同于宰相。他们的上事仪式在中书门下举行,虽然另有差遣,不在朝廷供职,却仍拥有"宰相"之名。唐人通常就以"侍中"、"令公"之类宰相名号称呼他们,同时也尊之为"相国"、"相公"等。④《资治通鉴》卷二四七记载,会昌四年(844)左仆射王起加同平章事,充山南西道节度使,唐武宗谓之曰:"宰相无内外之异,朕有阙失,卿飞表以闻!"⑤周必大也指出"唐使相亦谓之宰相","丞相、相国、宰相三者,在使相皆可称呼"。⑥ 这种称呼方式在宋代仍然一直沿用。

赦牒是中书门下的命令文书,这些官员既为"宰相",自然就有列衔赦尾的资格。笔者目前所见最早的赦牒文书,是唐玄宗天宝八载(749)正月八日

---

① 参见刘后滨:《唐代中书门下体制研究:公文形态·政务运行与制度变迁》,第176—177页。

② 关于唐代"使相"概念及其职衔的梳理,可参看张美华:《唐朝使相研究》,北京师范大学博士学位论文,2004年,第6—17页。

③ 参见张美华:《唐朝使相研究》,第18—23页。

④ 参见张美华:《唐朝使相研究》,第74—75页。

⑤ 司马光:《资治通鉴》卷247,唐武宗会昌四年四月戊寅,第8000页。

⑥ 周必大:《二老堂诗话·辨欧阳公释奠诗》,《丛书集成初编》本。

发出的《修造紫阳观敕牒》。其中，"牒奉敕"、"牒至准敕，故牒"以及中书门下宰相签署等格式特征都保留完整，确凿无疑。① 不过，该敕牒末尾列衔的只有"左散兵部尚书陈希列"、"左仆射兼右相林甫"，并无使相。此时，玄宗朝"使相八人"中，尚有萧嵩、哥舒翰在世。此二人的使相身份颇有疑问，② 即便退一步来看，天宝八载时前者请老赋闲已久，并于是年故去，③后者则尚未带任何宰相头衔。④ 二人确非现任使相，自然无从列衔。

唐代后期的敕牒资料就保存较多了。玄宗时期使相除授极少，安史之乱后，唐廷常常以中书令、侍中、同平章事头衔作为加官，笼络功臣悍将，使相数量也迅速增加。笔者注意到的唐代后期的敕牒中，都有使相列衔。试举较早一例，如圆照《代宗朝赠司空大辨正广智三藏和上表制集》卷一著录了肃宗乾元元年（758）的一份敕牒：

> 中京慈恩、荐福等寺，及东京圣善、长寿、福光等寺，并诸州县舍寺村坊，有旧大遍觉义净、善无畏、流支、宝胜等三藏所将梵夹。
> 右，大兴善寺三藏沙门不空奏：前件梵夹等……望 许所在捡阅收访……天恩允许，请宣付所司。
> 中书门下　牒大兴善寺三藏不空
> 牒奉 敕：宜依请。牒至准 敕，故牒。
> 　乾元元年三月十二日
> 特进、行中书令崔圆
> 特进、行侍中苗晋卿
> 司空、兵部尚书、同平章事李使
> 司徒、尚书左仆射、同平章事郭使⑤

在这一份敕牒中，自"中京慈恩、荐福等寺"至"请宣付所司"，是中书门下所称引的兴善寺僧人不空的奏请；其后则是中书门下向不空下达的敕命批复及官员签署。列衔中，崔圆与苗晋卿是宰相，其后姓氏之下附注"使"字的，

① 参见刘大彬：《茅山志》卷2《诰副墨·唐诏诰·修造紫阳观敕牒》，《正统道藏》第153册"洞真部记传类"，民国十二年上海涵芬楼影印本。
② 参见张美华：《唐朝使相研究》，第21—22页。
③ 《旧唐书》卷99《萧嵩传》，第3095页。
④ 哥舒翰有关履历的考证，可参看张美华：《唐朝使相研究》，第21—22页。
⑤ 圆照编：《代宗朝赠司空大辨正广智三藏和上表制集》卷1《请搜捡天下梵夹修葺翻译制书一首》，收入《大正新修大藏经》第52册，东京：大正一切经刊行会，1927年，第828页。

就是当时的使相。"司空、兵部尚书、同平章事李"为李光弼,"司徒、尚书左仆射、同平章事郭"即郭子仪。① 据《唐会要》记载,肃宗朝也是前后共有使相八人,②但乾元元年三月确实只有郭、李两位,③所有现任使相都与宰相一道列衔于赦牒之末。允准兴善寺僧人不空的提议,下令搜访佛经梵夹,实在算不得什么"大赦"。笔者注意到的唐代后期首尾完整的赦牒文书,主要集中在肃宗至文宗朝。这些赦牒中,无一例外都有使相列衔。由此可知,这一时期使相有资格在所有赦牒末尾列衔,没有什么限制。

使相虽有权列衔于赦尾,实际并不书名签发,即便身在京师,也不能参与相关政务处理的过程。可引唐德宗朝一事为证,德宗继位之初,宰相常衮奏贬中书舍人崔祐甫,《旧唐书》卷一一九记载:

> 初,肃宗时天下事殷,而宰相不减三四员,更直掌事。若休沐各在第,有诏旨出入,非大事不欲历抵诸第,许令直事者一人假署同列之名以进,遂为故事。是时,中书令郭子仪、检校司空平章事朱泚,名是宰臣,当署制敕,至于密勿之议,则莫得闻。时德宗践祚未旬日,居不言之际,衮循旧事,代署二人之名进。贬祐甫敕出,子仪及泚皆表明祐甫不当贬谪,上曰:"向言可谪,今言非罪,何也?"二人皆奏实未尝有可谪之言,德宗大骇,谓衮诬罔。④

此事发生之际,郭子仪头衔有司徒、中书令领河中尹、灵州大都督、朔方节度使等,⑤朱泚为卢龙节度使兼陇右节度使、知河西泽潞行营、同平章事,⑥"名是宰臣",实则使相,"皆不预朝政"。⑦ 贬逐崔祐甫,需宰相奏请皇帝批准,然后签发制敕施行。名义上,郭、朱二人是要参与其中的,实际则完全置身事外,既无权预闻"密勿之议",也不能签署颁行命令:虽列名于宰臣章奏,却是常衮"代署二人之名进";虽"以平章事当署敕尾",却"不行宰相事"。⑧以至"贬祐甫敕出",方才知晓此事,站出来表示不同意见。由此可见,唐代

---

① 《旧唐书》卷110《李光弼传》,第3305页;卷120《郭子仪传》,第3450—3452页。
② 《唐会要》卷1《帝号上》,上海:上海古籍出版社,2006年,第8页。
③ 可参见张美华:《唐朝使相总表》,《唐朝使相研究》,第89—113页。
④ 《旧唐书》卷119《崔祐甫传》,第3439—3440页。
⑤ 《资治通鉴》卷225,唐代宗大历十四年闰五月甲申,第7259页。
⑥ 《资治通鉴》卷225,唐代宗大历十一年八月丙寅、十二年十二月庚子,第7238、7249页。
⑦ 《资治通鉴》卷225,唐代宗大历十四年闰五月壬申,第7257页。
⑧ 《新唐书》卷142《崔祐甫传》,第4667页。

的使相已经就是宋代那样，"不预政事"，"敕尾存其衔而已"了。李焘所谓使相"唐制皆署敕。五代以来，不预政事"①的说法，表述含混，易生误解。

唐宋使相敕尾列衔制度的主要差异，其实就只在是否局限于"大敕"这一点。史阙有间，已难以找到这一变化发生的具体时间。但从文献记载来看，一直到唐代末年仍有使相列衔普通敕牒末尾的实例。

如叶梦得《石林避暑录话》提到：

> 〔宜兴〕善权洞有咸通八年昭义军节度使李蠙赎寺碑，盖尝废于会昌中，蠙以己俸赎之……惟碑先载蠙奏状，后具敕书云：中书门下牒，牒奉敕云云，宜依所奏，仍令浙西观察使速准此处分，牒至准敕，故牒……敕后列平章事十人……②

据叶梦得描述，善权洞"李蠙赎寺碑"上刻的显然是咸通八年（867）的一份敕牒。《石林避暑录话》还对"平章事十人"的名衔作了记述和考证。在叶梦得考述的基础上，钱大昕进一步订正指出十人的确切姓名与身份，其中路岩、曹确、徐商三人为"见任宰相"，其余"若杜悰、令狐绹、夏侯孜、杜审权、崔慎由、张允伸、韦宙，皆使相也"。③ 这是唐懿宗朝的例证。

又如洪迈《容斋三笔》卷一五记载：

> 唐世符帖文书，今存者亦少，隆兴府城内总持寺有一碑……第三纸光启三年十一月中书门下牒江西观察使。其后列衔者二十四人，曰中书侍郎兼兵部尚书平章事杜孙能，门下侍郎兼吏部尚书平章事孔纬，此后检校左仆射一人，检校司空二人，检校司徒八人，检校太保三人，检校太傅一人，检校太尉三人，检校太师一人，皆带平章事著姓，太保兼侍中昭度不书韦字，检校太师兼侍中一人，太师兼中书令一人，皆不著姓，舍杜、孔、韦三正相之外，余皆小书使字，盖使相也。④

这是唐僖宗朝的例证。以上两则材料中记述的敕牒，无论是"昭义军节度使

---

① 李焘：《续资治通鉴长编》卷17，开宝九年二月庚戌，第364—365页。
② 叶梦得：《石林避暑录话》卷1，涵芬楼旧版，上海书店影印，1990年，叶11。
③ 钱大昕：《潜研堂集·文集》卷30《题跋四·跋避暑录话》，吕友仁标校，上海：上海古籍出版社，1989年，第539—540页。
④ 洪迈：《容斋随笔·三笔》卷15《总持寺唐敕牒》，第609页。

李蟾赎寺",还是"中书门下牒江西观察使",显然都不能与"宣制除授"级别的"大赦"相提并论。总之,直到唐朝末年使相仍能在各种普通赦牒末尾列衔,而不仅限于"大赦"。

这种情况到北宋前期就完全不同了。笔者掌握的宋代赦牒文书中,尚未发现有使相列衔的例子。不难理解,这是由于"大赦系衔"制度造成的。使相仅能列衔于"大赦",而"大赦"相对稀少,若非机缘巧合是很难有孑遗传世的。由前引后唐天成四年(929)赦令,所谓"朝廷每有将相恩命,准往例,诸道节度使带平章事、兼侍中、中书令,并列衔于赦牒后"云云,①可知此时"大赦系衔"制度已然形成。考虑到"准往例"的提法,制度渊源或许还可以上溯后梁,甚至唐末昭宗、哀帝两朝。因此,变化调整就发生在光启三年(887)与天成四年间的四十年中。

唐末五代之际,由于政局更加动荡,功臣悍将带宰相名衔者陡然增多。这里大体可以参考《唐会要》《五代会要》记载的人数:唐懿宗以前,除代宗、德宗朝历时较久、变乱颇多,前后除授使相约二十人以外,其余各朝多不过十人上下;而僖宗在位十五年,使相人数多达六十,是其所任宰相的近三倍;昭宗在位十六年,使相亦有三十九人,远过其所任宰相人数;哀帝在位仅三年,任命宰相六人,而使相则有十三人;后梁太祖、末帝及后唐庄宗、明宗在位时间都很短,最多不过十年,每朝使相人数却都在三十左右,是其所用宰相的数倍。②

使相赦尾列衔范围收缩、"大赦系衔"制度确立,就是在使相员额剧增的沉重压力下形成的。使相不同于宰相,它主要标志一种身份,而宰相则是职位。就《唐会要》记载的数字来说,僖宗朝宰相二十三人、使相六十人。但这二十三位宰相是先后就职的,不会同时在位;而使相,除非死亡或任免会造成一些出入外,他们几乎都是同时并存的。维持使相列衔赦尾的待遇而不加任何限制的话,就会造成类似《容斋三笔》所记光启三年赦牒的极端状态:赦尾列衔二十四人,其中仅三位宰相是文书签发者,其余二十一人都只是存其虚名,与实际政务运行无关。这种状况徒然浪费资源,加重文书工作负担,影响行政效率。在制度典故与政治现实之间斟酌裁定,于是就有了"大赦系衔"这样一种折中方案。

---

① 王溥:《五代会要》卷13《中书门下》,第215页。
② 《唐会要》卷1《帝号上》、卷2《帝号下》,第6—18页;王溥:《五代会要》卷1《帝号》,第1—4页。

以上是北宋前期"大敕系衔"制度的由来。绵延至宋神宗元丰时期,整理职衔制度,改革中枢体制,"大敕系衔"最终画上了句号。先是元丰三年(1080)"以阶易官",用新制定的寄禄官阶替换原先的本官,宋廷下诏:"开府仪同三司为使相,不系大敕衔……"①从此,开府仪同三司成为使相身份的标志,一直沿袭至南宋。与此同时,使相也不再列衔于敕尾。其后,元丰五年(1082)重建三省六部,中书门下制度结束。三省之中,中书负责取旨拟令,门下审覆驳正,尚书颁行命令。于是敕牒等原先中书门下的命令文书交由尚书省统一签发行出,此后这些文书末尾就只有尚书省官员的名衔和签押了。《文献通考·职官考十三》总结说:"旧制,敕出中书门下,故事之大者使相系衔。至是,皆南省奉行,则开府不预矣。"②

"大敕系衔"与唐五代以来的中书门下体制、使职差遣制度以及三省六部本官与职事剥离的状态息息相关。元丰改制致力于"以阶易官"、三省六部"官复原职","大敕系衔"的废止自然是顺理成章的事。不过,新制仍然保留使相,如何"以阶易官"也是颇为考究的。这里补充两个细节。

其一,使相如何易官为阶。宋代文献中有元丰改制"以开府仪同三司易使相"的说法,实际上新制并没有废除节度使职衔,这种说法至少是不准确的。元丰以后,节度使带开府仪同三司衔,方为使相。由此,马端临怀疑,严格说来或许应该是"开府仪同三司特专以易三省长官(尚书令、中书令、侍中),而于使相、节度使无预"。他引用张演《职官记》③作为依据,指出:张演《职官记》记述元丰官制,在寄禄官阶之下标注改制前的旧官,"于开府仪同三司之下,只注旧官云中书令、侍中、同中书门下平章,而不言使相"。马端临认为,张演的说法"虽与《史志》不合,似为得之"。④

马端临的怀疑是有道理的,张演的说法也并非无据。《续资治通鉴长编》卷三〇八就记载,元丰三年(1080)九月:

> 详定官制所上《以阶易官寄禄新格》:"中书令、侍中、同平章事为开府仪同三司,左、右仆射为特进,吏部尚书为金紫光禄大夫……"

① 李焘:《续资治通鉴长编》卷308,元丰三年九月丙子,第7484页。
② 马端临:《文献通考》卷59《职官考十三·节度使》,第1772页。
③ 《职官记》大概已不存。张演,赵希弁《读书附志》、陈振孙《直斋书录解题》作"张缜"。参见晁公武:《郡斋读书志校证》,孙猛校证,上海:上海古籍出版社,1990年,第1232页;陈振孙:《直斋书录解题》卷6《职官类》,徐小蛮、顾美华点校,上海:上海古籍出版社,1987年,第179页。
④ 参见马端临:《文献通考》卷64《职官考十八·文散官·开府仪同三司》,第1923页。

（略）并从之。①

可见，改制时臣僚议定的《以阶易官寄禄新格》中，本就是以开府仪同三司替换中书令、侍中、同平章事职衔。所谓"开府仪同三司为使相"，只是一种宽泛的提法，同时可能也是强调开府仪同三司替换的是使相所带的中书令、侍中、同平章事衔，而非中书门下宰相的职衔。严格说来，马端临质疑中泛泛提到的"开府仪同三司特专以易三省长官"，也不够准确。因为尚书令不在其替换之列，开府仪同三司替换的是中书门下体制下使相拥有的宰相头衔——中书令、侍中、同平章事。

其二，开府仪同三司是颇为特殊的寄禄官阶。一般认为，开府仪同三司是元丰改制后文臣寄禄官的最高阶，文献记载与今人论著很多都支持这一看法，②但实际情况要更复杂一些，它至少有两重属性。

首先——也是最重要的，元丰以后的开府仪同三司是使相的标志性头衔，不是普通的寄禄官阶。唐五代以至北宋前期的使相本没有文武之别，既有文官，也有武臣，元丰改制以后依然如此。显然，将开府仪同三司仅仅看作文臣寄禄官阶是不确切的。不止如此，与一般寄禄官阶不同，开府仪同三司也不是逐级叙迁必定经过的阶次。这一点与北宋前期的中书令、侍中、同平章事衔也是一致的，北宋前期文臣本官阶的升迁序列中并没有这三个职衔。迁转至六部尚书、左右仆射的官员只能升入东宫三太三少、三公和三师序列。③ 开府仪同三司同样如此，有一则典型事例值得提出并稍作讨论。李心传《建炎以来系年要录》卷四七记载：

〔绍兴元年九月〕癸丑，镇南军节度使、开府仪同三司吕颐浩拜少保、尚书左仆射、同中书门下平章事、兼知枢密院事。颐浩引故事，辞所迁官，乃以特进就职。④

这是南宋初年吕颐浩再度拜相时的情况。吕颐浩原为使相，带节度使与开

① 李焘：《续资治通鉴长编》卷308，元丰三年九月乙亥，第7482—7483页。
② 《宋史》卷169《职官志九》，第4051—4054页；龚延明：《宋代官制辞典》，北京：中华书局，1997年，第568页。
③ 《宋史》卷169《职官志九》，第4023—4028页。
④ 李心传：《建炎以来系年要录》卷47，绍兴元年九月癸丑，胡坤点校，北京：中华书局，2013年，第991页。

府仪同三司衔,此时拜相迁为少保。吕颐浩上章辞免少保衔,遂带特进就任宰相。按照一般理解,特进是低于开府仪同三司一等的文臣寄禄官阶。臣僚进拜宰相,寄禄官不仅不能升迁或维持,反而贬降,这不符合宋代制度运作的常规。出现这种除授实例,是因为开府仪同三司职衔不能与宰相身份兼容。事实也是如此,元丰以后没有一位现任宰相寄禄官为开府仪同三司的例子。并且,开府仪同三司也不是一般意义上的寄禄官,不适用依次叙迁的一般规则。正因为如此,宋代文献中也常可见到不把开府仪同三司算作寄禄官阶的提法,如《元祐令》"开府仪同三司为使相,特进至承务为寄禄官"等等。① 总之,元丰以后的开府仪同三司衔实际主要用作使相的标志性头衔。

　　值得一提的是,宋廷以开府仪同三司用作使相的标志性头衔,还是非常考究的。因为"开府仪同三司",本意就带有比拟于宰相待遇的涵义,故徐度《南窗记谈》赞道"元丰官制既罢同平章事,遂以节度使加开府为使相,正合创名之意"。② 联系前文述及"同平章事"的涵义及其不能与中书令、侍中兼容的特性,可见,即便某些职衔的名义与实权已经有了相当程度的剥离,甚至可能沦为"寓禄秩、叙位著"的阶次了,其名称依然不能简单视为不具备实质意义的抽象符号。对于"正名"、"循名责实"的追求,是中国古代政治制度设计、调整、改革的推动力之一,同时也是中国传统制度文明的重要特色。

　　除了用作使相头衔以外,元丰以后的开府仪同三司还常常用作赠官。《南窗记谈》指出,开府仪同三司"文臣寄禄官亦存之,然无生为之者,惟以为赠"。③ 用作赠官的属性,与元丰改制以前的中书令、侍中,也是一脉相承。

　　总之,开府仪同三司是由北宋前期的使相头衔中书令、侍中、同平章事折换而来,后者附着的许多属性都原封未动地延续到了元丰以后。

# 结　语

　　本文着重阐释了北宋前期的"大敕系衔"制度。所谓"大敕系衔",就是

① 孙逢吉：《职官分纪》卷49《文散官》,景印文渊阁《四库全书》本。
② 徐度：《南窗记谈》,景印文渊阁《四库全书》本。参见朱弁：《曲洧旧闻》卷10《使相》,孔凡礼点校,北京：中华书局,2002年,第223页。《南窗记谈》作者为徐度,参见《曲洧旧闻·点校说明》,第65页。
③ 徐度：《南窗记谈》;又见朱弁：《曲洧旧闻》卷10《使相》,第223页。

朝廷颁布重大命令时,使相有权列衔于敕尾的制度。这是对于使相的一种优待,其制度依据来自使相所带有的"宰相"身份。"大敕系衔"制度渊源于唐代,至宋神宗元丰改制最终废止。应该说,"大敕系衔"不算是一项重要的制度,在政治生活中也没有太多实质意义。但是,它与中书门下体制相始终,又紧密关联着唐宋时期职事官与使职差遣从分离到整合的历史过程。围绕这一小小的制度安排,可牵涉出唐至北宋前期官僚体制中的一些重大问题。在目前研究的基础上,仍能从中寻找到许多有意思的议题再作进一步探讨。

附识:本文原刊《首都师范大学学报(社会科学版)》2015年第6期,文字详略稍有不同。

# 论北宋时期的"入阁仪"

李芳瑶

## 一、北宋对"入阁仪"的讨论

北宋从宋太祖开始到宋神宗熙宁三年(1070),不定期地举行一项被称为"入阁仪"的朝会仪式,即皇帝于月朔(初一)在前殿会见文武百官,并有相应的仪仗和仪式过程。[①] 北宋神宗之前,皇帝只在"入阁"时坐文德殿视事,除此以外,文德殿无视朝之仪。结合另一前殿大庆殿亦只在登基、册封、元日庆典等大型典礼使用的情况,可以认为,"入阁仪"是前殿朝会仪式中使用较为频繁的重要仪式。

北宋皇帝对"入阁仪"的重视引起了朝野士人对该仪式的讨论。他们在"入阁仪"的制度来源、沿革变迁、应该如何在本朝施行等诸多问题上产生了争论和分歧。各种对"入阁仪"制度来源的解释中,对后世影响较大的是欧阳修在《新五代史·李琪传》中的论述:

> 然唐故事,天子日御殿见群臣,曰常参;朔望荐食诸陵寝,有思慕之心,不能临前殿,则御便殿见群臣,曰入阁。宣政,前殿也,谓之衙,衙有仗。紫宸,便殿也,谓之阁。其不御前殿而御紫宸也,乃自正衙唤仗,由阁门而入。百官俟朝于衙者,因随以入见,故谓之入阁。然衙,朝也,其礼尊;阁,宴见也,其事杀。自乾符已后,因乱礼阙,天子不能日见群臣而见朔望,故正衙常日废仗,而朔望入阁有仗,其后习见,遂以入阁为重。[②]

---

[①] 对于北宋"入阁仪"过程,可参考朱瑞熙:《中国政治制度通史·宋代卷》第3章第1节(一)"皇帝坐殿视朝听政"部分,北京:人民出版社,1996年,第101—102页。

[②] 《新五代史》卷54,北京:中华书局,1974年,第618页。讨论唐宋"入阁"的研究多引此段文字说明,如上引朱瑞熙《中国政治制度通史·宋代卷》第3章第1节(一)"皇帝坐殿视朝听政",还有贺忠、金程宇:《唐代入阁礼仪考索》,《中华文化论坛》2007年第4期,第41—46页。

欧阳修认为,"常参"与"入阁"都是唐代皇帝朝见群臣的制度,两者在时间、空间和频率上有所区别。"常参"是皇帝常日视朝的制度,地点是正衙宣政殿;"入阁"是皇帝朔望日不能临前殿时,权宜于便殿紫宸殿视朝的制度。紫宸殿被称为"阁",入紫宸殿便称为"入阁"。唐朝后期礼阙乐乱,正衙"常参"难以维持,反而是"入阁"坚持下来,成为朝廷重礼,并延续到后来的王朝。除此以外,欧阳修还根据紫宸殿的位置给"入阁"下了"宴见"和"事杀"的判断。

宋太宗时右谏议大夫张洎曾经参与撰定《入阁仪注》,他的观点与欧阳修不同。淳化二年(991)十二月,张洎上奏太宗曰:

> 窃以今之乾元殿,即唐之含元殿也,在周为外朝,在唐为大朝,冬至、元日,立全仗,朝万国,在此殿也。今之文德殿,即唐之宣政殿也,在周为中朝,在汉为前殿,在唐为正衙,凡朔望起居及册拜妃后、皇子、王公、大臣,对四夷君长,试制策举人,在此殿也。今之崇德殿,即唐之紫宸殿也,在周为内朝,在汉为宣室,在唐为上阁,即只日常朝之殿也。……前代谓之入阁仪者,盖只日御紫宸上阁之时,先于宣政殿前立黄麾金吾仗,俟勘契毕,唤仗即自东、西阁门入,故谓之入阁。①

张洎将北宋宫城各殿比拟唐代宫城,列举了它们的空间职能。其中唐代的紫宸殿被称为"上阁",入紫宸殿即"入阁",这是张洎与欧阳修的观点共同之处。但是,在皇帝日常的朝会制度中,并没有另外一种在宣政殿召见群臣的制度,即欧阳修所谓的"常参"与"入阁"相对,紫宸殿就是唐制规定的皇帝日常视朝的场所,"只日常朝之殿也",这是两人观点的不同之处。

宋仁宗朝的参知政事宋庠对唐代"入阁"的理解与张洎相似。宝元二年(1039)十二月,宋仁宗询问"入阁"故事,宋庠回答:

> 夫"入阁"者,是唐家只日于紫宸殿受常朝之仪也。……(大明宫)又对北第三殿曰紫宸,谓之上阁,亦曰内衙,只日常朝则御之。……乃知唐家每遇坐朝之日,即与(为)入阁。而叔世杂乱,五朝草创,大昕之

---

① 李焘:《续资治通鉴长编》卷32,北京:中华书局,2004年,第725—726页。

制，更从易简，立衡立仗，因而遂废。其后或有行者，常人之所罕见，乃复谓之盛礼，甚不然也。今之相传《入阁图》者，是官司记常朝之制，如阁门有仪制敕、阁班杂坐〔图〕之类，何是（足）为希阔之事哉！况唐开元旧礼本无此制，至开宝中诸儒增附杂礼，始载月朔入阁之仪，又以文德殿为上阁，差舛尤甚。①

宋庠关于"入阁"制度来源的理解与张洎相同，即"入阁"是唐代皇帝常日视朝的制度。对于北宋"入阁"差谬的原因，他较张洎有进一步的讨论。他认为唐代常朝仪仗在五代时期被简略或者废止，其间偶有举行者，因"常人之所罕见，乃复谓之盛礼"。因此唐朝颁布的《大唐开元礼》中没有相关记载，现今《入阁仪注》是在北宋开宝之后才增附入仪注中。但是他关于"入阁"在唐之后"常人之所罕见，乃复谓之盛礼，甚不然也"的判断与欧阳修的论断亦有相似之处。

## 二、从"入阁"到"入阁仪"

若要判断欧阳修、张洎与宋庠的观点孰对孰错，必须参考唐史的研究成果。唐代"入阁"的原意与唐代宫城的空间布局紧密相关。唐代都城长安的宫城有东内大明宫、西内太极宫之分，②唐中后期，大明宫成为主要使用的宫城。太极宫和大明宫的主要宫殿建筑均自南而北呈三进分布，太极宫为承天门、太极殿、两仪殿（图一），大明宫为含元殿、宣政殿、紫宸殿（图二）。这种设置可能效仿了《周礼》外、中、内三朝的布局。③ 其中被认为是"中朝"的太极宫太极殿和大明宫宣政殿两侧有东西上阁门，④经由东西上阁门，则进入了被认为是"内朝"的两仪殿和紫宸殿。

---

① 《宋会要辑稿·仪制》1 之 27，北京：中华书局，1957 年，第 46 册，第 1854 页。"即与（为）入阁"、"如阁门有仪制敕、阁班杂坐〔图〕之类，何是〔足〕为希阔之事哉"句，据《续资治通鉴长编》卷 125 校改。
② 唐玄宗曾以兴庆宫为"南内"，"南内"在整个唐朝的使用时间较短。
③ 隋唐宫城对《周礼》中宫城"三朝"的有意模仿，可参考郭湖生：《魏晋南北朝至隋唐宫室制度沿革——兼论日本平城京的宫室制度》，载山田庆儿、田中淡编：《中国古代科学史论（续篇）》，京都：京都大学人文科学研究所，1991 年，第 763—764 页；杨宽：《中国古代都城制度史研究》，上海：上海古籍出版社，1993 年，第 171 页。
④ 相比大明宫，关于太极宫东西上阁门的记载较少，相关讨论可参考辛德勇：《隋唐两京丛考》"太极宫东西上阁门位置"，西安：三秦出版社，2006 年，第 104—106 页。

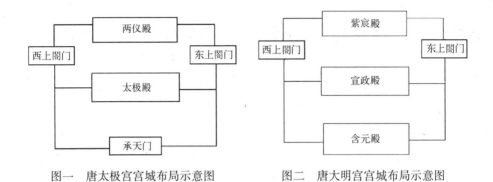

图一　唐太极宫宫城布局示意图　　　图二　唐大明宫宫城布局示意图

《唐六典》中记载东内、西内的三层空间分别承担不同的仪式职能,其中太极宫的两仪殿是皇帝常日视朝的场所。《唐六典》卷七"工部郎中、员外郎"条曰:

> 两仪门,其内曰两仪殿,常日听政而视事焉。(盖古之内朝也。)①

《唐六典》没有记载大明宫常日听政视朝的处所,由此引起学者的分歧。有的学者认为宣政殿是常朝的所在,②但是大部分研究者都认为内朝的正殿是皇帝常朝的固定场所。③ 通过松本保宣、杨希义等人对唐代常朝制度的讨论,基本可以理清常朝地点的变化和"入阁"在唐代朝会制度中的语义。其发展脉络是,大约在唐太宗时期开始了五品以上常参官于内朝正殿朝见皇帝的制度,当时的地点是太极宫的两仪殿。④ 皇帝移居到大明宫后,常朝地点也改为紫宸殿。"阁"的本义是区别于正门的小门或

---

① 李林甫等撰:《唐六典》,陈仲夫点校,北京:中华书局,1992年,第217页。括号内为小注,下同。

② 参考张国刚:《唐代官制》,西安:三秦出版社,1987年,第14—15页;吉田歡:《隋唐長安宫城中樞部の成立過程》,《古代文化》第49卷第1号,1997年,第1—18页,以及《隋唐長安宫城中樞部の展開過程》,《古代文化》第50卷第4号,1998年,第19—30页。两文皆收入吉田歡《日中宫城の比較研究》,东京:吉川弘文馆,2002年。

③ 参考渡邊信一郎:《天宫の玉座》第1章"隋唐の朝政"部分,东京:柏书房,1996年,第93页;古瀨奈津子:《宫の構造と政務運營法》,《史學雜誌》第93编第7号,1984年,第1—38页,收入《日本古代王權と儀式》,东京:吉川弘文馆,1998年;松本保宣:《唐王朝の宫城と御前會議——唐代聽政制度の展開》第2部第3章《唐代常朝制度試論》,京都:晃洋书房,2006年,第248—282页。

④ 参考松本保宣:《唐代前半期の常朝——太極宫を中心として》,《東洋史研究》第65卷第2号,2006年,第70—106页;杨希义:《唐代君臣朝参制度初探》,《唐史论丛》第10辑,西安:陕西师范大学出版社,2008年,第70页。

侧门，①唐代的"阁门"并不专指"东西上阁门"，所有通往内朝空间的门都有
"阁门"之称。因此，"入阁"在唐代的基本含义是从宫城的外朝（或中朝）进
入内朝空间。由于皇帝常日于内殿视朝成为制度的规定，"入阁"便与日常
的朝参制度即常朝联系在一起，随着唐中后期常朝固定于大明宫紫宸殿，
"入阁"往往指代紫宸殿视朝。唐朝皇帝除了在紫宸殿听政外，还常常与宰
相等近臣在便殿延英殿商议朝政，逐渐形成"延英召对"的固定制度。② 常
朝仪仗虽非盛礼，毕竟包含了繁复的仪式，不符合日常听政的便利性，唐代
后半期，"延英召对"逐渐取代紫宸常朝，成为日常的听政制度，与之相伴，
"紫宸入阁"实行的频率虽然减少了，地位却日渐提高。松元保宣认为"入
阁只不过是在三朝正殿之中最里头的御殿举行的最高频率的常朝仪礼"，却
由于不常举行"成了百官仰望皇帝尊颜的特殊的日子"。③ 因此，欧阳修、张
洎和宋庠的"入阁"的论述实际上分别截取了"入阁"在唐朝发展中的不同
意义。张洎和宋庠所云的确是唐中后期"入阁"的情况，但是欧阳修也并非
完全错误，他关于"紫宸便殿也，谓之阁"，和"衙，朝也，其礼尊；阁，宴见也，
其事杀"的概括也在一定程度上吻合唐前期常朝制度尚未完全建立之前的
情况。

　　以上学者对于五代时期的"入阁"没有进一步讨论，笔者认为这一时期
却是"入阁"变为"入阁仪"的关键时期，下文具体对此探讨。

　　正如宋庠所言，常朝仪仗并非特殊隆重的朝会仪式，不纳入唐朝"吉凶
军宾嘉"的五礼系统中，因此《唐六典》《唐会要》和《大唐开元礼》等典制文
献中都没有名为"入阁仪"的朝会仪注。但是从唐后期至五代时期，"入阁"
一词渐渐脱离皇帝日常朝见大臣的语境涵义，变为一种特殊仪仗的代称，最
后完全失去君臣议政的内涵，发展成为独立的仪式。唐朝末年，唐昭宗在朱
温的胁迫下迁都洛阳，洛阳宫城中仍然坚持"入阁"。《旧唐书·哀帝本纪》
记载：

---

① 杨希义《唐代君臣朝参制度初探》引明代谢肇淛《五杂俎》卷 3《地部》一和清代顾炎武《日
　知录》卷 24《阁下》所作的考辨，第 71—72 页。吴羽《唐宋宫城的东、西上阁门与入阁仪》
　一文从唐代宫城中"阁门"的来源和设置谈起，讨论了与唐宋"阁门"相关的材料，并涉及
　"入阁仪"的沿革和消失等诸多问题，见《唐宋都城礼仪空间专题研究》，武汉大学博士后出
　站报告，2015 年，第 4—29 页。
② 关于"延英召对"的研究，参考松本保宣：《唐王朝の宫城と御前會議——唐代聽政制度の
　展開》一书中第 1 部第 1 章《唐代後半期における延英殿の機能》，第 21—69 页。
③ 松元保宣：《唐代朝参和"宣不坐"之仪》，张金龙主编：《黎虎教授古稀纪念——中国古代
　史论丛》，北京：世界知识出版社，2006 年，第 415—423 页。

（天佑三年〔906〕六月）敕:"文武百僚每月一度入阁于贞观殿。贞
观大殿,朝廷正衙,遇正至之辰,受群臣朝贺。比来视朔,未正规仪,今
后于崇勋殿入阁。付所司。"①

此时的"入阁"已经不具有皇帝与朝臣商议朝政的职能,而变为百官参拜皇
帝的仪式。据清人徐松《唐两京城坊考》卷五记载,洛阳宫正殿为含元殿,含
元殿东西有上阁门,含元殿北有贞观殿。② 根据阁门的设置,贞观殿更适合
作为"入阁"的地点。诏令却以"未正规仪"为由,改于便殿崇勋殿"入阁"。
诏令中的解释是贞观殿是为朝廷正衙的地位,不适合作为"入阁"的场所。
但是考虑到唐朝的中央政局已经控制于朱温之手,在便殿"入阁"的安排亦
有可能出于贬抑皇权的意图。无论如何,在唐末礼崩乐坏的政治形势下,末
代皇朝仍然坚持举行"入阁",可见这项仪式活动的特殊性。

或许是对唐朝制度的有意继承,"入阁"在五代的朝会仪式系统中具有
特殊的地位。《五代会要》卷五"朔望朝参"记载,后梁开平元年(907)十月,
中书门下奏上"每月初入阁,望日延英听政,永为例程",朱温诏可。③ 乾化
元年(911)"二月丙辰朔,帝御文明殿,群臣入阁",④文明殿即唐洛阳宫贞观
殿,"入阁"即"入阁"。后唐时期,李唐旧臣李琪帮助明宗恢复朝会仪式时
尤其强调"入阁",《新五代史·李琪传》记载:

> 明宗初即位,乃诏群臣,五日一随宰相入见内殿,谓之起居。琪以谓
> 非唐故事,请罢五日起居,而复朔望入阁。明宗曰:"五日起居,吾思所以
> 数见群臣也,不可罢。而朔望入阁可复。"……琪又建言:"入阁有待制、次
> 对官论事,而内殿起居,一见而退,欲有言者,无由自陈,非所以数见群臣之
> 意也。"明宗乃诏起居日有言事者,许出行自陈。又诏百官以次转对。⑤

李琪"少举进士,博学宏词,累迁殿中侍御史",⑥殿中侍御史负责在朝会仪
式中导引文武朝班。⑦ 他帮助后唐明宗重建朝会仪班制度时,为了继承唐

① 《旧唐书》卷20下,北京:中华书局,1975年,第807页。
② 徐松辑,张穆校补:《唐两京城坊考》,北京:中华书局,1985年,第133页。
③ 王溥撰:《五代会要》卷5"朔望朝参",上海:上海古籍出版社,2006年,第86页。
④ 《旧五代史》卷6《梁书》,北京:中华书局,1976年,第94页。
⑤ 《新五代史》卷54,第617—618页。
⑥ 《新五代史》卷54,第616页。
⑦ 《唐六典》卷13载:"殿中侍御史掌殿廷供奉之仪式。每朝,与侍御史随仗入。"第272页。

的正统，是否符合"唐故事"是他所要强调的。从他所述的"入阁"包括"待制、次对官论事"等内容看，他似乎想真正恢复唐代常朝制度的议政内涵，而明宗对"朔望入阁"的理解主要停留在仪式层面。经过妥协所建立的后唐朝会制度为后晋、后周继承，天福元年（936），后晋高祖诏"国朝文物制度，起居、入阁，宜依唐明宗朝事例施行"，①而"入阁"在其中仍然具有特殊的地位，得到不断的强调。后周世宗显德二年（955）四月，"帝御崇元殿，文武百官入阁，仪仗如仪"。② 崇元殿是皇帝受朝、上尊号等最高朝会仪式的所在，可见五代时期"入阁"地位之重。

为什么在唐王朝崩溃以后，在五代各朝新的宫城空间中，"入阁"不仅没有因为物理空间（阁门）的不复存在而消失，反而得到五代皇帝的重视特令实施？对于这个问题，或许来自非中原政治文化的统治者能提供一些讯息。后晋天福十二年（947），耶律德光攻入后晋首都汴梁，在崇元殿接受百官朝贺，二月丁巳朔，"具汉法服，御崇元殿受朝，制改晋国为大辽国"，是为辽太宗。③《新五代史·四夷附录》记载：

> 三月丙戌朔，德光服靴、袍，御崇元殿，百官入阁，德光大悦，顾其左右曰："汉家仪物，其盛如此，我得于此殿坐，岂非真天子邪！"④

《旧五代史》记载此事为三月丙戌朔"契丹主坐崇元殿行入阁之礼"，⑤所以"百官入阁"指的就是"入阁之仪"。辽太宗在二月即位为帝时，是以汉家王朝的舆服礼制受朝的，应该已经初步领略了中原王朝皇帝的朝会仪式。《新五代史》中则进一步强调，辽太宗在经历了"入阁"中的盛大和隆重之后，才真正感受到汉家天子的庄严和威仪，由此可见"入阁"仪式在当时皇帝仪式系统中的重要性和特殊性。考虑到此条材料的孤例和写作方式的夸张之处，《新五代史》此处的记载可能需要更为谨慎地对待。但是，可以确定的、仅存的五代时期的相关记载已经足够体现出当时语境中的"入阁"与唐代"入阁"的不同，"入阁"所涵盖的日常听政的内容已经不存，而变成了皇帝会见文武百官的朝会仪式。

---

① 《旧五代史》卷76《晋书》，第994页。
② 《册府元龟》卷108"帝王部·朝会第二"，周勋初等校订，南京：凤凰出版社，2006年，第1182页。
③ 《旧五代史》卷99，第1324页。
④ 《新五代史》卷72，第898页。
⑤ 《旧五代史》卷99，第1326页。

　　"入阁仪"的制定者和施行者追求的都是对唐朝政治正统的继承，这一点很容易理解。但是，为什么"入阁"作为常朝仪式却在众多唐代朝会仪式中脱颖而出，在礼阙乐乱的五代各朝都得以施行？原因可能在于，唐末皇权式微和政局不稳，多数隆重正式的朝会仪式暂停举行，五代的战乱和社会动荡中，朝会仪注进一步散乱遗失。并非"嘉礼"之一的"入阁"却得以较为持续性地举行，于是唐代常朝仪式的步骤和过程也得以保存。北宋时期的文献记载中，频频提到"入阁仪"实行的文献基础——《入阁图》。淳化二年（991）十一月，宋太宗诏"史馆修撰杨徽之、张洎与有司取旧图校定仪注以闻"；①大中祥符七年（1014）四月，宋真宗"令有司依新定仪制，重画《入阁图》，有唐朝职官悉改之"；②上文所引宋庠奏议提到"今之相传《入阁图》者，是官司记常朝之制"。《入阁图》上标注有唐朝职官，推测可能是唐代常朝时期的朝班图。南宋程大昌撰写《雍录》时，注意到《入阁图》应与唐朝宫城的空间布局紧密相关，于是据《唐六典》绘制了"东内入阁图"和"太极宫入阁图"，③这个理解并不正确。《入阁图》的形成年代难以考据，但是所据底图必然来自唐代。除了《入阁图》以外，五代文献中才出现的"入阁仪"仪注也得到注意。这项仪注见于《五代会要》卷五的记载，④上文已经说过，唐朝没有"入阁仪"之名，此项仪注的形成必在五代时期。《资治通鉴》胡三省注认为此仪注详定于后梁，⑤松元保宣认为详定于后唐。和后梁相比，仿照唐朝重建朝仪制度的后唐君臣更可能是五代时期"入阁仪"仪注的校订者。⑥正是由于"入阁仪"具有从唐代流传下来的文献基础，奠定了其独特的历史渊源，从而在朝会仪式系统中具有了不可替代的地位，并通过后世王朝中的不断增补修订增加其规模，巩固其权威。

## 三、北宋"入阁仪"的行废

　　上文述及"入阁"从唐初至五代不同的实施情况和由此导致的语义变

---

① 《宋会要辑稿·仪制》1 之 21 至 22，第 1851 页。
② 《续资治通鉴长编》卷 82，真宗大中祥符七年（1014）夏四月丙辰朔条，第 1870 页。
③ 程大昌撰：《雍录》，黄永年点校，北京：中华书局，2002 年，图 15、图 16。
④ 《五代会要》卷 5"入阁仪"，第 87—88 页。
⑤ 《资治通鉴》卷 286，"三月丙戌朔"条，北京：中华书局，1956 年，第 9347 页。
⑥ 任爽主编的《五代典制考》指出后唐在五代诸朝中嘉礼的建设较为完善，见北京：中华书局，2007 年，第 22 页。

化,生活在北宋不同时期的张洎、宋庠和欧阳修都对"入阁"的历史意义进行了溯源,他们选取的角度不同从而形成了不同的解释。而他们的解释,都与他们对如何在北宋施行"入阁仪"的主张紧密相关。

宋太祖时期五次"入阁"于崇元殿(后名大庆殿),宋太宗时逐渐确定文明殿(后称文德殿)为"上阁",并令人重新校订仪注,扩大了"入阁仪"的规模。宋太祖和宋太宗实行"入阁仪"的原因应该与五代诸帝行"入阁仪"的原因类似,即"入阁仪"隆重繁复的仪式过程彰显了皇帝的权威,同时又有明显的唐朝制度的渊源,可以显示北宋对唐朝正统地位的继承。"入阁仪"实质的制度内涵,即它原本为唐代常朝制度的朝班仪仗,这一点并非皇帝特别关注的对象。

但是一部分北宋朝臣,尤其是熟悉"入阁仪"制度来源的这部分人却认真地想要思考恢复唐代常朝制度的可行性,张洎即其中之一。在此简要介绍北宋汴京宫城的空间布局(图三)。北宋宫城中的东西横街将宫城区分为

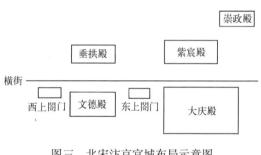

南北部分,大庆殿(又名崇元、乾元、朝元、天安殿)和文德殿位于横街以南,东西分布,是为前殿;其后的紫宸(又名崇德殿)、垂拱(又名长春殿)两殿隔横街位于大庆、文德殿北,更北还有崇政(又名讲武殿)诸殿,是为后

图三　北宋汴京宫城布局示意图

殿。据《宋史·地理志》"京城"对几个宫殿职能分配的记载,前殿主要是仪式场所,北宋皇帝常日视朝阅事的场所多在后殿。[1] 张洎向宋太宗上奏"入阁"的制度来源之后,提出了以下主张：

> 今朝廷以文德殿正衙权为上阁,甚非宪度也。窃见长春殿正与文德殿相对,伏请改创此殿,以为上阁,作只日立仗视朝之所。其崇德殿、崇政殿,即唐之延英殿是也,为双日常朝听断之庭。庶乎臆合前规,永垂昭范。[2]

① 《宋史》卷85,北京：中华书局,1977年,第2097页。
② 《宋宋会要辑稿·仪制》1之22,第1851页。

上文述及唐朝常朝"入阁"的场所是在内殿的两仪殿和紫宸殿。为了与唐朝制度相符,张洎提议改革现行听政制度,"入阁"的地点改为后殿的长春殿,而且单日举行,由此增加了皇帝日常听政制度的仪式性,也大致符合从北宋初就开始的后朝听政的基本原则。

宋仁宗时期宋庠的主张亦大致相同:

> 据唐制,凡天子坐朝,必须立仗于正衙殿。或乘舆止御紫宸殿,即唤正衙仗自宣政殿西门入,是谓东西上阁门也。如以宋朝之制相为比,则今之宣德门,唐丹凤门也;大庆殿,唐含元殿也;文德殿,唐宣政殿也;紫宸殿,唐紫宸殿也。今或欲求入阁本意,施于仪典,即须先立仗于文德之庭。如天子止御紫宸殿,即唤仗自东西阁门入。如此,则差与旧仪相合。但今之诸殿比于唐制,南北不相对,但以此为殊耳。故后来论议,因有未明。又按唐自中叶以还,双日及非时大臣奏事,别开延英殿赐对,若今假日御崇政、延和是也。①

宋庠与张洎的不同点在于,他建议的"上阁"之处是紫宸殿。他们的主张不仅没有得到皇帝的同意,其他官员也提出反对。翰林学士丁度等人针对宋庠的建议指出:"今详元起请入阁者,是唐朝只日于紫宸殿受常朝之仪。若今来隔日行之颇为烦。况今殿宇与旧制不同,宜仍旧。"②官员反对的原因在于仪式的繁琐和唐宋宫城空间布局的差异,实质上亦是坚持了唐中期以来皇帝日常听政制度日益简便的发展趋势。

北宋前期,以张洎、宋庠为代表的朝臣对"入阁仪"的制度追溯是为了达到完全恢复唐朝"入阁"的目的,但是他们的建议由于实际操作困难被否定了。"入阁仪"仅作为一项有唐制来源的皇帝朝会仪式得到施行。到了北宋中期的神宗时代,北宋统治者不再需要通过似是而非的唐朝仪式确认政权的正统性,建立本朝政治体制的改革呼声更是提上日程。宋庠对"入阁仪"的定论——"乃唐只日于紫宸殿受常参之仪也","乃复谓之盛礼,甚不然也",已经剥离了五代时期加载在"入阁仪"之上的权威性,他的解释反而成为这一时期的朝臣否定继续施行"入阁仪"的理论支持。熙宁三年(1070)五月,知制诰宋敏求等奉诏重修"入阁仪",翰林学士承旨王珪等人商议的

---

① 《宋会要辑稿·仪制》1 之 27,第 1854 页。
② 《宋会要辑稿·仪制》1 之 28,第 1854 页。

结果首先引用了张洎和宋庠等人的结论：

> 按入阁者，乃唐只日紫宸殿受常朝之仪也。唐宣政殿，即今文德殿；唐紫宸殿，即今紫宸殿也。唐制，天子坐朝，必立仗于正衙；若止御紫宸，即唤正御（衙）仗自宣政殿东西阁门入，故为入阁。五代以来，遂废正衙立仗之制。

王珪引论"入阁仪"与唐代常朝制度的关系是为了进一步说明，"今阁门所载入阁仪者，止是唐常朝之仪，非为盛礼，不可遵行"。① 而欧阳修在关于"入阁仪"的解释下走得更远，他直接否定"入阁"在唐代即为制度规定的皇帝常朝，且通过"入阁"地点判断此"事杀"也。在欧阳修之前，已有张洎和宋庠对"入阁"脉络清晰的分析，与欧阳修同时代的王珪亦持此观点。那么，欧阳修为什么不直接采用前人的说法，而另辟新说呢？对"入阁仪"持类似观点的并非欧阳修一人，《云麓漫钞》卷三亦记载了欧阳修《新五代史》中的此段论述，而且附言"此欧文忠公折简问刘贡父者也"，②告知欧阳修此事的正是参与写作《资治通鉴》的刘攽。以他们对唐史的熟知，必定清楚"入阁"在唐代的来龙去脉，他们的写作是一种有意识的史料选择。而北宋中期政治文化笼罩下，欧阳修从制度根源上所下的"阁，宴见也，其事杀"的判断无疑会更加容易得到入阁仪"非为盛礼，不可遵行"的判断，从而帮助入阁仪走向废止的终点。熙宁三年，"入阁仪"因王珪的奏议最终废止，六月，神宗下令参考《入阁图》制定了文德殿朝仪；③熙宁六年（1073）九月，制定了"朔御文德，望坐紫宸"之仪；④元丰元年（1078），详定元日、冬至大朝会仪注。⑤宋神宗重建的朝会体系中，唐制因子仍然存在，日参、六参、朔望参都可以在《唐六典》中找到制度的源头，宋人杨杰亦称"今乘舆常日御紫宸或御垂拱，见内朝之臣，听天下之治，遵用周唐故事，无不协于典礼"。⑥ 但是这套体系，已经不是对五代制度的简单继承，而是体现北宋本朝对《周礼》《唐六典》等"周唐故事"的重新解释。

---

① 《宋会要辑稿·仪制》1 之 29，第 1855 页。
② 赵彦卫：《云麓漫钞》，北京：中华书局，1996 年，第 48 页。
③ 《宋会要辑稿·仪制》1 之 30，第 1855 页。
④ 《宋会要辑稿·仪制》1 之 14，第 1846 页。
⑤ 《宋会要辑稿·礼》57 之 8，第 1596 页。
⑥ 杨杰：《无为集》卷 15《奏请罢文德殿常朝官状》，景印文渊阁《四库全书》集部，台北：商务印书馆，1986 年，第 1099 册，第 775 页。

# 结语：朝会议事与朝会仪式

朝会制度是关于皇帝和臣子会面议政的各项制度规定，功能可分为"仪式"和"议事"两种。皇帝与大臣商讨国家的方针大政是非常日常的议政活动，与之相伴的朝会仪式却是国家礼仪的一部分，皇帝借此展示皇权和威严，大臣通过朝参表现对皇权的服从，并由此区分朝臣之间的等级。

在唐代宫城的空间规划中，内朝正殿是制度规定的日常听政空间。常朝仪班与举行于外朝、中朝的元至朝会、朔望朝相比更为简化而日常。作为皇帝与近臣商议朝政的日常活动，它又显得过于隆重，而且不符合重要政事的机密性要求。空间职能的矛盾从一开始就存在于常朝制度中，而且正是这个矛盾导致常朝制度此后的变化。在唐代后期，常朝制度已经出现了仪式和政事职能日渐分离的趋势，即在空间上紫宸殿和延英殿职能的分离。经过晚唐五代数次宫城改变和朝仪制度的混乱，北宋时期，北宋君臣在知晓唐代常朝制度的真相之后，最终作出的制度选择是将仪式从皇帝的日常听政中抽离，将其限制于私密而便捷的内朝空间。这是对唐代常朝的抛弃，却更符合日常政治的效率需求，为北宋皇帝维持日常的视朝听政以及与臣僚的紧密交流提供了很大便利。

从"入阁"到"入阁仪"的转变说明了在历史演变的过程中，实施者具有极强的能动性，并非制度被动的接受者。由于唐代宫城的特殊安排，"入阁"原指从外朝至内朝的空间转化。在内朝固定成为常朝的所在后，"入阁"方成为常朝制度及其仪式的代名词。"入阁仪"在五代被详定为一项特殊的仪注，甚至成为"汉家仪物"的代表已经超出了制度衍变的正常逻辑，隐隐透露着当时的政治文化背景下，对它象征的唐代制度的正统性诉求。"入阁仪"在北宋不断详定和得到讨论，体现了北宋时人对唐代朝会制度理解的不断深入，它在北宋中期最终废除，代表着北宋君臣对本朝朝会制度最终的定位和认识。对唐宋之间"入阁"这个名词的讨论，不仅是在叙述制度衍变和发展，也提醒着研究者以更为复杂的角度看待不同时期实施和讨论制度的人在"继承者"和"再创者"之间身份定义的变换，并以更多的阅读层次分析不同时代留下的对同一问题的文献叙述。

附识：原刊于《首都师范大学学报（社会科学版）》2015 年第 3 期。

# 无名才子多佳作

## ——近年考古出土宋金元瓷器中的诗文辑录

后晓荣　杨燚锋

考古资料就是一种出土文献,其价值是"立体的",而非"平面的";所提供的资料是整个学术界的,而非史学家独有。考古出土资料不仅为历史研究提供大量的新材料,同样也为文学等其他人文学科输出第一手原始资料。① 以宋元之际,较为流行的民间"瓷器文学"为例,其不仅在宋金元之际的磁州窑瓷枕上大量存在,在当时的河南当阳峪窑、广东海康窑、福建磁灶窑生产的瓷器上都有不少发现。这些宋元瓷器上的诗文是典型的民间文学,大多有着文体自由、表述直白的特点,是普通百姓真情实感的反映。其作者虽多为无名的陶工艺匠,但其诗文内容也不乏佳作名篇,正所谓"无名才子多佳作"。特别是这些诗文不少为《全宋诗》《全元文》所未录,对将来相关文献补编甚有益处。本文主要收集近年来各地考古出土的宋金元时期的瓷器上的诗文三十首(均不见于《全宋诗》《全辽金文》《全元文》),整理录文发表,并用按语的形式对瓷器本身的状况及诗文相关问题略加说明,具体辑录如下:

1. 天津艺术博物馆藏一件绿釉画花如意头瓷枕,②枕面开光内画书"咏菊"诗一首:

> 金钿小小贴秋丛,开向渊明醉梦中。不似南园桃共李,荣幸一一待春风。

按:"幸"当是"华"之误。此枕为宋绿釉题诗陶枕,为北宋河南宝丰、修

---

① 有关出土文献与古代文学之间的关系,赵敏俐等先生多有论述。参见姚晓鸥主编:《出土文献与中国文学研究》,北京:北京广播学院出版社,2000 年。

② 田凤岭:《天津新发现一批宋金时期瓷陶枕》,《文物》1985 年第 1 期。

武等地烧制。枕面以双阴线作边框,框内行书题"咏菊"诗名。此诗以形象的比喻,渐入陶渊明"采菊东篱"的意境,通过与桃李的对比,表达了高洁自傲、与世无争的人生追求,是一首托物言志诗。

2.《巨鹿宋器丛录》中记载 1920 年河北巨鹿宋代故城遗址出土的一件银锭形磁州窑白地黑花诗文瓷枕,[①]枕面黑釉书写一首七言诗:

> 欲向名园倒此瓶,主人向客户长扃。何如柳下眠芳芳,报谷啼壶唤不醒。

按:依内容释读,本诗颇多错字:疑"扃"当作"闭","芳芳"当作"芳草","壶"当作"呼"。诗意是说客人想到名园喝酒,担心主人嫌弃,不如用此枕在柳荫草地上美美睡它一觉,写出了酣畅的情绪、优美的意境。

3. 河北巨鹿宋代故城遗址曾出土一件宋代磁州窑题诗瓷枕,[②]瓷枕上有五言诗一首:

> 久夏天难暮,纱幮正午时。忘机堪烛寝,一枕最幽宜。

按:此诗出自陈万里《陶枕》所收录一宋代瓷枕上的题诗,讲瓷枕的妙用。其中"烛"字应为"昼"字之误。夏日炎炎,酷暑难耐,但若甘于清淡,以瓷枕就寝,即使正午白昼,亦能解暑入梦,存道家"忘机"之态,亦有李清照"玉枕纱橱"之境,令人心旷神怡。

4. 河北衡水市文物管理处藏一件宋代磁州窑八角形白地黑花瓷枕,[③]上有"夏景"五言诗一首:

> 夏日景偏长,遥天转暑光。如人会消遣,何处不清凉。

按:这首颇具广告宣传色彩的题枕诗,也准确地道出了瓷枕的妙用。古人谓瓷枕能清凉沁肤,双身怡神。北宋张耒有"巩人作枕坚且青,故人赠我消炎蒸。持之入室凉风生,脑寒发冷泥丸惊"的诗句,可见当时人们都喜

---

① 申家仁:《枕上的诗情——论古代瓷枕诗词》,《九江学院学报(哲学社会科学版)》2005 年第 2 期。
② 陈万里:《陶枕》,北京:朝花美术出版社,1954 年,第 2 页。
③ 张国华:《衡水发现的一方磁州窑诗枕》,《文物春秋》2007 年第 2 期。

欢用瓷枕来度过炎炎酷暑。"何处不清凉"一句，借用苏轼"乐哉无一事，何处不清凉"诗句意境，明晰畅快，达到了宣传效果。

5. 福建晋江市磁灶窑遗址出土的一件瓷盆上有一首题诗：①

　　　　三月当濂禁火神，满头风碎踏青人。桃花也笑风尘客，不插一枝空过春。

按：此诗以寒食节为题材，描述三月寒食前后，春意暖人，陌上到处是踏青的人们，被风吹乱的蓬发都来不及梳理。烂漫的桃花似解人意，似乎也在嘻笑那些不懂得欣赏春景的风尘客：顾不上采摘一朵，就这样空把一个春天虚度！惜春的感叹跃然而出，写在这一爱美宣言的器物之上，自然会让使用者更加热爱生活，珍惜人生。

6. 雷州市博物馆藏福建晋江磁灶窑宋元窑址中出土的一件瓷盆器物，有题诗一首：②

　　　　七十有三春，年来尚富先。山河无寸□，天地是何人。

按：此诗抒发了作者"山河破碎"、"城郭人非"的亡国之情，从"山河无寸□，天地是何人"等句，可以悟出泉州沦落元朝统治后，南宋遗民们忧国感时的情调，与杜甫的"国破山河在，城春草木深"有同慨。

7. 广东海康宋代古窑址出土的一件莲蓬形黄釉瓷枕，③枕面题小诗一首：

　　　　枕冷襟寒十月霜，小窗闲放早梅芳。暗香入被侵人梦，花物依人乐洞房。

按：此枕枕面中央开光内绘一朵盛开的莲花，周围衬托四朵莲蕊，寓意"两人同心"、"心心相连"。小诗描绘寒冬腊月，梅花怒放，小夫妻拥香入梦的新婚生活情景。良辰美景、花好月圆，与花纹一起表达了对幸福婚姻的美

---

① 陈鹏、黄天柱、黄宝玲：《福建晋江磁灶古窑址》，《考古》1982 年第 5 期。
② 同上。
③ 申家仁：《岭南陶瓷史》，广州：广东高教出版社，2003 年，第 92 页。

好祝愿。

8. 河南禹县扒村窑遗址出土一件白地黑花瓷盆,①上有一首五言诗:

白日等闲过,青春不再来。窗前勤学早,马上锦衣回。

按:该诗是一首劝学诗。或许是规劝孩童青春易过,时光不再,只有勤奋苦读,才能换得功名前程。这也表现了当时人们朴素的生活观,"学而优则仕"的观念引导着更多的读书人去求功名、耀门楣。

9. 故宫博物院藏金磁州窑白釉黑花诗文八角瓷枕,②枕面写有小诗一首:

白日归深境,青山入胜远。何多明月轻,更知白云秋。

按:自古感叹"白云秋"胜景的诗文不少,此诗用自己的意象:日归深境,山入胜远,明月轻轻,组合成一幅"白云秋"图,体现出一种清风明月般悠然的心境。寓情于景、情景交融,读来宛若身在其中、心在诗中。

10. 秦庭棫私人收藏一方金代白地黑花长方形磁州窑诗文枕,③枕面开光内墨书七言诗一首:

唐虞礼乐岁元新,齐鲁中书有大臣。泰和三年调玉烛,衣冠万国拜王春。

按:此瓷枕底有"张家造"戳印。泰和三年为公元 1203 年,时金朝章宗皇帝完颜璟在位十四年。诗句反映了金朝当年举国欢庆新春的盛大场面。诗文中提到金代"泰和三年",虽不是绝对纪年,但可作为此枕的上限断代参考。

11. 河北省文物研究所收藏金代磁州窑八角瓷枕,④上有五言诗一首:

远水千里□,残霞一线红。目前山尽处,依约两三重。

---

① 刘庆庆:《扒村窑瓷绘艺术研究》,河南大学硕士学位论文,2007 年,第 23 页。
② 蔡毅:《故宫藏瓷枕》,北京:紫禁城出版社,2002 年,第 33 页。
③ 范冬青:《陶瓷枕略论》,《上海博物馆集刊》第 4 辑,上海:上海古籍出版社,1987 年。
④ 马小青:《宋元磁州窑文字枕概述及断代》(下),《收藏界》2006 年第 5 期。

按：此瓷枕有残，故缺字。宋代鲁交有《江楼晴望》"远水碧千里，夕阳
红半楼"的诗句，或可补作"碧"。此诗乃一山水落日图。远水碧，近山重，
残霞一线红，仿佛一诗人独立高楼，放眼长眺，景致壮丽，略感苍凉。或许诗
人想到的是远水迢迢、千山阻隔，远方的亲人是否也在一同欣赏这凄美的
残霞。

12. 某私人收藏一件金代磁州窑八角形磁枕，[①]上书"书斋残雪"诗
一首：

> 风卷黄云暮雪晴，江烟洗尽柳条轻。帘前数片无人扫，映得书斋彻
> 夜明。

按：一幅书斋雪霁图。风、云、雪、烟、柳，组成一幅水墨丹青画，卷、洗、
扫、映生成流动的音符，画中有歌，歌中有画。诗文趣意，贵在"柳条轻"，奇
在"无人扫"，妙在"彻夜明"，丝丝入扣，真乃无名佳作也。

13. 某私人收藏一件金代磁州窑诗文瓷枕，[②]上有小诗一首：

> 绿叶阴浓夏景幽，香风吹动玉帘□。纱窗睡起闲无事，日向斜杨下
> 小楼。

按：此瓷枕有残，故诗文缺字。此诗乃闺中怡情诗。身处夏日绿荫小
楼，懒散小憩，无事空嗟叹，只有感慨白驹过隙，消磨情绪而已。一天天如此
度过，感慨伤神，颇有婉约宋词的格调。

14. 河北省博物馆藏一件河北峰峰彭城窑出土的金代白地黑花海棠花
形枕，[③]枕面开光内有行书四行，诗曰：

> 积取今世幸，后待子孙兴。愿福如春草，不种自然生。

按：这枚枕上的书法颇具米芾韵味。纵笔随意稔熟，笔调清新厚朴，通
篇流畅自然，强调纵势，但行与行之间又舒展开朗，不拘一格。字形也具有

---

① 马小青：《宋元磁州窑文字枕概述及断代》（下），《收藏界》2006 年第 5 期。
② 王兴：《磁州窑诗词》，天津：天津古籍出版社，2004 年，第 51 页。
③ 同上书，第 68 页。

米芾书法那种左右摇曳的风姿。内容是一种祈愿,盼望子子孙孙福运绵延。

15. 磁州窑博物馆收藏的一件磁州窑出土的金代白地黑花腰圆形枕,①枕面用篆书写七言诗一首:

> 绣顶聚金不胜情,夏使瓷枕自凉生。清魂内入游仙梦,有象纱橱枕水晶。

按:此诗描述瓷枕的清凉妙用。与上一则"久夏天难暮"异曲同工。值得称道的是,此诗运用了比喻与对比手法,无论是"绣顶聚金",还是"游仙梦"、"枕水晶",都使瓷枕的妙用更加形象生动。

16. 山西省考古研究所藏一方产于山西晋南窑的金代白地黑花椭圆枕,②上书七言诗一首:

> 先生不面归何处,空锁藤花满院香。欲写姓名无纸笔,马鞭画破绿苔墙。

按:此诗通俗,却饱含诗意。寥寥数语,把一个骑马拜访老友未遇、墙上留言遗憾而去的场景写得淋漓尽致。"空锁藤花"、"马鞭画破",动静结合;无人自锁、马鞭作笔,富有诗趣,读来耐人寻味。

17. 故宫博物院藏一件金代磁州窑枕,上刻写有"咏瓜"诗一首:

> 绿叶追风长,黄花向日开。香因风里得,甜向苦中来。

按:此诗托物言志。绿叶随风,黄花向日,只有经历种种磨砺,才能脱苦得甜,富含生活哲理。清新的语言,形象的拟人,让人读来赏心悦目,更得一层深刻的教益。

18. 河北邯郸市博物馆藏一件磁县岳城水库出土元代长方形白地黑花枕,③枕面开光内墨书七言诗一首:

---

① 赵丹:《宋金元时期磁州窑瓷枕文化研究》,中央民族大学硕士学位论文,2011 年。
② 王兴:《磁州窑诗词》,天津:天津古籍出版社,2004 年,第 41 页。
③ 张子英:《生机无限磁州枕》,《文物报》2000 年 4 月 9 日。

常忆离家日，双亲拂背言。遇桥须下马，有路莫行船。未晚先寻宿，鸡鸣再看天。古来冤枉者，尽在路途边。

按：邯郸市峰峰区文保所藏一件长方形磁州窑白地黑花五言诗枕，诗文内容与此一致。又临水县出土一件瓷枕上题："过桥须下马，有路莫行船。未晚先寻宿，鸡鸣早看天。"亦为同一类型。此类诗文属于典型的民间俗体诗，多为父母叮嘱远行孩子在外注意安全的题材，真乃"可怜天下父母心"。诗句语言朴实，一句"双亲拂背言"，与唐朝孟郊《游子吟》有异曲同工之妙，读来感人至深。

19. 河北磁县博物馆藏1989年磁县城西南出土的一件元代白地黑花磁州枕，①底部有"王家造"戳印，前墙书六言诗一首：

山前山后红叶，溪南沟北黄花。红叶黄花深处，竹离茅舍人家。

按：此诗中"竹离"应是"竹篱"之误写。此诗用词简约，意境深远。寥寥几语，就恰到好处地勾画出山居生活的自然美，好一幅山野秋居图。艺术上动静相映、情景交融，使本来互不相干的事物，在秋日清新的环境下，构成了一个有机统一体。与马致远小令《天净沙·秋思》有异曲同工之妙。

20. 河北省博物馆藏一件元代磁州窑白釉酱彩诗句纹四系罐，②上有七言诗一首：

落花时节水流香，送客归来笑一场。不锁草堂取乐去，野雀偷笔学提墙。

按：诗文系罐腹部酱彩草书，书写风格与诗文格调一致。落花时节送客归来，本来是一种悲凉的心境，但主人公不拘一格，居然大笑一场，洒脱处事。家中自娱自乐，不锁草堂，独自取乐，任鸟雀自由生活，浸淫其中，好不快活。

21. 上海博物馆藏元代磁州窑四系酒坛，③器腹部行草题诗一首：

---

① 张文英：《河北磁县发现一座元墓》，《考古》1997年第2期。
② 马自树主编：《中国文物定级图典：二级品》，上海：上海辞书出版社，1999年，第126页。
③ 范冬青：《试论元代制瓷业在我国陶瓷发展史上的地位》，《上海博物馆集刊》第1辑，上海：上海人民出版社，1981年，第103页。

春阴淡淡片云低,才报江头雨一犁。转过粉墙无个事,倚栏闲看燕争泥。

按:酒坛上一幅优美、恬静的春日待雨图。天气半阴半晴,获知江边刚下过雨,不知道这边的雨又何时来临?人们闲来无事,只好倚栏闲看燕子筑巢来打发时间。遐想中的生活美好,令人增添酒兴。真是何以消闲,唯酒畅饮。

22. 北京元大都遗址出土一件元代磁州窑白釉罐,①有"清净道德"四字题款,腹壁草书七言绝句一首:

百草千花雨气新,今朝陌上尽如尘。黄州春色浓如酒,醉杀西园歌舞人。

按:此诗置于古人诗集中也属佳作,诗味浓郁,意境鲜明:春日雨后,空气清新,百草萋萋,千花吐艳,陌上皆是踏青赏春的人。黄州的春色比酒还要浓郁,请看西园里欢歌载舞的人们啊,他们一个个兴奋得都好像喝醉了酒一样!这派迷人场景,自然引起饮者对坛中所盛美酒的渴望。这大概是"有闲阶级"的心理感受和生活写照吧。

23. 内蒙古自治区巴林左旗博物馆藏1992年内蒙古自治区赤峰市巴林左旗野猪沟乡出土元代磁州窑白釉铁锈花诗文四系罐,腹部为一首题款为"上诰老"褐彩草书五言诗:

岁序成摇落,深居避俗喧。尘埃从几席,书剑沿乾坤。把酒真聊耳,题诗孰共论。东林有高士,赖肯过柴门。

按:这是一首典型的田园诗。作者借酒发泄内心的感慨,也许又是位躲避世俗喧嚣的隐士,题诗潇洒自如,真是"诗以言志"、"其字如其人"。

24. 陕西省佳县文管处藏一件元代白釉枕,②刻划"黄河"诗一首:

群领空山不段头,东南西北复还流。三穹穴聚鱼千只,九曲能行万

---

①　龙宵飞:《简析元大都遗址出土的元代瓷器》,《北京文博》2000年第3期。
②　潇湘、李建毛:《瓷器上的诗文与绘画》,长沙:湖南美术出版社,2006年,第136页。

里州。神后浪翻重后土，庙前波汲壮甫州。川运世界难阑截，也备江湖
大海收。

按：这是一首歌咏黄河的诗。疑"领"作"岭"，"段"作"断"，"州"作
"舟"，"汲"作"及"，"莆"作"南"，"川"作"穿"，"阑"作"拦"，误字较多。该
诗大有李白"黄河之水天上来，奔流到海不复回"之气势，可惜李白只是借黄
河之水借酒助兴，而此诗则是直接写黄河的大气之作。

25. 2000 年河北磁县观台磁州窑遗址出土的题诗方形瓷枕，①上有一
七言诗：

> 绘瓷作枕妙陶然，文质彬彬更可怜。片月花笼争日莹，块冰岚染履
> 霜坚。夜横吟榻偏聊思，凉入黑甘分外便。寄语养亲行孝子，三庚凛凛
> 不须扇。

按："庚"当作"更"。诗文对磁州窑瓷枕赞美之情跃然脱出，描绘了绘
画工整秀美的纹饰，能够与日光争辉的玉质釉面，宛如块冰、履霜般清凉的
功能，枕用后无须扇子的美感，而且能成为孝子敬献父母养亲的最好礼物。

26. 河南当阳峪窑出土的三彩刻划诗文枕，②有诗一首：

> 乾坤宽大养闲人，不管他人自管身。忽愿众家胜却我，莫交心行仿
> 如人。

按：这是一首题名为《咏自己》的自白诗。"忽"应是"勿"之误。从内
容看，作者是一位富裕的有产者，追求富贵安逸的生活，但幻想永葆财富的
奢望中有着狭窄的心胸，两者的鲜明对比，暴露了"自己"的市侩修养。

27. 河南当阳峪窑出土的一绿釉剔刻划诗文枕，③一首名为"劝世"的
小诗：

> 十度堪言九度休，于己无益亦无求。是非只为频开口，烦恼皆因强

---

① 刘志国：《磁州窑瓷枕诗情画意赏析》，《陶瓷科学与艺术》2003 年第 2 期。
② 张汝福：《当阳峪窑的诗词文字书法装饰》，《焦作大学学报》2006 年第 4 期。
③ 同上。

出头。

按：这是一首劝言诗。后两句是民谚，劝人少说话，言多必失，劝人少出头，"枪打出头鸟"，这是传统儒家一贯宣传的中庸之道的集中体现。

28. 广州西汉南越王墓博物馆藏一件磁州窑白地黑花叶形枕，①中间开光内书行楷四行五言诗：

在处与人和，人生得己何。长修君子行，由自是非多。

按："处"应作"外"，"己"作"几"。从诗句内容和语气看，仿佛慈祥双亲对即将出门远行子女的谆谆叮咛，更像一位乡里长者对一个毛头青年的深深教诲。诗文语言本色，饱含"警戒"意味，体现商业社会下，修身洁己的处世哲学。

29. 广西壮族自治区博物馆藏一件磁州窑绿釉题诗枕，②上有七言诗一首：

壮岁封侯意恨迟，暗遭吕氏斩魂飞。当时早听门人劝，也向烟霞卧紫逵。

按：此诗乃咏史诗，叙议了西汉韩信因卓越的军事才能，壮年封侯，却没有听信谋士蒯通自立为王的建议，最后被萧何与吕雉诱骗处死的悲剧，表达了民间百姓对韩信悲剧的同情与惋惜。

30. 上海博物馆藏有一件磁州窑题诗枕，③上面有诗一首：

命穷苦做终难富，有福清闲不受贫。妙药怎医天赐病，良言难劝一生人。

按：此诗用语通俗犀利，内容是对当时正统儒家思想的否定，字里行间充满着对命运不公的慨叹，反映市井小民的宿命思想。

① 孟光耀、赵建朝：《磁州窑历代瓷器款识》，北京：九州出版社，2010年，第6页。
② 广西壮族自治区博物馆编：《广西博物馆陶瓷精粹》，北京：文物出版社，2002年。
③ 侯晓波：《略论宋元磁州窑瓷枕》，《东南文化》1988年第1期。

　　以上三十首从出土瓷器中辑录的宋金元诗文，都是无识无款之作。在这些诗文中，有的宣扬伦理，劝人行善、行事忍让；有的宣泄情感，反映世间炎凉、祸福无常；有的揭露战争带来的心灵创伤；有的描写良辰美景；有的则是诙谐讽刺社会追逐名利的不良现象。从总体上看，与文人作品相比，有文野之分，但是却真实地反映了市井民众的思想情趣，且读起来朗朗上口。还有一部分作品竟然于平淡中见神奇，信手中见功夫，无意中见性情，虽是无名才子所为，但才学功力毫不逊色于宋元大家，具有引人想象、反复品味的艺术魅力。作为民间诗文，以上诗文也基本上没有为《全宋诗》《全辽金文》《全元文》等所收录，对其增补有十分积极的意义。诚如陈寅恪在《敦煌劫余录序》中说："一时代之学术，必有其新材料与新问题。取用此材料，以研求问题，则为此时代学术之新潮流。"①因此，考古文物中的诗文资料同样是中国诗歌史上不应该被忽视的一笔宝贵精神财富，值得进一步整理和研究。

---

　　①　陈寅恪：《金明馆丛稿二编》，北京：生活·读书·新知三联书店，2001年，第266页。

# 循古适今：洛—渭地区蒙元墓葬
# "复古化"的再思

袁　泉

　　洛—渭地区横跨今河南、陕西和甘肃三省；在蒙元时期则分属中书省南部、河南江北行省北部以及陕西行省辖下，以怀孟（庆）路和奉元路为中心。这一地区曾属唐代两京范围，6 至 9 世纪时是经济、文化最发达的地区，墓葬制作上更确立了"两京模式"。入宋以后，该区域墓葬面貌则呈现出文化的滞后性与保守性：早期宋墓基本上是唐墓的延续；北宋末期到金代，此区墓葬虽部分保存了唐代遗风，但最为盛行的还是仿木构砖雕壁画墓以及竖井墓道土洞墓，随葬品组合简单。13 世纪前期以降，洛渭流域的墓葬风貌又为之一变，虽然在墓室结构与随葬品组合上有所差异，①但均体现出明显"复古化"的共性趋势（图一、二、三）。

　　根据当前刊布的墓例，这批共性极强的蒙元墓葬主要集中在洛水—渭水沿线，如洛水流域的焦作、洛阳、洛川和延安，以及渭水两岸的西安、兴平、咸阳、户县、宝鸡和漳县；其中尤以西安及其周边地区最为突出。在墓葬结构上，与宋金墓不同，出现了一批类似长安唐墓的前后双室土洞墓，并多带有长斜坡墓道和小龛，部分墓道还设有天井；随葬品组合上，可见唐"两京模式"的典型样制，包括车马、侍俑等出行仪仗明器、谷仓和灶台类的仓厨模型，以及小型动物俑，也有簋簠爵尊等的仿古陶礼器。需要注意的是，这种墓葬面貌的"复古"并不是对唐墓样制简单的移用和照搬，既有不泥古制的

---

　　① 根据墓室结构与随葬品类别的差别，我们可将洛—渭流域这一横跨豫、陕、甘的墓葬文化区分作三个小区：其一是以焦作、洛阳为中心的河南地区，墓葬形制全为弧顶土洞墓；其二是以西安为中心的陕西地区，墓葬形制兼有土洞墓和砖室墓两类，随葬明器类别丰富，包括了仪俑和器物组合；其三是为以漳县为中心的甘肃地区，墓形形制仍然沿用了这一地区宋金时期流行的攒尖顶砖雕壁画墓，随葬品仅见器物组合，未发现仪俑。关于洛—渭流域蒙元墓葬的区域特征与发展规律，详见袁泉：《略论"洛—渭"流域蒙元墓葬的区域与时代特征》，《华夏考古》2013 年第 3 期，第 105—114 页。

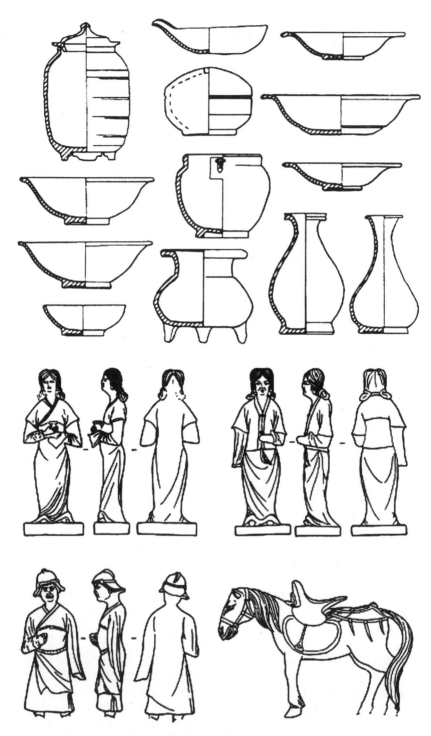

图一　河南洛水流域蒙元墓随葬品组合：洛阳道北王英墓（1317 年）随葬品

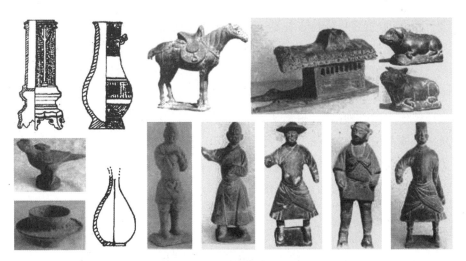

图二　陕西洛渭流域蒙元墓随葬品组合：延安虎头峁墓

图三　陇右渭水流域蒙元墓随葬品组合：甘肃漳县汪世显家族墓随葬品

取舍更张,亦不乏随俗从宜的治葬理念,如对唐墓中相对复杂的随葬品组合进行精简,取簠簋代表仿古礼器,以仓、灶象表仓厨类模型,并引入茶酒之具和五供等极具时代特征的新兴祭供器物组合。

这批面貌独特的蒙元墓,在墓葬形制、明器组合和礼器样式上均体现出随俗从宜前提下的"复古化"趋势。其肇兴于蒙元时期的洛—渭地区,既与当地曾作为忽必烈潜邸、聚集了大批"潜邸旧部"和金源儒士群体密切相关,从一个侧面反映出蒙元时期在社会秩序和"礼乐"建设上的政治诉求;亦有关中、陇西、伊洛等不同区域的墓葬传统和礼书派系的影响,是区域文化、政治诉求和人群特点等因素综合作用的结果。

# 一、关陇与伊洛:随葬陶礼器的"复古化"

洛—渭流域蒙元墓葬最引人注目的,当属各成体系的仿古磨光陶礼器。其在陕西西安、①宝鸡、②延安等地元墓、③甘肃漳县元代汪氏家族墓④和河南洛阳王述墓、⑤赛因赤答忽墓⑥中均有集中出土。这一现象近年来引发了学界对蒙元时期随葬陶器仿三代器用的探讨和宋以降礼制建设的思索。谢明良将关陇和伊洛两地蒙元墓中出土的簠、簋、爵、豆等陶器与礼书图示进行系统对比,考证出原报告中定名为"仓"、"盒"之属的带盖方、圆容器应为簠、簋组合,并进一步指出:"跨越今陕甘两省的部分地区曾存在着一股模仿

---

① 西安地区刊布的蒙元墓例,计有曲江池至元三年(1266)段继荣墓(陕西省文物管理委员会:《西安曲江池西村元墓清理简报》,《文物参考资料》1958年第6期,第57—61页)、电子城泰定年间墓(翟春玲等:《西安电子城出土元代文物》,《文博》2002年第5期,第7—12页)、至正四年(1344)、刘义世墓(刘安利:《西安东郊元刘义世墓清理简报》,《文博》1985年第4期,第5—9页。)、玉祥门外元墓(陕西省文管会:《西安玉祥门外元代砖墓清理简报》,《文物参考资料》1956年第1期,第32—36页)、南郊山门口墓(王九刚、李军辉:《西安南郊山门口元墓清理简报》,《考古与文物》2006年第2期,第73—77页,转第93页)、南郊王世英墓(西安市文物保护研究所:《西安南郊元代王世英墓清理简报》,《文物》2008年第6期,第54—68页)、北郊红庙坡墓(卢桂兰等:《西安北郊红庙坡元墓出土一批文物》,《文博》1986年第3期,第92—94页)、曲江孟村墓和泰定二年(1325)李新昭墓(马志祥等:《西安曲江元李新昭墓》,《文博》1988年第2期,第3—6页)。

② 刘宝爱、张德文:《陕西宝鸡元墓》,《文物》1992年第2期,第28—33页。

③ 延安市文化文物局:《延安虎头峁元代墓葬清理简报》,《文博》1990年第2期,第1—6页。

④ 甘肃省博物馆等:《甘肃漳县元代汪世显家族墓葬》,《文物》1982年第2期,第1—21页。

⑤ 洛阳市博物馆:《洛阳元王述墓清理记》,《考古》1979年第6期,第569—570页。

⑥ 洛阳市铁路北站联合考古发掘队:《元赛因赤答忽墓的发掘》,《文物》1996年第2期,第22—33页。

《三礼图》礼器以为随葬仪物的风潮。与此相对的,洛阳地区元代墓葬陶器则是采行了北宋宣和年间重修的《宣和博古图》的系统。"①这一研究为蒙元墓葬中这批"异形器"正其名、定其源,引发了学术界对墓葬器用仿古化现象的重视。许雅惠则指出,《宣和博古图》对宋元以降州府庙学以及民间礼器系统的影响,更大程度上是通过以《博古图》为基础修纂的礼书《绍熙州县释奠仪图》等礼图来完成间接流传的,赛因赤答忽墓中随葬的大量仿古陶器即属此类。②

　　然而细查出土随葬实物可见,《三礼图》和《博古图》所录的礼器样式并不能完全涵盖洛—渭地区蒙元墓中的仿古陶器形态;而关陇和伊洛地区的陶礼器模式,也并非遵循单一的礼图体系。关中、陇右蒙元墓中所谓"仿《三礼图》系统"的陶礼器组合,并非全为聂崇仪勘定的礼器面貌:关中地区蒙元墓中出土的"雀形杯"、"龙柄勺",应为爵与璋瓒,皆取式于《三礼图》;大量随葬的簠、簋组合,器身虽均作外圆内方或外方内圆,盖面装饰又分有无龟纽之别,有别于聂氏《三礼图》盖有龟纽的单一模式;而西安、宝鸡等地几乎每墓必出的贯耳陶壶则在形制上颇合先秦古制,更接近《重修宣和博古图》的礼器系统(图四)。漳县汪氏家族墓的仿古陶器组合则更为庞杂,其中簠、簋样式与关中地区相似;笾豆、蜃尊见依《三礼图》;而陶罍口沿下出象首鋬以及鼎、盒盖顶上装饰龟纽的模式,则似独具区域特色,鲜见于其他地区;此外,与装饰象首的陶尊不同,汪氏中的铜爵样式均可在《博古图》中找到范式,而与聂氏《三礼图》"雀别置杯于背以承酒"之式迥异。洛阳地区的两座元末墓葬所出陶礼器类目丰富,恰全合《重修宣和博古图》的器用规范(图五)。

　　综上可见,关中、陇西和伊洛三地蒙元墓葬中发现的仿古陶器似乎并非单纯照依《三礼图》或《博古图》各自确立的体系,而是表现出了更为复杂与丰富的区域性样式。这种区域性应有更广泛的礼器样制来源,或参考了其他礼图模式,或与当地礼学派系和器用传统密切相关。

　　伊洛地区金末元初曾作为"朱学"北传的中心,时以姚枢、窦默、许衡为代表,形成了"伊洛之学遍天下"之盛况。在这一前提下,不难理解洛阳王述

---

① 谢明良:《北方部分地区元墓出土陶器的区域性观察——从漳县汪世显家族墓出土陶器谈起》,《故宫学术季刊》(台北)第19卷第4期,2002年,第143—168页。

② 许雅惠:《〈宣和博古图〉的"间接"流传——以元代赛因赤答忽墓出土的陶器与〈绍熙州县释奠仪图〉为例》,《"国立"台湾大学美术史研究集刊》第14期,2003年,第1—26页。

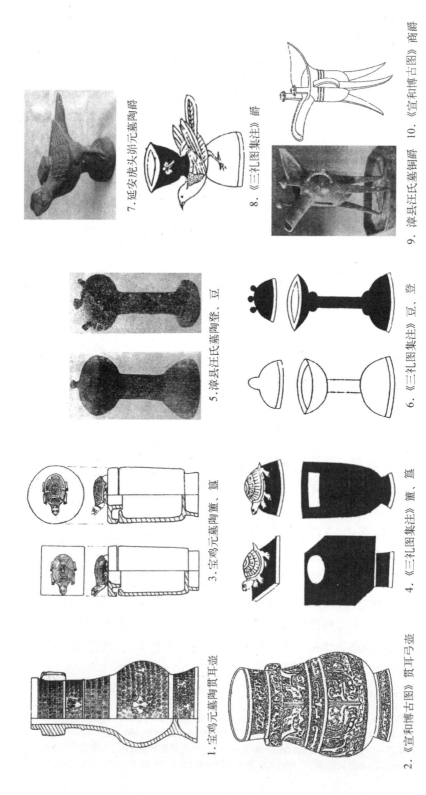

图四 关陇地区蒙元墓出土仿古陶器与礼书图示对比图

1. 宝鸡元墓陶贯耳壶　2.《宣和博古图》贯耳弓壶　3. 宝鸡元墓陶簠、簋　4.《三礼图集注》簠、簋　5. 漳县汪氏墓陶登、豆　6.《三礼图集注》豆、登　7. 延安虎头峁元墓陶爵　8.《三礼图集注》爵　9. 漳县汪氏墓铜爵　10.《宣和博古图》商爵

  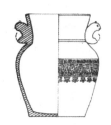

1. 赛因赤答忽墓出土陶簋、簠　　　　4. 赛因赤答忽墓出土陶著尊

2.《宣和博古图》周太师望簋　3.《绍熙州县释奠仪图》簠　5.《宣和博古图》著尊

  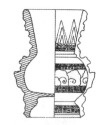

6. 赛因赤答忽墓出土陶象尊、牺尊　　9. 赛因赤答忽墓出土陶山尊

7.《宣和博古图》象尊、牺尊　　　10.《绍熙州县释奠仪图》山尊

图五　伊洛地区蒙元墓出土仿古陶器与礼书图示对比图

和赛因赤答忽两墓仿古陶器中在类别和造型均见依《重修宣和博古图》和
《绍熙州县释奠仪图》模式的原因。关中地区蒙元墓则多与降元的遗金官员
或金源儒学世家群体相关，所用礼器样制参据唐宋礼乐沿革而成，杂糅了以
《三礼图集注》和以《重修宣和博古图》为代表的两类礼器系统，又以《三礼

图》体系为主,①很可能反映了唐以降当地经学传统在器用规范上的取向。由出土品细观,关中墓葬中簠簋、爵、豆、璋瓒均类于《三礼图》样制,而壶式参佐《博古图》。同时,关陇元墓所出的无龟纽"簠簋"之式,见于宋元广为刊印传行的类书《事林广记》祭器图谱中,②这也从一个侧面展示出洛渭墓葬中仿古陶器法式的多元性。

事实上,礼器面貌的区域差别在宋元阶段并非独见于洛—渭地区,在南北各地的墓葬中均不乏其例。山东济宁张楷墓即发现一套造型独特的陶礼器组合:③其中鼎和贯耳壶皆法三代样式,并可在《博古图》中找到类似古器样例;外圆内方带盖器与元泰定二年本《事林广记》中所录"簋"几乎一致;最为特殊的当属两件豆形器,豆身为《博古图》和《释奠仪图》样制,只是盖面上各卧牛、象,很可能是牺尊、象尊的另一表现模式(图六)。此外,宋元之际的南方地区也有相类的装饰着象纽的陶瓷罐形器。香港私人收藏的一件吉州窑彩绘瓷盖罐,罐身绘饰一象,与聂氏《三礼图》一致,而盖纽亦作象形的细节特征则可在吕大临《考古图》辑录的古器物中找到类似表现。④ 按吕书所记,这一壶身、象纽盖顶的"象尊"来自庐江李氏,或为安徽合肥周边的区域性礼图体系。而这件杂糅了三礼图和《考古图》所示样式的瓷罐,很可能在瓷器产地的江西吉州或毗邻地区亦作礼器之用,代表了特定区域象尊的表现模式。此外,浙江丽水南宋嘉定壬午年(1222)李垕妻姜氏墓中也出土了3件龙泉青瓷象纽盖罐,其造型与前述吉州窑彩绘罐基本一致,唯器身未见象形纹饰,这组器物亦不乏在丧葬制度中充作礼器的可能。⑤ 四川彭山南宋虞公著夫妇墓中则随葬一件龟纽陶罐和数件带颈陶罐,均施黄色陶衣,推测为成组用器;是否用作礼器还需进一步考证(图七)。⑥

---

① 关于唐、宋、金礼器模式的探讨,详见后文。

② 《事林广记》是一部日用百科全书式的民间类书,原为南宋陈元靓编,但宋原本今已不可见,现存的元、明刊本均经删改和增广,因此其中有不少内容反映了元代的社会生活。

③ 济宁市博物馆:《山东济宁发现两座元代墓葬》,《考古》1994年第9期,第818—824页。

④ 瓷吉州窑象纽盖罐图片转引自郭学雷:《南宋吉州窑瓷器装饰纹样考实——兼论禅宗思想对南宋吉州窑瓷器的影响》,深圳博物馆等编:《禅风与儒韵:宋元时代的吉州窑瓷器》,北京:文物出版社,2012年,图110,第213页。

⑤ 吴东海等:《浙江丽水南宋纪年墓出土的龙泉窑精品瓷》,《东方博物》第23辑,杭州:浙江大学出版社,2007年,第37—40页。关于这三件龙泉瓷"礼仪相关用器可能性"的论点,也见于蔡玫芬:《庄严与细巧:南宋的工艺与生活》,蔡玫芬编:《文艺绍兴:南宋艺术与文化·器物卷》,台北:故宫博物院,2010年,第17页。

⑥ 四川省文物管理委员会等:《南宋虞公著夫妇合葬墓》,《考古学报》1985年第3期,第397页,图版二二:4。

图六　山东济宁元张楷墓出土陶礼器

1. 香港私人藏吉州
窑象纽罐

2.《三礼图》象尊

3.《考古图》"庐江
李氏"象尊

4. 丽水南宋李垕妻姜氏墓青瓷象纽罐

5. 彭山南宋虞公著
墓出土龟纽罐

图七　南方地区宋元象纽、龟纽陶瓷礼器

　　蒙元墓葬出土仿古陶礼器的多样性与复杂性,除因自不同体系的礼学渊源与区域传统,甄陶工匠的能动性亦不可忽视。西安博物院收藏有一组元代磨光复古陶器,分别为陶豆二、陶贯耳瓶一、件陶簠一,面貌与关中蒙元墓的极为相似,器底或内壁刻"寄寄老人"铭;巧合的是,相同铭文的陶牛尊、陶象尊在缉私活动中发现于哥本哈根,或取法于《博古图》和《释奠仪图》的范式(图八)。①"寄寄老人"元代文集多处有记,其姓陈,自号"寄寄老人"或"寄寄翁",活跃于金末元初的长安与"河汾(晋南)"地区,是当时的制陶名匠。所作陶砚和陶器为当时文人儒士所喜好,世称"研师"或"甄陶师"。②事实上,制作仿古陶器的甄陶名匠在有元一代的山陕地区并非孤例。北京元代西绦胡同居住遗址曾出土一对黑陶兽面纹贯耳瓶,气象淳古,其圈

图八　"寄寄老人"铭仿古磨光黑陶器

────────────

①　这两批"寄寄老人"铭磨光黑陶器引自宋新潮:《"寄寄老人"考》,《文物》2011年第10期,第77—82页。

②　王恽:《秋涧集》卷71《题寄寄老人陈氏诗卷》:"昔帝舜陶于河滨,器不苦窳,而陶之为器,最近古而适用广。长安寄寄翁得适用近古之法,削为鼎研诸器,坚润精致,粹然含金玉之质,诚可方驾保张远、绍泽之吕道人矣。"转引自宋新潮:《"寄寄老人"考》,第78页。

足内模印篆书"潞州会山散人"六字款。① 潞州元代统属于晋宁路,位于今晋东南,以长治为中心。从铭文推测,这对仿古黑陶贯耳瓶的甄陶工匠与寄寄老人类似,很可能自身就具有较高人文素养,或与当地文人儒士多有交往互动。这些工匠的存在,为蒙元时期关中、山西地区葬制所用仿古陶器提供了一种来源的可能。

事实上,不仅甄陶工匠对宋元社会的仿古礼器制作多有推动,铜器制造亦然。在礼器范式的讨论与定型中,民间冶铜造作为官样生产提供了可资借鉴的模本与技术支持。尤其是当时的江苏句容与江西吉安,铜器生产因其精致的制作和仿古的传统多次承担制造官方祭器的任务,成为南方地区官用仿古铜器的两大生产中心。② 以吉安地区为例,当地因所制仿古铜器"冶铸良,合古制",成为元代中后期府学礼器的重要铸造中心,在各地府学祭器的承造中担任重要角色,宣州淮南学庙即由"庐陵冶工杨荣甫"负责铜器冶铸,制造"泰尊、山尊、著尊、献尊、象尊、壶尊,凡九十六";至治、泰定年间,江西吉安的冶铜工匠还承担了云南中庆路范铸孔庙礼器。③

洛—渭地区蒙元墓葬陶礼器复古化的区域性差异,除与前述地域文化传统、本据礼书体系以及工匠能动性相关,也可从元代礼器系统早晚时段不同的发展特征入手探讨。以关中和伊洛两地出土陶礼器墓葬观察,可见所谓聂氏《三礼图》系统的墓例最晚下葬于1339年,④而洛阳两处元墓的时代则分别为1350年和1365年。换言之,这种仿古陶器面貌上的差异很可能也反映了蒙元礼器在不同时段的特征变化,经历了一个由"杂宋金祭器而用"到"始造新器"的发展过程。那么,到底"宋金祭器"的器用模式如何?"始造新器"又采用了怎样的礼器类型呢?

《元史·祭祀志》载:"中统以来,杂金、宋祭器而用之。至治初,始造新

---

① 中国科学院考古研究所等:《北京西绦胡同和后桃源的元代居住遗址》,《考古》1973年第5期,第279—285页。

② 徐松辑:《中兴礼书》卷59"明堂祭器"条:"建康府句容县多有铜匠造作铜古器货卖,制作精致;乞朝廷指挥建康府下句容县计置,依样铸造。诏降样付建康府措置,依样制造,务要精致。"《续修四库全书》本,上海:上海古籍出版社,1995年,第822册。

③ 郑陶孙:《舍奠礼器记》,载苏天爵辑:《国朝文类》卷27,上海:商务印书馆,1927年(民国八年涵芬楼影印本排印),第20—25页;刘岳申:《申斋集》卷6"云南中清路儒学新制礼器记"条,台北:台湾商务印书馆,1986年,第1页。上两条文献均转引其蔡玫芬:《转型与启发:浅论陶瓷所呈现的蒙元文化》,载石守谦等编:《大汗的世纪:蒙元时代的多元文化与艺术》,台北:故宫博物院,2001年,第244页。

④ 西安市文物保护考古研究院:《西安曲江元代张达夫及其夫人墓发掘简报》,《文物》2013年第8期,第27—48页。

器于江浙行省，其旧器悉置几阁。"①这里提到的"宋金祭器"代表着何种礼器体系呢？这就要从北宋时期的礼器建设溯源。

宋代古礼用制的研究，计有尊经与重器两种途径。一则鉴于"考汉时去古未远，车服礼器尤有存者"，②故查据汉唐以来诸儒著说，考诸版本定为一家而成书集册，最有代表性的当为聂崇义的《三礼图集注》。一则基于两宋"太平日久文物毕出"，③以存世的金石之器为朝廷订正礼文、以备稽考，④大观年间的《重修宣和博古图》即属此列。需要注意的是，聂氏《三礼图》模式的影响非常广泛，虽然徽宗政和年间参考《重修宣和博古图》确立了中央和皇室的祭器系统，高宗绍兴年间也依此例确定所谓"新成礼器"的祭器模式；⑤但地方州县和民间仍大多沿用了聂氏祭器的模式。⑥ 而在礼制建设的实际操作中，《三礼图》和《博古图》的造器原则通常是参杂混用的——《博古图》有式者，依《博古图》；《博古图》无式者，或依《三礼图》，或在《博古图》中取可用者。⑦《博古图》与礼书器名无法完全对应、部分器形样制阙如以及祭器材质取定上的局限，⑧都使聂氏祭器模式有存在的必要和空间。

---

① 宋濂：《元史》卷74《祭祀志》"祭器"条，北京：中华书局，2005年，第1847页。

② 刘绩：《三礼图》卷首《提要》，文渊阁《四库全书》本，第129册，第285页。

③ 王黼等：《重修宣和博古图》卷7"象尊"条，文渊阁《四库全书》本，第840册，第512页。

④ 郑居中等：《政和五礼新仪》卷首"尚书省牒议礼局"条载："大观二年十一月二十日，承尚书省札子，朝议大夫试兵部尚书兼侍郎充议礼局详议官薛昂札子奏：臣窃见有司所用礼器如尊爵簠簋之类与大夫家所藏古器不同，盖古器多出于墟墓之间，无虑千数百年，其规制必有所受，非伪为也。礼失则求诸野今，朝廷欲求订正礼文，则苟可以备稽考者，宜博访而取资焉。"文渊阁《四库全书》本，第647册，第10页。

⑤ 徐松：《中兴礼书》卷9《郊祀祭器一》：（绍兴十三年）"四月二十九日，礼部太常寺言，勘会国朝祖宗故事，遇大礼其所用祭器并依三礼图用竹木制造，至宣和年做博古图，改造新成礼器，内簠簋尊罍爵坫豆盂洗用铜铸造，余用竹木，今来若并仿博古图样制改造。"《续修四库全书》本，第822册，第35—36页。朱熹：《晦庵先生朱文公文集别集》卷8《释奠申礼部检状》记："某伏见政和年中议礼局铸造祭器，皆考三代器物遗法，制度精密，气象淳古，足见一时文物之盛，可以为后世法，故绍兴十五年曾有圣旨，以其样制开说印造，颁付州县遵用。"《四部丛刊》初编，第133—37函。

⑥ 成书于南宋的《事林广记》作为一部日用百科全书，其列出的祭器组合图示明显可见聂氏《三礼图集注》的巨大影响（详见陈元靓：《事林广记》戊集卷1《祭器仪式门》，北京：中华书局，1999年，第365—366页）。而朱熹修撰《绍熙州县释奠仪图》的动机，则源于南宋州县祭器仍多用聂氏《三礼图》模式而不合绍兴确立的"新成礼器"式样。

⑦ 这一原则在绍兴十五年群臣讨论祭器改造时就有明确表述，徐松：《中兴礼书》卷9，《续修四库全书》本，第822册，第5—7页。对这一问题的探析，详见许雅惠：《〈宣和博古图〉的"间接"流传——以元代因赤答忽墓出土的陶器与〈绍熙州县释奠仪图〉为例》，《台湾大学美术史研究集刊》第14期，2003年，第17—18页。

⑧ 在祭器材质的讨论中，《宣和博古图》以有限的出土铜器为据，认为《三礼图》竹木之说为非，失于偏颇。虽然徽宗以来改制后的新成礼器形制从《宣和博古图》之制，但材质组合仍见依聂氏之说，如在明堂大礼中"其从祀四百四十三位合用竹木祭器，已令临安（转下页）

故而徽宗之后所确立的祭器制度，是在以《三礼图》和《重修宣和博古图》为代表的两种范式的相互补正中建立起来的。

这两种礼器模式在元明依然并行使用。元代礼官监造孔庙礼器所参据的图本为南宋景定年间刊刻的《舍奠礼器图》，这部礼图本身则参详了朱熹《绍熙州县释奠仪图》和《宣和博古图》。① 而《三礼图》礼器样式被类书《事林广记》选用为祭器图谱广为刊印传行，似乎显示出这一模式似乎更为普行。

金人南下占据淮水以北之后，劫掠了北宋皇室南渡时所携的大批祭器，继而参据唐宋礼乐沿革，确立了金廷的祭器系统。② 宋廷祭器体系兼用聂氏《三礼图》和《重修宣和博古图》模式，那么，金代所参据的唐代礼器模式又是怎样的呢？虽然唐代礼书散佚不传，但从四库馆臣为《三礼图集注》所作的提要中可见，聂氏成书所据的六大古本尽皆著录在隋唐经籍志和艺文志中。③ 换言之，隋唐祭器是与聂氏《三礼图集注》所勘定的礼器模式一脉相承的。除上述文献线索，唐恭陵哀皇后墓中出土的一套仿古陶器也为唐代礼器模式提供了实物依据，④其中"雀背负盏"的爵杯、绘饰山峦的山尊和龟饰顶盖的陶簋完全可在聂氏《三礼图集注》中找到对应的图像（图九、图十）。也就是说，金代的礼器模式也是杂糅了以《三礼图集注》和以《重修宣和博古图》为代表的两类礼器系统，而代表了隋唐器用传承并在北宋时期流传甚广的聂氏《三礼图集注》模式似乎影响更大。

由是可见，中统以来蒙元礼器的样式中存在着《三礼图》和《宣和博古

---

（接上页）府制造"。《中兴礼书》卷59《明堂祭器》载："（绍兴四年四月二十七日）同日工部言，据太常寺申，契勘今来明堂大礼正配四位合用陶器，已降指挥下绍兴府余姚县烧造；其从祀四百四十三位合用竹木祭器，已令临安府制造。"《续修四库全书》本，第822册，第243页。

① 郑陶孙：《舍奠礼器记》，载苏天爵辑：《国朝文类》卷27，第20—25页，转引自蔡玫芬：《转型与启发：浅论陶瓷所呈现的蒙元文化》，第232页。

② "世宗既兴，复收向所迁宋故礼器以旋，乃命官参校唐宋故典沿革，开详定所以议礼，设详校所以审乐。"脱脱：《金史》卷28《礼志》，北京：中华书局，1975年，第691—692页。

③ "《隋书经·籍志》列郑元及阮谌等《三礼图》九卷，《唐书·艺文志》有夏侯伏朗三礼图十二卷、张镒《三礼图》九卷，《崇文总目》有梁正《三礼图》九卷……《四部目书》内有《三礼图》十二卷，是开皇中敕礼部修撰。……所谓六本者，郑元一、阮谌二、夏侯伏朗三、张镒四、梁正五、开皇所撰六也。"聂崇仪：《三礼图集注》《提要》，文渊阁《四库全书》本，第129册，第2页。

④ 参考唐恭陵哀皇后墓可见，关中地区在唐代墓葬中已使用成套的仿簠、簋、爵、尊之类的仿古陶明器。详见郭洪涛：《唐恭陵哀皇后墓部分出土文物》，《考古与文物》2002年第4期，第9—18页。

1. 陶簋　　　　2. 陶山尊　　　　3. 陶爵　　　　4. 陶牺尊

图九　唐恭陵哀皇后墓随葬陶礼器：簋、爵、山尊、牺尊

1. 簋　　　　2. 山尊　　　　3. 爵　　　　4. 牺尊

图十　《三礼图》礼器：簋、爵、山尊、牺尊

图》两套范式；这也可以解释关中和陇右墓葬中不同体系仿古陶器并存的现象。那么伊洛地区两座元末墓葬中全部采用《重修宣和博古图》模式的仿古陶器组合又作何解释呢？

　　按《元史·祭祀志》记载，自至治年间礼器模式发生了重大转变，"始造新器于江浙行省"。这里虽未说明所谓"新器"的样式，但南宋时期数次兴造《重修宣和博古图》模式的"新成礼器"均是颁照江浙行省施行，①再考虑到朱熹《绍熙州县释奠仪图》在淮水以南的影响，则江浙之地很可能确立了政和、绍兴礼器模式的地方传统。元廷至治年间在江浙始造新器的样式，或即系统采用了《重修宣和博古图》体系的礼器模式。洛阳王述墓中的尊、罍、簋、豆，赛因赤达忽墓中的牺象二尊、簠、簋、豆、壶，与《重修宣和博古图》和

————————

① 徐松：《中兴礼书》卷9《郊祀祭器一》："（绍兴十三年）"四月二十九日……今看详欲乞先次将圆坛上正配四位合用陶器，并今来所添从祀爵坫并依新成礼器仿博古图，内陶器下平江府烧变，铜爵坫令建康府铸镕，其竹木祭器令临安府制造。"《续修四库全书》本，第822册，第35—36页。又《中兴礼书》卷59《明堂祭器》（第242页）："绍兴元年三月八日，太常寺少卿迟等言，堪将来大礼合祭天地并配祖宗所有合用大乐祭器，乞令两浙江东路转运司取索所属州军县镇。……祀天并配位用匏爵陶器，乞令太常寺具数下越州制造，仍乞依见今竹木祭器样制烧造。"

《绍熙州县释奠仪图》中列出的礼器图示均相对应。此类"新器"模式元廷在至治年间既已颁定，为什么洛—渭流域的墓葬中直到元末时期才体现出这种变化呢？事实上，中央和地方礼器定制的发展从来就不是同步的，地方器用往往具有明显的滞后性，前文提到的绍兴"新成礼器"颁定日久后州县祭祀仍用聂氏旧器就是典型的例证。

综上，洛—渭流域蒙元墓葬中随葬仿古陶器组合的差异，反映出蒙元礼器制度从杂宋、金模式到别置新器的发展过程。同时，也确如谢明良所说，这种差异一定程度上也与区域文化传统和经学渊源相关，代表了当地经学传统在器用规范上的取向。

总之，不管是《三礼图》模式还是《重修宣和博古图》体系，仿古礼器规制的讨论、器形的勘定以及使用的普及，均反映出统治者试图建立礼乐有序、堪比"三代"之治理想社会的政治诉求。对于南下尽收汉地的蒙古族统治者，这种传统礼制建设的努力更是其确立正统化统治地位的重要手段和方式。另一方面，除了仿"三代礼器"，洛—渭地区的蒙元墓葬在墓室结构和随葬品组合上也体现出明显模仿唐墓规制的现象，其中又以西安为中心的关中地区最为典型。

## 二、礼乐追求：洛渭元墓与唐代
## "两京"墓葬的相似性

洛—渭地区蒙元墓葬中以簠簋为代表的仿古陶器虽引人注目，但其无论在数量还是类别上，只占随葬品的很小一部分，亦有不少墓例未埋纳此类仿古礼器。故而全面探析这一区域墓葬面貌的复古化面貌，还需从墓葬形制、随葬品组合模式等多角度整体考量。关中洛—渭流域的宋金墓葬的主流形制是繁复的仿木构砖雕壁画墓和简单土洞墓，随葬品数量少，组合上也未见不同于周边地区的殊异之处。然而逮至蒙元时期，这一地区、尤其是西安及其周边的墓葬结构却突然流行起长斜坡墓道的土洞墓和砖室墓，左右小龛和前后双室的情况也十分常见。仅以西安地区为例，就有长安区刘黑马家族墓、①曲江池西

---

① 李举纲、杨洁：《蒙元世相：蒙元汉人世侯刘黑马家族墓的考古发现》，《收藏》2012 年第 15
　　期，第 42—52 页。

村段继荣夫妇墓①以及市南郊的王世英墓、②潘家庄墓③和山门口墓④等多处墓例。这种墓室形制很难在同区宋金墓中找到类比对象，反而与唐长安、洛阳地区墓葬的"两京模式"十分相似。

同时，关中蒙元墓葬的随葬品组合中除了仿三代礼器的陶器组合外，车马、仆从等出行仪仗俑和鸡、犬、猪、龙、牛、羊等小型动物俑也和唐代明器组合相仿佛；尤其是胡人俑和骆驼俑更是唐墓随葬陶俑中极具时代特征的代表类型。⑤ 同时关中地区几乎每墓必出的仓、灶模型，则是对隋唐时期两京地区仓、碓、磨、井、灶等成套仓厨明器的传统沿承与简化（图十一至图十三）。甚至墓志样式与装饰也力求尽仿唐制，如刘元振夫妇墓出土一方青石墓志，志石侧面四边壶门内阴刻十二神，唐草纹填地，这些均是唐代墓志的典型特征。

随之而来的问题是：为何该区域内的蒙元墓葬在"复古化"原型上跳过了宋金模式，而选择模仿唐代的墓葬特征呢？ 这种特殊现象的肇兴很可能与蒙元统治者对"贞观故事"的特殊态度有关。日本学者箭内亘曾著《元世祖与唐太宗》一文，论及忽必烈以洛—渭流域为潜邸时，曾将唐太宗李世民宗为欣赏和钦羡的对象，其建立藩府、招揽四方人才的举措即是对太宗"秦王幕府"的仿效。⑥ 潜邸旧臣徐世隆记："上之在潜邸也，好访问前代帝王事迹。闻唐文皇为秦王时，广延文学四方之士，讲论治道，终始太平，喜而慕焉。"⑦

---

① 陕西省文物管理委员会：《西安曲江池西村元墓清理简报》，《文物参考资料》1958 年第 6 期，第 57—61 页。

② 西安市文物保护研究所：《西安南郊元代王世英墓清理简报》，《文物》2008 年第 6 期，第 54—68 页。

③ 西安市文物保护考古所：《西南南郊潘家庄元墓发掘简报》，《文物》2012 年第 9 期，第 30—43 页。

④ 王九刚、李军辉：《西安南郊山门口元墓清理简报》，《考古与文物》2006 年第 2 期，第 73—77 页，转第 93 页。

⑤ 这批墓葬虽然墓室结构有异、墓主身份不同，但都随葬一套灰陶的明器，其中以簠、簋、尊、壶等仿古器物，车马和男女侍俑等出行仪俑，以及鸡、羊、猪、牛、龙、龟等一组小型动物俑最具特色。尤其是在蒙元墓葬在蒙古国时期至元代前期（1213—1320 年），该地区蒙元墓葬中的出行仪俑中体现出明显的"唐代模式"，骑驼或牵驼的胡人俑亦可在同一地区的唐墓明器中找到原型。

⑥ 箭内亘：《元世祖与唐太宗》，《蒙古史研究》，陈捷等译，上海：商务印书馆，1932 年，第 94—105 页。萧启庆在论述忽必烈潜邸集结的历史背景时，也论及这一问题，详见萧启庆：《忽必烈"潜邸旧侣"考》，《内蒙古而外中国：蒙元史研究》，北京：中华书局，2007 年，第 118 页。

⑦ 苏天爵：《元名臣事略》卷 12"太常徐公撰墓碑"条，姚景安点校，北京：中华书局，1996 年，第 238 页。

图十一　洛渭地区蒙元墓出土随葬品组合

1. 赛因赤答忽墓陶豆　2. 西安红庙坡元墓陶簠　3. 西安红庙坡元墓陶壶
4. 西安电子城元墓陶灶　5. 西安刘义世墓陶井筒　6. 西安刘义世墓陶仓
7—12. 西安南郊元代王世英墓动物模型　13. 户县贺氏墓陶胡人控驼俑
14—16、19—20. 西安南郊元代王世英墓车马仪仗俑
17、18、21、22. 西安曲江孟村元墓车马仪仗俑

1. 陶簋　　　　　2. 陶山尊　　　　3. 陶爵

4. 陶灶

5. 碓（与蒙元墓中的陶仓具有相似指代意义）

6、7、8. 车马仪仗彩绘陶俑

图十二　唐恭陵哀皇后墓随葬品组合

1. 小型动物俑模型

2. 车仗模型　　　　　　　3. 胡人控驼俑

4、5. 仪仗俑　　　　　　　　　6. 男女仆侍俑

图十三　偃师杏园唐墓随葬品组合

此即明确提出忽必烈集结藩邸一念是在唐太宗招致十八学士启发下的产物。以此为目标，忽必烈广纳各色人才，时有"史天泽、刘秉忠、廉希宪、许衡、姚枢等实左右之，当时称治比唐贞观之盛"。① 不仅世祖朝如此，整个元代统治者均以建立所谓"贞观之盛"的政治秩序为目标，并以唐太祖与谏臣魏征的相处模式作为理想化的君臣关系。《贞观政要》一书获得了广泛重视，不仅皇帝与群臣通读之，更将其译作蒙古语大加推广。如忽必烈初即位，在征召人才时就提出聘"魏征之臣"："上即位，首召至都，问曰：'朕尝命卿访求魏征等人，有诸乎？' 对曰：'许衡即其人也。万户史天泽有宰相才，可大用。'"② 仁宗、英宗朝时，更命儒士将《贞观政要》译作蒙古语，前文提到的山东嘉祥元墓墓主曹元用就曾"奉旨纂集甲令为通制，译唐《贞观政要》为国语"，"书成皆行于时"。③ 直至元末顺帝朝，依然盛行以"纳言魏征"来譬喻理想化的君臣模式。④

由是观之，蒙元统治者对唐太宗和其治下的贞观盛世颇多钦羡，在政策制定上也多有借鉴。需要注意的是，元世祖忽必烈仿效"秦王幕府"组建潜邸、征召人才的重要据点，就是以怀孟路和奉元府为中心的洛—渭流域；从碑志材料看，洛渭流域最早采用"唐制"下葬人群，也确实多为以汉军世侯、遗金故吏和儒士群体为代表的忽必烈潜邸旧部及其家族成员，如刘黑马为太宗窝阔台所立汉军三万户之首、耶律世昌是成吉思汗时期的功臣耶律秃

① 《元史》卷176《王寿传》，第4103—4104页。
② 苏天爵：《元名臣事略》卷8"内翰窦文正公"条，第152页。
③ 《元史》卷172《曹元用传》，第4026—4027页。
④ 《元史》卷39《顺帝本纪》载："帝曰：'昔魏征进谏，唐太宗未尝不赏。汝其受之。'"第838页。

花家族成员、段继荣则是早期归元的亡金旧臣。这就为这一地区蒙元墓葬中追仿唐墓制度的现象提供了合理的注脚。

　　这批蒙古国和元早期的墓葬类型，既大量袭用了唐两京模式的主要特征，如带天井的长斜坡墓道、前后室和小龛的设置以及随葬品组合的类型；也适今从俗地融入了时代和人群特征，如仪仗俑在衣冠和面貌上涵盖了蒙古人、色目人、契丹人和"汉人"，这恰与该区域蒙元时期的人群构成和这批墓葬的墓主身份互为表里。这一墓葬模式确立之初很可能是作为专为彰表洛渭地区"潜邸旧侣"集团功绩的特殊葬制，昭示了蒙古统治者以关中、怀孟之地为据点，通过追法盛世古制，实现礼制改革与秩序建设的政治诉求。而随着这类墓葬类型在洛—渭地区的定型和普行，其逐渐成为这一区域特定人群因循的葬制定式，并逐步规范化、制度化，墓室数量、尺寸、小龛的有无、随葬品种类和数量的多少，基本与身份高低成正比（表一）。如官至中书左丞的贺胜，墓室边长在 4 米左右；其祖父贺贲等级稍逊，墓室边长约为 3 米；官至正七品的王世英夫妇墓主室边长则在 2 米左右。

　　值得注意的是，洛—渭地区蒙元墓葬对"唐墓两京模式"的追仿，无论是墓葬形式还是随葬器用都经历了三个阶段的变化，从暂无定制的制度初创期，到重视模仿的制度定型期，再到略有权宜的制度发展期。早期墓例的时段集中在大蒙古国时期，部分墓葬形制还保留着当地宋金砖雕墓单室墓的传统，随葬品相对简单，仍见金墓流行的十二神、武士俑和釜形谷仓罐；[①]在仿古器物的使用上，这一时期尚未形成簠簋组合的定制，而《三礼图》样制的璋瓒和秦式扁壶等器形时有出现。[②] 忽必烈前至元年间到延祐年间是洛渭流域特殊墓葬制度定型的阶段，明显可见由长斜坡、带天井的墓道、前后双室和左右小龛共同组成的墓葬结构，体现出对"两京模式"的严格模仿，在随葬器用上也渐次形成了簠簋、小型动物俑、五供、茶酒具以及仓厨模型等组合固定的磨光黑陶明器，尤以西安长安区刘渊镇墓、西安曲江孟村墓、西安南郊潘家庄 M122 等墓例出土品最为典型。元后期开始，这批特殊的"仿古化"墓葬在墓室结构上体现出多样而变通的时代特征，前后双室之外，另有梯形、圆形等变化，墓道也有竖井和斜坡之别。同时，从当前发现的墓例看，洛—渭流域这批随葬黑陶明器的墓葬在分布上明显以西安为中心区，沿

① 陕西省文物管理委员会：《陕西兴平县西郊清理宋墓一座》，《文物》1959 年第 2 期，第 39—40 页、转第 46 页。

② 陕西省文物管理委员会：《西安曲江池西村元墓清理简报》，第 57—61 页。

表一　陕西洛渭水流域蒙元墓葬统计表

▲ 有龟纽组　△ 无龟组

| 墓葬名称 | 年代 | 墓主身份 | 墓葬形制 | 墓室规模 | 墓道 | 小龛 | 仪仗 | 簠簋 | 动物 | 五供 | 仓厨 |
|---|---|---|---|---|---|---|---|---|---|---|---|
| 陕西兴平县墓 | 蒙古国 | | 长方形砖雕墓 | 3.48×2.70 | 不明 | ○ | ○ | ▲豆 | — | — | ○ |
| 西安曲江池段继荣夫妇墓 | 1252—1266 | 京兆府奏差提领亡金归元官员 | 前后室砖室墓 | 2.96×2.76 1.74×1.56 | 长斜 | — | ○ | △墓志扁壶 | — | ○ | ○ |
| 西安长安刘黑马墓 M17 | 中统三年 1262 | 汉军世侯都总管万户 | 前后室土洞墓 | 为刊布 | 长斜天井 | ○ | | 不明 | 不明 | 不明 | 不明 |
| 西安长安刘渊镇墓 M16 | 1275—1302 | 怀远大将军成都经略使 | 前后室土洞墓 | | 长斜天井 | ○ | ○ | ▲ | ○ | 不明 | ○ |
| 西安南郊山门口墓 | 元初 | | 前后室土洞墓 | 2.78×2.40 2.13×1.20 | 长斜 | — | ○ | | ○ | ○ | ○ |
| 西安曲江孟村墓 | 元初 | | 前后室土洞墓 | 2.46×2.34 2.70×1.65 | 长斜 | ○ | ○ | △ | ○ | ○ | ○ |
| 户县贺家墓 M3 | 元初 | | 长方形砖室墓 | 2.80×2.50 | 斜坡 | — | ○ | | ○ | ○ | 不明 |

续　表

| 墓葬名称 | 年代 | 墓主身份 | 墓葬形制 | 墓室规模 | 墓道 | 小盒 | 仪仗 | 簋簠 | 动物 | 五供 | 仓厨 |
|---|---|---|---|---|---|---|---|---|---|---|---|
| 户县贺仁杰墓 M2 | 1307 | 光禄大夫 从一品 | 长方形砖室墓 | 不明 | 斜坡 | — | 不明 | 不明 | 不明 | 不明 | 不明 |
| 西安南郊王世英墓 | 1306—1316 | 忠勇校尉 正七品由精通蒙语进身 | 前后室土洞墓 | 2.05×2.19 2.15×2.18 | 长斜 | — | ○ | — | ○ | ○ | ○ |
| 西南南郊皇子坡村武敬墓 | 1312 | 延安路医学教授儒医世家 | 圆形土洞墓 | 直径 3.00 | 竖井 | ○ | ○ | — | ○ | ○ | ○ |
| 西安雁塔南路元墓 | 14 世纪 10'—20' | | 前后室土洞墓 | 2.20×1.90 1.10×1.90 | 长斜 天井 | ○ | ○ | — | ○ | ○ | ○ |
| 西安南郊潘家庄墓 M122 | 延祐前后 | | 长方形土洞墓 | 2.56×1.56 | 长斜 天井 | ○ | ○ | △ | ○ | ○ | ○ |
| 西安南郊潘家庄墓 M238 | 延祐前后 | | 长方形土洞墓 | 2.46×2.18 | 竖井 | — | ○ | — | ○ | ○ | ○ |
| 宝鸡墓 | 延祐前后 | | 方形土洞墓 | 3.80×2.80 | 不明 | — | ○ | ▲ | — | ○ | ○ |
| 西安曲江李新昭墓 | 1325 | | 土洞墓 | 不明 | 不明 | 不明 | ○ | △ | ○ | ○ | ○ |
| 西安南郊潘家庄墓 M184 | 14C 初 | | 长方形土洞墓 | 1.95×0.8 | 竖井 | — | ○ | — | ○ | ○ | ○ |
| 西安玉祥门外墓 | 14C 初 | | 方形砖室墓 | 2.90×2.86 | 竖井 | — | ○ | — | ○ | ○ | ○ |

续　表

| 墓葬名称 | 年代 | 墓主身份 | 墓葬形制 | 墓室规模 | 墓道 | 小盒 | 仪仗 | 簋簠 | 动物 | 五供 | 仓厨 |
|---|---|---|---|---|---|---|---|---|---|---|---|
| 西安电子城墓 | 14C初 | | 不明 | 不明 | 不明 | 不明 | ○ | — | ○ | ○ | ○ |
| 洛川潘窑科村墓 | 14C初 | | 方形砖室墓 | 2.00×2.00 | 不明 | — | ○ | ▲ | — | — | ○ |
| 西安东郊十里堡墓 | 元后期 | | 长方形土洞墓 | 3.30×2.30 | 竖井 | ○ | ○ | 不明 | ○ | ○ | ○ |
| 西安北郊红庙坡墓 | 元后期 | 官员（八思巴文） | 不明 | 不明 | 不明 | 不明 | ○ | ▲ | — | ○ | ○ |
| 延安虎头峁墓 | 元后期 | | 八角形石室墓 | 1.30×1.30 | — | — | ○ | 爵 | ○ | ○ | ○ |
| 线周至县刘氏墓 | 1321 | | 梯形土洞墓 | 2.80×1.70 | 竖井 | ○ | ○ | — | ○ | — | ○ |
| 户县贺胜墓 M1 | 1327 | 中书左丞 正一品 | 方形砖室墓 | 4.10×4.10 | 竖井 | — | ○ | — | ○ | ○ | ○ |
| 西安曲江张达夫夫妇墓 | 1339 | 地方精英 | 梯形土洞墓 | 2.80×1.94 | 竖井 | ○ | ○ | ▲ | ○ | ○ | ○ |
| 西安东郊刘义世墓 | 1344 | 地方精英黄军虎镇调 | 长方形土洞墓 | 2.60×1.70 | 不明 | ○ | ○ | — | — | ○ | ○ |

洛水、渭水水系向周边扩散，西安地区墓葬面貌的变化序列最成体系，且随葬品组合较为齐备，而洛川、延安、宝鸡等地的墓葬数量明显较少，在墓室结构与明器用制复古面貌的呈现上也不及西安全面。

## 三、潜邸旧部：洛渭地区蒙元墓的所属人群

从碑志和墓券材料出发，结合墓葬形制与随葬器用反映的社会文化现象，可见渭水流域这批面貌上多仿唐制、并随葬一套仿古礼器的蒙元墓墓主大多归属于忽必烈潜邸旧部及其家族成员，这一群体一定程度上均有一定的儒家化倾向。

忽必烈于 1251 年获得了对中国北部的宗王管理权，随即在怀孟、京兆和邢州进行了一系列改革，计划在这些地区重新建立中国模式的政府，恢复经济。1252 年，当蒙哥向皇室成员分配新封地时，忽必烈采纳了儒士幕僚姚枢的建议，要求并得到了位于战略要地又极为富饶的渭水流域作为他的私人封地；借助谋士们的帮助，继续管理体制的改革和恢复经济的努力。①

《元史》卷四《世祖本纪》载："甲辰（1244），帝在潜邸，思大有为于天下，延藩府旧臣及四方文学之士，问以治道。"《经世大典·序录·典礼》"讲进"条言："世祖之在潜藩也，尽收亡金诸儒学士及一时豪杰知经术者而顾问焉。"②赵孟頫也提及："世祖潜邸，延四方儒士，諮取善道，故能致中统至元之治。"③明人叶子奇《草木子》则阐述了儒士在大元建朝过程中的重要作用："世祖既得天下，足赖姚枢牧庵先生、许衡鲁斋先生诸贤启沃之力。"④这批洛—渭之地受儒家思想影响的"潜邸旧侣"主要包括"儒士"、"方技"和军政人员三类人群：

1. 尊崇儒学的知识分子，即所谓的"儒士"。蒙元早期的"儒士"群体中既有忽必烈专门遣使礼聘的正统儒学名流，也有自金代起就律科及第的儒学世家，还包括了大批隐而不仕的地方精英。这一集团往往是尊崇程朱礼

① 傅海波、崔瑞德编：《剑桥中国辽西夏金元史》，史卫民等译，北京：中国社会科学出版社，2006 年，第 421 页。《元史》卷 58《地理志》"怀庆路"条："宪宗六年，世祖在潜邸，以怀孟二州为汤沐邑。"第 1362 页。
② 苏天爵：《元文类》卷 41，文渊阁《四库全书》本，第 1367 册，第 508 页。
③ 赵孟頫：《靳公墓志铭》，载《松雪斋文集》卷 9，摛藻堂《四库全书荟要》本，第 402 册，台北：世界书局，1988 年，第 346 页。
④ 叶子奇：《草木子》卷 3，北京：中华书局，1997 年，第 47 页。

学的儒者，在潜邸中多处于师儒地位，他们中的代表人物当推许衡、[①]姚枢和窦默。这些儒士努力将程朱儒学传播进蒙古汗廷，以确立其在汉地统治的正统性；另一方面，也极力促成传统礼制在整个社会的普及，杨惟中的"慨然欲以道济天下"、姚枢的"汲汲以化民成俗为心"、许衡的"不如此则道不行"均反映出这种"援俗入礼"和"以礼规俗"的治世理念，所谓"礼从宜，使从俗"。洛—渭地区蒙元墓中兼用古今之器的随葬器用和循古适今的仪俑组合，或与这一人群讲求礼制传承又强调结合时宜的治世理念相关。

2. 业有专精的技术人员，又名"方技"。这批人员或擅长医药，或精于建筑，或长于水利，或精通语言，或专于吏治，也有因特殊机遇而被忽必烈收作近侍、宿卫的。与前类儒士群体相较，这一群体的贡献不在于经世之学的理论构建，而是践履笃实的实行者。[②] 如葬于焦作中站的靳德茂[③]就是以擅长医术而入招潜邸的：先被征为尚药太医，忽必烈即位后被擢升为太医院副使，死后又因上位者"念藩邸之旧"而追赠阶嘉议大夫、怀孟路总管。同样以医药见长的还有西安西郊皇子坡元墓的墓主武敬，出身当地儒医世家，任延安路医学教授。[④] 而官至中书左丞的贺胜家族，则是自先祖贺贲其即被收入忽必烈宿卫近侍的"大跟脚"汉人勋贵集团，历朝均凭借"世祖旧部"享有封赐。

3. 军政人员。墓地位于西安地区的刘黑马家族作为太宗所立汉军三万户之首，自成吉思汗时期即获重用，立功众多，蒙古南下尽收宋地时亦戎马倥偬，是蒙古国—元朝初期极为重要的一支政治势力。漳县汪氏家族则是世掌巩昌路军政大权的军政世家：金元之际，巩昌汪氏以武功起家，称雄陇右；入元后仍世袭其地，门阀显赫。从金朝末叶起，到元朝灭亡的百余年里，汪氏六代握持兵柄，世袭巩昌等处便宜都总帅府都总帅，是元代传世最久、在西北地区有较大影响的世侯之家。此外，西安曲江池段继荣家族五世在金代皆有官阶，段继荣本人曾领金廷同知昌武节度使，后归顺大蒙古国，官至京兆府总管。葬于西安南郊的王世英官至忠勇校尉同知耀州事，在入

---

① 许衡神道碑的材料详见郭建设等：《许衡神道碑述考》，《中原文物》2006 年第 4 期，第 68—71 页。其弟许衎和许衎之子许师义的石墓志则见刊于索全星：《焦作市出土二合元代墓志略考》，《文物》1996 年第 3 期，第 67—71 页；索全星：《许衎、许师义墓志跋》，《华夏考古》1995 年第 4 期，第 95—101 页。

② 萧启庆：《忽必烈"潜邸旧侣"考》，第 123 页。

③ 靳德茂家族墓相关资料，详见焦作市文物工作队等：《焦作中站区元代靳德茂墓道出土陶俑》，《中原文物》2008 年第 1 期，第 19—35 页。

④ 该墓文物现藏于陕西省考古研究院，待发表，本文所引相关信息转引自杨洁：《陕西地区出土蒙元陶俑类型分析》，《文博》2013 年第 5 期，第 30 页。

蜀伐宋中战功赫赫。

以上三类人群虽然进入忽必烈潜邸的方式各有不同，但都受儒家思想影响颇深。元代大儒许衡家族墓自不待言；以医术征召入藩邸的靳德茂"自幼勉学"，且丧葬之礼"小敛、大敛皆尊古制"，墓志碑文更假怀孟路学正之手；洛阳大都路总管府判王英是金代律科及第的儒学世家；贺胜侍从许衡，"通经传大义"；①连兵马起家的漳县汪氏家族也颇重儒学，《汪氏祠堂碑》载其家"虽在军旅，崇儒重道，不废讲习"。②

## 四、小　结

洛—渭流域蒙元时期的墓葬风貌尽管在墓葬形式和随葬品组合上存在河南、关中和陇右三个小区域的局部差异，但均体现出统一的地域和时代特色：具有明显的仿古化趋势。随葬品中出现了大批所谓仿"三代礼器"的陶明器，在墓葬结构和器用类别上则与唐代墓葬十分接近。这批墓葬中的仿古礼器分别依据了聂崇仪《三礼图集注》和《重修宣和博古图》两套器用模式，在反映出区域差异的同时，也代表了蒙元礼器建设由"杂宋、金祭器而用"到依绍兴礼器模式"别置新器"的发展脉络。另一方面，洛—渭流域这批随葬有成套陶明器的土洞和砖室墓在墓葬结构和器用类别上与唐代墓葬十分接近，可以说在时隔宋金两朝后重新再现了唐代"两京模式"的墓葬模式；这也和统治者对贞观盛世的推崇密切相关，故而从潜邸组建、人才征召到治国策略上均对唐代"秦王幕府"故事颇多借鉴。

洛—渭地区蒙元时期墓葬面貌的复古化和墓主人群的集团化，实则反映出蒙元时期在社会秩序和"礼乐"建设上的政治追求，也与当时这一地区作为忽必烈潜邸、聚集了大批受儒家思想影响的"潜邸旧部"密切相关，是区域文化、政治诉求和人群特点综合作用的结果。

附识：本文原刊于《中国国家博物馆馆刊》2013 年第 10 期，收入本书时有所增订。

---

① 《元史》卷 179《贺胜传》，第 4149 页。
② 张维：《陇右金石录》卷 5，《中国西北文献丛书》，兰州：兰州古籍书店，1990 年，第 182 页，转引自汪小红：《元代巩昌汪氏家族研究》，兰州大学硕士学位论文，2007 年。

# 受伤的身体，复杂的现代性

## ——以 1906 年吕美荪电车事故为个案的分析

秦　方

1906 年 8 月，天津公立女学堂教习吕美荪（1881—1945）在乘坐人力车时不慎被电车撞翻在地，致左腕骨折，一度生命垂危。其时，中国在晚清自引入机械动力交通工具——如汽船、火车、电车和汽车——以来，诸如此类的交通事故频频发生。且天津电车自 1906 年 2 月通车运行以来，吕美荪亦非首位受害者。但是，突然之间，此次事故成为京津人士和媒体瞩目的焦点。据笔者目前所知，天津《大公报》《津报》以及北京的《华字汇报》等均对吕美荪这一事故进行了报道和追踪，包括事故经过、入院医治、官方调查、社会反应、读者来信、政府回应等等。在某种程度上，这些以"一志""再志""三志""四志""五志"等为题的连续记录和论述将这次交通事故转变为一次社会事件。① 其结果是，在事故发生后一个月内，经由媒体网络而被联系起来的各地读者纷纷跟随这场事故的起落，经历了一场暴风骤雨般的文字洗礼。这些文字乍看充斥着沸沸嚷嚷的热闹，但其实，对中国现代性的思考却始终贯穿其中，成为那条可以将各种声音像珍珠一样串起来的丝线。

作为理解政治、社会和思想变化的一种视角，中国现代性源于近代中国因西方/日本殖民力量入侵而产生的危机感和焦虑感。具体而言，在物质层面上，它表现为对于西方器械和技术的追求；在心态上，它表现为像梁启超、严复等知识精英提倡的线性时间和历史的意识。但是，面对这种以西方为模板、以精英为核心的中国现代性模式，很多学者也提出质疑，认为这其实是一种强调现代化趋同性的刻板模式，赋予其启蒙前进式的乐观特质，因而

---

① 此种论述方式可被视为晚清自大众媒体出现后的新式书写方式，至少可以追溯到 1870 年代《申报》对杨乃武与小白菜案的报道，由此形成了晚清以新闻媒介为核心的社会力量对政府权威影响甚至干预的舆论模式。

忽视了隐藏在表象下面错综复杂的权力关系。"在近现代的历史演变过程中,现代性并不只是出现在特定的某一时间、某一群知识分子、某一群政治人物,而是还有很多不同层次、更复杂的现代性,甚至还有许多摆在现代社会里非现代的动作、活动与追求在里头。"①因此,有学者近来开始探讨中国现代性作为想象、观念和经验的可能性,并强调现代性既具创造性又暗含颠覆性的潜力。② 而本文正是在前人学者研究成果的基础上,试图通过对1906 年吕美荪电车事故三种不同角度的解读,将现代性理解为一种"有关空间和时间、自我和他者、生活的可能和危险的经验",③以此勾勒出近代中国既有高声喧哗又有低声呓语的喧嚣混杂感。

吕美荪所经历的电车事故,首先可以被置于西方现代性移植至中国这一历史脉络中进行解读。尽管电车在晚清舆论中多被誉为"西方文明之利器"而受到推崇,但是在 20 世纪初期天津这样一个具体的时空环境中,电车却成为地方社会隐晦抗拒和挑战西方殖民力量的载体。在津人眼中,电车的兴建和运行,除了破坏天津传统的城市空间、打击天津地方经济、破坏中国司法权力外,实无多少益处,因此,津人多以抗争和拒绝的态度对待这移植至中国的西方利器。而吕美荪身为女教习的身份,更是将电车的现代性打了个折扣。就某种意义而言,电车和女学可谓中国现代性的一花两果,本是并行不悖,一为器物文明,一为智识启蒙。但是经由吕美荪的受伤,电车俨然被打上了摧残女学之烙印。不仅如此,此一事故亦成为京津各女学携手塑造新式女学界身份、强化同群意识的契机。同为近代中国的新生事物,电车和女学呈现出截然不同的命运轨迹。而吕美荪这位当事人,在事故当时并未发声,而是在时隔 35 年之后的自传文字中忆起当年这段旧事。饶有深意的是,吕美荪既没有控诉电车的破坏性,亦没有宣扬女学的意义,而将自己的受伤归因于历劫和因果,认为是自己未守誓言而受到上天责罚。本应该是最新的人物,但却选择了一种"落伍"的表达方式,回归至神秘主义思想。这一方面与其作为中国现代性受益者和受害者的双重承担不无关系,另一方面也折射出中国现代和传统之间参差交错的关系。要而言之,通过

---

① 巫仁恕:《导言》,巫仁恕、康豹、林美莉主编:《从城市看中国的现代性》,台北:中研院近代史研究所,2010 年,第 iv 页。

② 如 Leo Ou-fan Lee, *Shanghai Modern: The Flowering of A New Urban Culture in China, 1930—1945*, Cambridge: Harvard University Press, 1999.

③ Marshall Berman, *All That Is Solid Melts into Air: The Experience of Modernity*, New York: Penguin Books, [1982] 1988, p.15.

对同一事件三个不同视角的阅读，文本所界定的现代性既是器物层面的又是感知层面的，既具有建设性又具有摧毁力，而这恰恰构成了近代中国现代性的内在张力和动力。

# 一、电车与身体

1906 年 8 月 22 日早上约 11 点钟，时任天津公立女学堂教习的吕美荪从学校走出，[①]坐上吴二所拉之人力车，向前驶去。[②] 对于 20 世纪初期像天津这样的大都市，相较于马车或者轿子，人力车因其便捷和便宜，已经成为很多普通女性出行的首选工具。[③] 因此，吕美荪这一举动颇为平常。谁都未曾料到，灾祸随之而来。在人力车途经天津东马路和北马路交口处的电车轨道时，吴二见电车并未开动，便试图拉车过轨。但此时，电车亦开动，瞬间已近咫尺。吴二欲将人力车折回，却为时已晚。根据后来巡警的事故调查，[④]"洋车被电车撞翻，将吕女士跌落铁轨上，头向东南，脚向西北，仰面向上"。[⑤] 吕美荪本无法避免车碾之命运，但当时不远处的岗警李栋臣眼疾手快，将吕美荪从铁轨上拉下，只是其左腕仍未取回，被电车轧伤。更为幸

---

① 天津公立女学堂成立于 1904 年 11 月，是近代中国华北地区最早的由官方和地方士绅共同资助兴办的女学堂之一。该校最初由傅增湘担任监理，后由教习吕碧城全权负责。《天津公立女学堂开学情形》，《大公报》1904 年 11 月 8 日第 3—4 版。有关整个学校的建立过程，见方豪：《英敛之先生笔下的吕氏四姊妹》，《方豪六十自定稿》，台北：学生书局，1969 年，第 2064—2077 页。

② 关于吕美荪行程终点，说法不一。在 1906 年事故发生时，有报纸指出吕美荪前往其担任教习一职的另外一所女学严氏保姆讲习所。《论男女同学之利弊》，《津报》1906 年 8 月 28 日第 3 版。而据吕美荪自己回忆，她是前往大公报馆。详见下文。

③ 据学者研究，人力车最早是在 1870 年代早期由一位法国商人传入至上海。大约在 1880 年代早期便进入天津，并逐渐流行起来。据 1906 年日本的调查，该年天津有 6127 辆商用人力车和 611 辆私用人力车。刘海岩：《空间与城市：近代天津城市的演变》，天津：天津社会科学院出版社，2003 年，第 66—68 页；中国驻屯军司令部编：《天津志》，侯振彤编译，改名为《二十世纪初的天津概况》，天津市地方史志编修委员会总编辑室出版，1986 年，第 99—100 页。

④ 天津巡警建立于 1900 年庚子之变后都统衙门统治时期。1902 年，当天津归还给直隶总督袁世凯时，袁氏将巡警系统接管过来，并且使之成为维护社会治安和保卫地方政府的主要警察力量。20 世纪初期，天津巡警包括南段巡警总局和北段巡警总局两大体系。《导言》，倪瑞英等译：《八国联军占领实录：天津临时政府会议纪要》（上册），天津：天津社会科学院出版社，2004 年，第 5—6 页；侯振彤译：《二十世纪初的天津概况》，第 170—171 页。

⑤ 《电车伤人三志》，《津报》1906 年 8 月 26 日第 6 版。

运的是，当吕美荪血流如注时，恰有一位天津军医学堂毕业生经过，①"急将其臂用布扎紧，始得将血止住……否则血流太多，必至不救"。②

紧接着，吕美荪被送到天津女医院，这大约是因为女医院专门治疗女性病人。③ 不久，吕美荪挚友、时任《大公报》总经理的英敛之得知吕受伤的消息，匆匆找来，只见美荪"仰卧箧箸中，左腕骨折，血迹模糊，昏愦中痛哭不止"。④ 在这时，至少有两位医生在场，一位是英敛之匆忙请来的苏医师，另外一位是时任北洋军医学堂总教习的平贺经次郎。⑤ 从英敛之的记述来看，平贺似乎也是从某处得知吕美荪受伤的消息，匆匆赶来医院。经过讨论，众人一致决定，将吕美荪送到天津官医院，可以让平贺医生给予更好的治疗。因此，众人匆忙又将吕美荪抬至官医院。一路上，英敛之"路中为托捧其右［疑为'左'］手，折腰而行，日下汗出如浆"。经过等待和清洗，平贺医生为吕美荪动了手术，"锯去骨两小段，约寸余"。⑥ 此后，吕美荪在医院中大约住了一个月的时间，最终痊愈出院。

吕美荪受伤获救这一扣人心弦的场景，可以说是各种现代力量的汇聚。不管是拉车的人力车、撞人的电车、那位眼疾手快的巡警、好意急救的天津军医学堂毕业生还是治愈吕美荪的日本医师，这些都反映了晚清中国——尤其是在天津这样的通商大埠中——在应对西方殖民挑战和跻身国际竞争时所发展起来的现代性事物和群体。但是，相较于人力车、巡警、军医学堂学生和日本医生被赋予的挽救性形象，电车似乎只是凸显了现代性的破坏力量，成为日后唯一一个受到谴责的新事物。为何是电车？

1904 年，文人柳亚子曾经乐观地描述了这样一幅图景："海通以来，欧美文明窈窕之花，将移植于中国。弥勒约翰、斯宾塞之学说，汽船满载，掠太

---

① 北洋军医学堂成立于 1902 年 11 月，是袁世凯在庚子事变后以直隶为中心实行其新政的主要举措之一。赵宝琪、张凤民编：《天津教育史》（上册），天津：天津人民出版社，2002 年，第 145 页。

② 《电车伤人再志》，《津报》1906 年 8 月 25 日第 6 版。

③ 此处女医院有可能是 1906 年初期以广仁堂为中心创办的女医院和女医学堂，主要致力于包括接生在内的与女性有关的医疗和教学。天津档案馆藏：《一宗督宪袁札兴办女医学堂卷》，401206800－J0130－1－000093。

④ 方豪：《英敛之先生日记遗稿》，1906 年 8 月 22 日条，台北：文海出版社，1974 年，第 1057 页。

⑤ 有关北洋军医学堂的简介，参见邓铁涛、程之范主编：《中国医学通史近代卷》，北京：人民卫生出版社，2000 年，第 486 页。平贺经次郎，原军医三等正，曾任天津日本病院院长，1902 年任北洋军医学堂总教习。见严修撰：《严修东游日记》，武安隆、吴玉敏点注，天津：天津人民出版社，1995 年，第 61 页。

⑥ 方豪：《英敛之先生日记遗稿》，1906 年 8 月 22 日条，第 1057 页。

平洋而东。"①我们姑且将欧美文明移植至中国的内容（"弥勒约翰、斯宾塞之学说"）放置一边,此段话至少呈现出时人将汽船视为现代性的器物载体的理所当然。事实上,有学者已指出,早在晚清时期,声、光、化、电便被视为中国现代性在技术层面的重要特质。② 而电车和汽船一样,在晚清中国的媒体舆论中,向来以"文明进步的利器"这一进步性的形象出现。③ 遍阅晚清报刊,其中推崇西方社会电车之高速、增加人们生活之便利以及艳羡因电车产生的巨额利润等文章俯拾皆是。④

但是,当电车被"移植"至中国后,或者更具体地说,当天津成为近代中国第一座常规运行电车的城市时,津人对于电车的态度,就像其他很多非西方国家和地区面对近代以西化为核心的现代性移植时一样,往往混合着羡慕与恐惧、自卑与骄傲等心度。⑤ 甚至在某种程度上,天平更倾向于反对和抗拒电车这一西方殖民霸权强加于天津的现代性器物。

天津电车的兴建,与1900年后西方殖民力量以政治、军事等手段强行改变天津城市空间有直接的联系。庚子之变后,英、俄、日、法、美、德、意七国组成都统衙门,实行对天津的占领和治理。1901年1月,都统衙门下令拆除天津的四面老城墙,并在城墙基础上建起环城马路。"照得津郡街市地面窄狭,于各商往来运货甚为不便,兹本都统等公同商定,所有周围城墙全行拆尽,即以此地改筑马路之用。"⑥同年6月,都统衙门召开会议,决议在环城马路的基础上修建环城电车,并将修建权和经营权授予由比利时投资的电车电灯公司（Electric Traction & Lighting Co.）。⑦ 天津城墙建于明朝,和当时中国其他很多城市一样,是四方形,象征着传统"天圆地方"这种天人和

---

① 柳亚子代倪寿芝执笔:《黎里不缠足会缘起》,《女子世界》1904年第3期,第72页。
② Leo Oufan Lee, "The Cultural Construction of Modernity in Urban Shanghai: Some Preliminary Explorations", Yeh Wen-hsin ed., *Becoming Chinese: Passages to Modernity and Beyond*, Berkeley: University of California Press, 2000, p.35.
③ 《文明进步的利器》,《大公报》1905年6月24日广告版。
④ 在此仅举数例。如《电车迅速》,《湘报》1898年第89号,第355页;《电车速率》,《商务报》1904年第11期,第51页;《电车调查》,《东方杂志》1905年第5期,第14页。
⑤ Dominic Sachsenmaier, "Multiple Modernities: The Concept and Its Potential", Dominic Sachsenmaier, Jens Riedel, and Shmuel Eisenstadt, eds., *Reflections on Multiple Modernities: European, Chinese, and Other Interpretations*, Leiden and Boston: Brill, 2002, p.46.
⑥ 西村博编:《天津都统衙门告谕汇编》,《八国联军占领实录》（下册）,附录一,1901年1月21日条,第806页。
⑦ 《第157次会议》（1901年6月14日）,《八国联军占领实录》（上册）,第318—319页。该公司董事长是当时在天津乃至全国范围内都很有影响力的德国人德璀琳（Detring Gustavvon, 1842—1913）,这或许与该公司得到各项权利有一定的关系。

谐的宇宙观。因此,尽管都统衙门宣称此举是出于促进商业的好意,但是,在津人眼中,这四面城墙不仅象征了天津的城市地位(区别于周边的村镇),而且是几百年来天津人早已习惯了的日常存在。城墙的拆除,就像被列强占领的天津一样,预示了传统的观念和生活方式在西方现代性面前的溃不成军,因此,地方士绅很是不满。"从中国人的观点来看,拆除旧城墙似乎是一种破坏行为,为首的士绅们请愿说,他们不愿住在没有城墙的城里遭受耻辱。"①但津绅的抗议似乎全无效果。

1902 年夏天,当都统衙门决定将天津归还给直隶时,都统衙门指出:"鉴于联军各国政府一直认为它们并未与中国宣战,临时政府应该考虑中国政府的继承关系,而中国也应承认临时政府各项法令的合法性,如同中国朝廷法令一样有效。如果允许在某一细节上否定这些法令的有效性,那就等于侮辱本政府的创立者,进而否定本政府存在的全部理论,从而为一场国际性的争端和混乱敞开大门。"并将"与电车电灯公司及自来水公司之间签订的协议,中国当局应明确予以承认"这一条款列入"本委员会认为必须接受的条件"这一类别之下。② 此后,时任直隶总督和北洋大臣的袁世凯将都统衙门的条款接收下来,并且取代都统衙门和电灯电车公司进行更进一步的谈判,最终于 1904 年 4 月达成《天津电车电灯公司合同》。③ 大约在 1905 年 5 月,电车轨道修筑工程开始动工。④ 可想而知,西方殖民力量这种以胁迫的手段将电车强行嫁接给天津的做法,在地方社会引起了很大的反弹。此后数月,天津舆论连篇累牍地刊登各种有关电车必要性的讨论,支持者和反对者各执一词,但后者明显占据了上风,认为电车的修筑不仅有损中国主权,而且破坏百姓生活,甚至有人直言"鄙人非不满于电车,实不满于天津之所以兴办电车也"。⑤ 更糟糕的是,这时又恰逢在全国范围内掀起轰轰烈烈的抵制美货运动。于是,反抗电车和抵制美货都因为与外国沾了边而合情合理地汇流在一起。"现在我们中国民气之盛,团体之坚,真是一件可喜的事。就说如今全国抵制美约洋人、议阻电车这两件事,从来没有如此齐心

① O. D. Rasmussen, *Tientsin: An Illustrated Outline History*, Tianjin: The Tientsin Press, Ltd., 1925, p. 226.
② 《天津地区临时政府委员会关于该政府移交中国当局的建议书》,《八国联军占领实录》(下册),第 622—624 页。
③ 《天津电车电灯公司合同》,天津市档案馆藏,馆藏编号 J0001 - 3 -003329 -002。
④ 《电车近闻》,《大公报》1905 年 5 月 20 日第 5 版。
⑤ 《本报记者与友人某君论天津创办电车事书》,《大公报》1905 年 6 月 20 日第 2 版。

的。"①或许电车这种技术本身是现代性的载体,但是人们对于此载体的认知却充满了情感性的发挥。电车尚未运行,便被打上了原罪的烙印。

与此同时,对电车的抵制,逐渐从文字抨击发展至行动抗议。当时,天津商会上书地方政府,指出电车的八大害处,如电车导致人力车夫失业、商家门市因电车来往影响营业、行人和学生行路安全受到威胁等。② 其中,对脚行和人力车夫的生计威胁一直是最强有力的反抗电车的理由。因此,这些在社会底层求生活的苦力们多次聚集,恳求当道停止电车,以保存生计。③ 他们甚至还联合签名,支持各商行提出的三个抵制办法,即不装货、不坐人、不燃电灯。④ 这种日趋激进的行为让地方政府颇为不安,特意下令说"倘敢造会滋事,一经查觉,或被告发,定将为首之人按律严惩"。⑤ 同时,地方政府亦重申此事因是都统衙门遗留事务,政府无力挽回,以期缓和矛盾。"此次电车之设,前都统衙门既经批定,宫保督宪核其原订章程,多未妥协,尤复派员切实磋商,坚持两年,删改数次,凡有碍地方利权小民生计者,业已挽回。案经奏定,万无中止工程之理,亦并无关碍民生之处。"⑥

就这样,在反对者和支持者、商会精英、下层苦力与天津政府的熙攘纷争中,1906 年 2 月 16 日,天津环城电车开行,票分为头等和二等,"头等客车每位行城墙旧趾[址]马路一面铜元四枚,二等客车行一面二枚,半面一枚"。⑦ 有意思的是,舆论与商会反对电车的激烈与津民视电车为新事物的新奇和欢迎形成了反差。电车刚运行时,"道旁观者如堵"。⑧ 甚至有顽皮孩童"围着观看,跟着车跑"。⑨ 就连反对者都承认"电车开驶而后,旅行既便,票价尤廉,境内欢迎,无庸赘述。故座间客满,肩为之摩,甚至有无甚要事姑借以游览者,其为人所信用可知,而前途之发达更可知"。⑩ 百姓或许无法像地方士绅那样体会、言说庚子之痛、西方之霸权、政府之妥协,但是,

---

① 《给抵制电车的解围》,《大公报》1905 年 6 月 14 日第 5 版。
② 天津社会科学院历史研究所、天津市工商会联合会编:《天津商会档案汇编(1903—1911)》,天津:天津人民出版社,1989 年,第 2243—2244 页。
③ 《众赋苦人恳求停办电车》,《大公报》1905 年 6 月 5 日第 4 版;《公恳面求》,《大公报》1905 年 6 月 30 日第 5 版。
④ 《公议抵制电车续志》,《大公报》1905 年 6 月 13 日第 4—5 版。
⑤ 《津海关道天津府县会衔谕禁抵抗电车告示》,《大公报》1905 年 7 月 11 日第 4 版。
⑥ 同上。
⑦ 《电车初次开行》,《大公报》1906 年 2 月 17 日第 5 版。
⑧ 同上。
⑨ 《巡警局白话告示》,《大公报》1906 年 2 月 21 日第 5 版。
⑩ 《津郡绅商为轧毙幼孩案公呈督院禀稿书后》,《大公报》1906 年 3 月 11 日第 3 版。

谁能否认电车为他们带来的新奇、方便、效率就不是中国现代性的一种感知和经验？

电车开行之后，原先最受关注的脚行和人力车夫失业问题似乎并未发生，但是，交通事故却频频出现。3月间，电车运行还不到一个月，一名吕姓幼童便被电车轧毙，成为首例受害者。津郡绅商立刻上书袁世凯，坚持此案决不能含混了结。① 但是，上书似乎并未阻止电车继续伤人。据笔者统计，从2月份电车开始运行至8月22日吕美荪车祸，环城电车至少导致了5起轧撞、轧伤、轧毙事件，受害者包括被轧毙的吕姓幼童、右腿及腰脸被撞伤的某甲、②年方四岁的女娃桂姐、③右腿被轧断的年方二十余岁的某甲④以及一位卖香人。⑤ 甚至就在吕美荪受伤的当天，同一辆电车在早些时候还撞伤了一位三十余岁的沈姓炮手(一说苦力)。⑥ 其结果是，当时媒体上经常出现诸如《电车伤人》《电车轧人》《搭坐电车宜慎》类似标题的新闻。电车的新鲜感逐渐因这些事故而被蒙上阴影。

与事故紧密联系的是在法律层面的认责和判罚问题。在中国传统社会法制观念中，因行车而引发的冲突多以"贵贱、尊卑、长幼、亲疏和良贱的差异，而决定罪行的有无及其处置方式"，⑦且一般是由地方长官进行审理和判定。但时至近代，传统法制理念和实践因西方人援引领事裁判权、新式交通工具出现、驾驶者和受害者权力失衡等因素变得尤为复杂。如邵建对上海人力车和马车冲撞事故的分析中就指出，这些事故多因受雇于官家或富家之马车夫恣意驾驶而引发，因此，社会舆论多倒向人力车，谴责马车。⑧而政府亦倾向于对特权方制定规则加以约束，如在1906年新制定的交通规则中，"凡人众繁盛之区不得急驱车马以防危害"。⑨ 至电车出现后，电车公

① 《津郡绅商为轧毙幼孩案公呈督院禀稿书后》，《大公报》1906年3月11日第2—3版；《天津绅士华君世铺等公呈县尊禀稿》，《大公报》1906年3月20日第2版。
② 《电车撞人》，《大公报》1906年7月6日第4版。
③ 《电车撞人》，《大公报》1906年7月9日第4版。
④ 《电车伤人》，《大公报》1906年8月4日第4版。
⑤ 《电车险哉》，《大公报》1906年8月15日第5版。
⑥ 《电车伤人再志》，《津报》1906年8月25日第6版。
⑦ 黄金麟：《历史、身体、国家：近代中国的身体形成(1895—1937)》，北京：新星出版社，2006年，第94页。
⑧ 邵建：《清末上海城市交通事故与社会舆论——以〈申报〉相关报道为线索》，《社会科学》2011年第7期，第165—173页。
⑨ 《巡警部新定交通规则》，《津报》1906年6月2日第6版。

司多是由西人投资，雇佣一些被鄙为"粗野不堪"的中国人为司机人，①先由洋人对其进行开车停车之培训，然后司机人再独立驾驶。② 很多中国司机人"往往倚洋商为护符，以凌轹同胞，丧心失德，莫此为甚"。③ 就连马车亦成为电车的受害者，④这俨然在原有的行人—人力车—马车基础上构成了新的权力结构。而此权力结构，固然与洋人的介入有一定关系，但是电车这种现代化的技术亦成为司机人得以肆虐地面的自信所在。

当电车事故最初发生时，由于中国法律还没有针对此类事故而制定的惩治规则，因此，审判此类案件，主要涉及两个问题：一个是由谁来审判此类案件，一个是如何认定过失方。当时，天津士绅尤其担心外商公司会援引领事裁判权，袒护过失方，因此，当首例电车事故（3月份吕姓幼童被轧毙）发生时，天津士绅明确提出"电车轨道，悉属中辖，凡有讼狱，应由华官裁判"。⑤ 而根据天津巡警局与电车公司谈判签订的《天津巡警局与电车公司会定行车专章》有关条例，司机人如为中国人，应送由地方官按律惩办。⑥ 最终，吕姓幼童轧毙案由天津县令审理，司机人张瑞廷"应照在街市镇庄骤驰车马例，拟徒流之罪，追缴埋葬银十两，照新章送习艺所罚充苦力三年"。⑦ 此案为日后大部分电车事故案由天津县令审理定下先例。

至于吕美荪事故，其焦点主要在于确定过失方，究竟是人力车夫吴二擅闯铁轨所致，还是电车司机人鲁莽所致。根据《天津巡警局与电车公司会定行车专章》条款，司机人或者专配给司机人之助手"如距车十丈之远，见铁轨上有行人徘徊，即连吹信号，俾得闻声知觉以便躲避"。且"车行转湾［弯］

---

① 《来函三则》，《大公报》1906年8月31日广告版。

② 《电车慎重司机》，《大公报》1906年3月10日第5版。

③ 《津郡绅商为轧毙幼孩案公呈督院禀稿书后》，《大公报》1906年3月11日第3版。

④ 如《大公报》载："前数日某电车撞坏马车一辆，反将马车扣留；又有洋车躲避稍迟，即嗾使义国人下车殴打而又迁怒警兵咆哮警局。即此以观，则司机人恃洋势以害同胞，昭然如揭。"《天津绅士华君世镛等公呈县尊禀稿》，《大公报》1906年3月20日第2版。

⑤ 《津郡绅商为轧毙幼孩案公呈督院禀稿书后》，《大公报》1906年3月11日第3版。

⑥ 《天津巡警局与电车公司会订行车专章（公司尚未签允照办）》，《津报》1906年9月9日第4版。该专章还指出："倘有司机人系洋人，即送由该管领事官，按本国律例惩办。"此份专章之谈判，应始于袁世凯从都统衙门手中接管天津后与电灯电车公司的商谈。这份专章，已经袁世凯批审，但是在送到电车公司由外方批准时，该公司却以负责人不在中国为由进行拖延，且吕美荪被撞时，都未能签字，因此，这份专章并没有形成一份双方共同认可的具有法律效力的文件。但是，至少在中方看来，当天津县令审判电车事故案件时，这份专章是可以援引为审判依据的。

⑦ 《判定电车轧毙幼女案》，《津报》1906年6月2日第6版。

处须较迟慢,以防车轮出轨致撞行人,车行路歧处及人多处,亦应稍慢"。①
而根据后来巡警局的事故调查,撞伤吕美荪的电车"并未响铃而又不照章缓
行",②因此,应负全责。但是,当事故发生后需要问责司机人时,这位上工
才十多天的司机人刘得胜却藏匿不见。③ 最终,当刘得胜被拿获归案时,根
据他的口供,当他在事故后返回公司时,"洋人即不令出门,亦不允令家人见
面。……适有保人来找,始经洋人放出"。④ 刘的供词似乎也从侧面证实了
津人对于外人横加干涉中国司法权力的焦虑。由于资料匮乏,我们无法得
知刘得胜最后究竟获得何种刑罚。只有后来的一条新闻为我们提供些许信
息。1907 年 1 月,当刘得胜之妻金氏前去县衙请求释放刘时,"以刘得胜开
行电车并不照章谨慎从事,以致轧伤吕女士成废,实属罪有应得,着候提案
复讯□断,所禀应不准行"。⑤

## 二、女学、媒体与身体

在晚清天津所有因电车而受伤或死亡的受害者中,吕美荪无疑是最受
关注之人。这从当时官方的态度和行为便可看出。事故发生后,不仅各级
官员陆续前往医院探望美荪,而且有关事故调查、电车整饬等公文亦先后在
报刊上刊登出来。吕美荪住院后,"南段巡警局总办段观察［段芝贵］即派
总局课长刘孟扬君、课员陈仪恒君、该管一局二区区长赵永平君前往官医院
看视,一局局长王桂林君亦力疾前往",⑥不久,段芝贵本人亦"亲到官医院
慰问伤状"。⑦ 袁世凯不仅札文南段巡警总局,要求其与海关道传谕电车公
司,筹办防止电车事故之办法,"俾免危害而维公安",⑧而且私下还"命公子
克文日走视"。而医药费则由"北洋女学总理傅沅叔［傅增湘］太史之为请

---

① 《天津巡警局与电车公司会订行车专章(公司尚未签允照办)》,《津报》1906 年 9 月 9 日第
　4 版。
② 《电车伤人三志》,《津报》1906 年 8 月 26 日第 4 版。
③ 《电车伤人再志》,《津报》1906 年 8 月 25 日第 6 版。据此日新闻所录,司机人名为王树森,
　但据后来报道,应为刘得胜。
④ 《电车伤人案五志》,《津报》1906 年 8 月 30 日第 6 版。
⑤ 《不准宽释》,《大公报》1907 年 1 月 24 日第 7 版。
⑥ 《电车伤人再志》,《津报》1906 年 8 月 25 日第 6 版。
⑦ 《电车伤人四志》,《津报》1906 年 8 月 28 日第 6 版。
⑧ 《袁宫保札南段巡警总局文》,《津报》1906 年 9 月 4 日第 6 版。

公帑"。① 当时北京《华字汇报》甚至"探闻驻京各国公使……开会集议天津电车轧毙女教习一案，均谓此案津民异常愤恨，恐生事变"。②

官方此种积极介入的态度，或有试图平息公愤的考量在内。但是，这与当时报界有意运作、制造舆论压力亦有很大的关系。在某种程度上，吕美荪可以说是一位被公开制造出来的电车受害者。前文曾指出，时任《大公报》总经理的英敛之在事发第一时间就赶到医院，且日后几乎每天都去医院看护美荪。不仅如此，美荪受伤次日，英敛之便前往地方名绅温世霖处"商邀集绅士处治电车伤人事"。③ 数日后，英敛之又前往《天津日日新闻》主笔方药雨处"嘱各报登电车伤人争筹善后法之来函"。④ 而当时另外一份追踪报道吕美荪事故的《津报》亦是前文曾经激烈反对电车的天津商会出资兴办。⑤ 可以说，基本上当时天津几大主要报纸和社会力量都汇集于此次事故报道之中。其结果是，他们联手在公共媒体中打造出一位无助的、倒在电车轮下的女性形象。比如当时很多报道着重强调电车对吕美荪身体伤害的细节。如据《大公报》报道："女士现在女医院中……左腕折断，血迹模糊，一息如丝，奄奄仅属……女士痛彻心骨，死而复苏者，再入院用薰药后，将伤处洗涤，见外骨已断，遂将其伤骨锯断寸许，烂肉剪去数块。"⑥《津报》亦载录吕美荪受伤细节："该受伤人手腕以上之骨被轧碎一段，将及二寸，幸性命尚不至有碍。自初三日上午被轧后至初四日午后依然昏迷不省人事，情形甚为可惨。"⑦甚至北京的《华字汇报》亦有"平贺先生将该女士伤骨锯断，并剪去烂肉数块"等细节。⑧ 在此种语境中被制造出来的吕美荪，只能永远且必须保持在受伤的状态之中。而事实上，此时的吕美荪在医院中日渐好转，从"夜一点后颇痛楚，两点后尚安静"，⑨逐渐至"言语颇清，神情亦好，惟尚不能起坐"。⑩ 她甚至特意恳请好友英敛之请来一位日本摄影师，来病房为

① 吕美荪：《美荪自记三生因果》，《菦丽园随笔》，出版地不详，1941 年，第 86 页。
② 《各国使会议天津电车毙命案》，《华字汇报》1906 年 9 月 6 日第 2 版。
③ 方豪：《英敛之先生日记遗稿》，1906 年 8 月 23 日条，第 1058 页。
④ 方豪：《英敛之先生日记遗稿》，1906 年 8 月 30 日条，第 1060 页。
⑤ 马艺：《天津新闻传播史纲要》，北京：新华出版社，2005 年，第 197 页。
⑥ 《女学界之不幸》，《大公报》1906 年 8 月 24 日第 4 版。此处细节性描写与英敛之日记中的描述高度类似，大约是英氏将日记文字转换为报刊文字。方豪：《英敛之先生日记遗稿》，1906 年 8 月 22 日条，第 1057 页。
⑦ 《电车伤人再志》，《津报》1906 年 8 月 25 日第 6 版。
⑧ 《惜哉吕女士》，《华字汇报》1906 年 8 月 25 日第 4 版。
⑨ 方豪：《英敛之先生日记遗稿》，1906 年 8 月 24 日条，第 1059 页。
⑩ 方豪：《英敛之先生日记遗稿》，1906 年 9 月 2 日条，第 1063—1064 页。

其拍照一张，"邀河野照相人同至官医院为眉生二妹拍受伤卧病小照以作记念。以为梅生昨所特嘱者也"。① 而此类的恢复过程和细节却从未在公共媒体中出现。病房中的闲适与病房外的"可惨"，仿佛是两个美荪、两个世界。

像此次事故报道中凸显女性受损身体的书写策略，其实在中国文化传统中早有先例。如在列女书写传统中，女性的身体，多通过自杀、自残示其贞节或者割股以示孝道等方式表现出来。② 在这些记述中，记述者多强调这些女性以自己的身体主动地表现自我意愿，既而合理化其行为背后一种更为宏大的意义——如维系道德、对抗异族等。时至近代，这种以女性身体为载体或隐喻来阐发政治、道德或文化诉求的习惯被延续下来，只是其呈现的方式因中国内外交困的社会现实而变得更为复杂多样。如 1905 年杭州惠兴女士在兴学时自毁身体立下誓言："是日，氏忽当众前袒一臂，用刀割肉一片，誓曰：'今日为杭州旗城女学校成立之日，我以此血为纪念。如此校关闭，我必以身殉之。'"③从惠兴的割股行为，我们可以清晰看到传统女性以身体为主张这一惯例的延续，只不过其道德忠诚的对象，不再是从前的翁姑、丈夫或者父母，而是近代杭州城内的一所女学，或者更进一步说被赋予强国保种意义的女性教育以及正在风雨中飘摇不定的国家民族。而吕美荪这样被电车撞伤的身体，尽管从表面看来与惠兴主动毁身兴学的行为大相径庭——吕美荪的受伤是一种毫无预期的、被动的身体和机械相互碰撞的结果，但是，越是凸显美荪这种脆弱的、受伤的身体，越是与来势汹汹、势不可挡的机械动力（电车）之间，构成强烈的反差，从而可以产生一种悲情式力量。而天津报界和社会力量通过受伤的美荪所要传达的政治诉求，便是对女学的关注。就此而言，美荪和惠兴，一为被动，一是主动，但却殊途同归。

自 1898 年国人自办第一所女学在上海成立后，近代女学逐渐被提升至强国保种、挽救国家危亡之高度。有关此论，前人研究成果颇丰，在此不为赘述。但是，很少有学者关注到，在此宏大叙述之外，近代女学是包括女性在内的各种社会力量参与、塑造自我身份认同的方式和途径。换而言之，如果说女学是一种身份，那么这种身份并非不言自明，而是需要表达和表现出

① 方豪：《英敛之先生日记遗稿》，1906 年 9 月 2 日条，第 1063 页。
② 有关列女传里面节烈类，参高世瑜：《〈列女传〉演变透视》，邓小南、王政、游鉴明编：《中国妇女史读本》，北京：北京大学出版社，2011 年，第 11—27 页。高世瑜指出，在历代《列女传》中，节烈和孝道是占列女传中人数最多、比例最大、最为长久不衰的两大类别。节与孝是女性两项最重要的道德标准。
③ 有关惠兴的描述，见夏晓虹：《晚清女性与近代中国》，北京：北京大学出版社，2004 年，第223—256 页。

来。以上述积极参与宣扬吕美荪事故的天津士绅为例。除却他们在地方政治和报界中的身份，另外一个凝聚其认同的线索便是女学。英敛之是天津女子公学的首倡之人，从师资、校舍、章程到资金等各方面无不倾力为之，且《大公报》多方关注、提倡女学。方药雨与英敛之同列该校创始经理人，亦贡献良多。而温世霖则是天津普育女学的创办人。对于英、方、温此类的地方人士，女学和报纸一样，不仅可以整合自己在地方社会中的资源，加强与地方社会的联系，而且亦是凸显自己身为启蒙知识分子这一新身份的重要途径。

报界并非唯一一个借吕美荪受伤来表现自己现代性身份的群体。当时，一些女学也经由此事件，试图塑造以女界或者女学界为核心的新的群体认同。8月30日，吕美荪受伤仅一个星期后，《大公报》上刊出一封来自北京兴化女学的信函，并于次日便在《津报》上重刊。作为一所甫才成立的北京女学，①该校总理教务、总理庶务兼教员、学生以及学校发起人共19人联名具函，声称"现在女学正是萌芽时代，如吕眉生者，洵为女界中不可多得之人，今竟无端遭此惨祸。若不严将司机人从重惩办，则污我女学界实甚，鄙等誓愿合全堂生命以与之争。请即登诸报端，以为我天津女学界诸君告"。② 次日，北洋高等女学堂和天津普育女学堂亦致函媒体，回应兴化女学。北洋高等女学堂称若"女教员轧伤竟含混了结，实吾女学界全体之辱，教习等厕身学界，谊属同群，尤不容袖手而视"。③ 而普育女学校长徐振肃女士（温世霖之母）亦公开发表《答北京兴化女学校总理教习学生诸女士书》："读大公报，敬悉贵校全体女士因吕眉生先生被电车轧伤，大动感情，约众女学界据理而争，甚为切当。敝校以联合私立各学校，通禀各宪核办矣，总期不得舍糊了结。"④天津两所女学的回应，或可从两个角度进行阅读：既可视为对兴化女学的积极回应，亦可读出字里行间天津女学对北京女学首发倡议之隐约抵抗，毕竟，吕美荪是天津女学的教习，事故亦是发生在天津。而且，在这三所女学中，北京兴化女学和天津普育女学都成立不久，属私立初等女学，而北洋高等女学堂则是官立高等女学，类型不同且分属京津。但三者均一致强调"厕身学界"的同群之谊。

---

① 《女学发达》，《大公报》1906年4月3日第5版。
② 《来函》，《大公报》1906年8月30日广告版；《公函转录》，《津报》1906年8月31日第6版。
③ 《要函》，《津报》1906年9月1日第6版。
④ 《节录天津普育女学校校长徐振素女士答北京兴化女学校诸女士函》，《津报》1906年9月2日第6版。

在探讨中国女性"合群"惯例时，学者多是强调以血缘、婚姻、家庭这种"天然性"联系而建立起来的群体。时至近代，此种"天然性"合群方式因无益于女性对国家民族之贡献而饱受诟病。"中国女子占民数之半，以余所闻，则有殉夫者，殉姑者，有殉父母者，其下有殉其所欢者。所殉之人不同，所殉之方法不同，要之牺牲于一人，而非牺牲于全国。纵翻尽列女、闺秀诸传，无以易我言也。"①取而代之的，是一种新的"合群"观念，即通过女学、女性团体或女性期刊建立起为"公"、为国家之群。就此而言，三所女学跨地域、跨类别，以报刊为媒，强调"女界"或者"女学界"的同群意识，可谓现代。但如果考虑中国女性传统中另外一条"合群"之脉络——即以诗文、出版、阅读为途径建构的实际性的诗社或想象性的文字互动，那么在多大程度上，近代出现的女性同群意识摆脱了传统而迈入了现代，这仍然是一个值得思考的问题。或许途径、形式、议题有所变化，但是女性合群之意愿却未因现代性的突如其来而中断。

## 三、余论：兼述自我的身体

1906 年，在吕美荪事故中，几乎每个人都在公开表述着自己的态度。有人恐惧电车之汹汹，有人怒斥司机人及洋商公司之霸道，有人诉求政府之强硬，有人感慨女界之不幸，甚至连那位撞人的司机人刘得胜，亦有机会向大众说明自己受困于洋人的无奈。但是，这场事故真正的主角吕美荪却只是沉默，即使在其出院后，这位原来曾经频繁借助媒体撰文阐志的新女性，此时却未有只言片语，只是一片寂静。

1941 年，距离当时的电车事故已时隔 35 年。此时，电车早已毫无争议地成为中国诸如上海、北京、南京和武汉等大都市里主要的交通工具，女学亦已枝叶繁茂，培养人才无数。而吕美荪足迹也遍及奉天、厦门、安庆、南京等地，任教于多所女学，早已成为女学界毋庸置疑的领军人物，且吕美荪年已花甲，甚至可以发出"人生百年有如朝露，阳景一出，晞灭无痕"之感慨。②在这一年，在其出版的自传性文集《葂丽园随笔》中，吕美荪回忆起当年那场几乎灭顶的电车事故。

---

① 《世界十女杰·序》，转引自夏晓虹：《晚清女性典范的多元景观：从中外女杰传到女报传记栏》，《中国现代文学研究丛刊》2006 年第 3 期，第 28 页。
② 吕美荪：《自序》，《葂丽园随笔》，第 1 页。

一日在北洋女子公学,晨起神思即昏愦,竟出校呼街车乘之。车夫问何往,始蘁然,曰大公报。此后则茫无所知,中途为电车所撞,左腕骨其一碾碎如粉,又其一亦已中断,腕与手几微连矣。当受创昏卧血泊中,是何情状,已既瞢然,亦无痛楚。舁送医院,七日不省人事。是时项城袁公慰庭方督直,严斥巡警总办段芝贵,并命公子克文日走视。至医药巨费,则赖北洋女学总理傅沅叔太史之为请公帑。而京津女学,尤因余断腕停课,联呈官宪,请与电车公司交涉,俱可感也。①

此一描述,除了将当时为之奔波、焦虑的好友英敛之一笔抹去外,其他与 1906 年报刊上的记载大致不差。但是,颇有深意的是,吕美荪在 1941 年既没有控诉电车的破坏性,亦没有加入女学的声讨行列。恰恰相反,她将自己受伤的原因归于自己未能信守早年与神佛立下之誓言而受到的责罚。1895 年当父亲去世后,吕氏母女因析产纠纷,被族人幽禁,勉强度日。于是,美荪“当天密焚疏于关圣帝君及本州城隍神,大意吁求脱离虎口愿终身而为女医以养母,并誓庖厨永戒杀生。倘违誓,甘受极刑,听罚断首可也。……二十岁后,出就女学谋衣食,极贫苦,在天津膺两女校之聘,衣食既敷,心乃纵肆,益以阅览新书、极端排斥鬼神之迷信,大背往誓,扬扬然以新学家自诩矣。且更作书寄母,谓母如信神佛,归当以香炉踢翻之,其狂悖嫚佛忤亲至于此极,不应早受天诛耶?……[电车事故]后十年猛然憬悟,手首同音,不断其首而断其手,罚之当也。往大公馆者,神遣之;自往就刑,所以示大公之报也。盖断首乎?则女童无知誓重,情当末减。不断首耶?惟既已有知,吁神抑已如愿,俾之一世衣食无虞,苟措刑,是废法也。斟之酌之,衡情准理,无已,其以手代首乎?且左手也,无害于握管谋生,俾仍得自食其力。聪明正直之谓神,每一念及,感激无已。”②

此种神佑历劫事例,在传统中国文人集录中并不乏见。但是,在 1941 年这样一个现代性似乎早已尘埃落定,而科学和理性亦被视为理所当然的年代,吕美荪这样一位女学先驱性人物,却将自己的命运归于因果循环和神秘主义,乍看不可谓不与时代错节。但仔细想来,吕美荪之“落伍”,恰恰反映出以理性为取向来理解中国现代性之不足。当现代性最早在西方兴起并且伴随殖民扩张进入非西方国家和地区时,其主要特点之一便是脱魅

---

① 吕美荪:《美荪自记三生因果》,《葂丽园随笔》,第 86 页。
② 吕美荪:《美荪自记三生因果》,《葂丽园随笔》,第 85—87 页。

(disenchantment)，即以一种启蒙的、进步的和解放的精神向人们承诺一种更为美好的前景。① 在中国，此种启蒙话语尤为明显，从对西方器物的痴迷、对中国传统的抨击，到对中国女性的再造，都可视为此脱魅话语下的产物。就此而言，吕美荪是中国现代性的受益者。她出身士大夫家庭，从小接受良好家学，本应像很多女性一样，有着传统为女、为妻、为母的人生轨迹。但是，当遭遇父亲骤逝的家庭变故后，吕美荪通过在女学担任教习的方式，不仅供养了因父亲去世无以为继的家庭，而且获取了在家庭和婚姻之外的身份认同和成就感。"余辛苦三十年，孤走五六省，出与公卿接席，入有书史为欢。"②

　　但是，现代性在多大程度上实现了当年它承诺给中国的美好前景？吕美荪是否就是纯粹的受益者？其实不然。女学固然提供了美荪一种不同于传统女性的身份认同和生命轨迹，但也恰恰是女学使得美荪的生命充满了伤痛、破裂和生离死别。当像美荪这样的女性游走于城市之中，成为女教习或者女学生，其间伴随着种种诸如电车事故这样的危险。"今之充女教习者，多南北奔驰，辞家就聘，意外之虞，在所难免……苟深藏绣阁，焉有此事？"③不仅如此，包括美荪在内的吕氏四姊妹均投身女学，声名远扬，可谓近代少有。但长姊惠如后因学校事务忽得奇疾；幼妹坤秀因水土不服，病逝于其任职的福建女子师范学堂；二妹碧城亦与美荪成老死不相见之决裂之势。对美荪而言，可谓成也女学，悲也女学。因此，面对现代性无法解决和抚慰的个人内心情感和体验，吕美荪回归到中国传统的神秘主义和因果思想来理解、阐释自己的生命历程，甚至将新学视为人生歧途，便顺理成章。或许，当吕美荪及其同辈"透过持续不断的选择、重译和重构，将现代性的某些西方的要素整合到自己新的集体认同的建构之中"，④他们从未放弃对传统的认同。或许，现代性不曾全新，而传统亦不曾全然逝去，也正因此使得历史呈现出一种流动性和不稳定性，而这恰恰是中国现代性的意义所在。

　　附识：本文原刊《学术月刊》2015 年第 12 期。

---

① 康豹：《一个著名上海商人与慈善家的宗教生活：王一亭》，《从城市看中国的现代性》，第292—294 页。
② 吕美荪：《美荪自记三生因果》，《葂丽园随笔》，第 87 页。
③ 《吕碧城女士为郑教习开追悼会之演说》，《直隶教育杂志》1906 年第 21 期，第 5 页。
④ 巫仁恕：《导言》，《从城市看中国的现代性》，第 iv 页。

# 首都师范大学历史学院史学沙龙简介

孙正军

首都师范大学历史学院史学沙龙大约酝酿于 2010 年前后,至 2013 年始正式定期进行,由刘屹教授牵头组建,成员以全院各专业青年教师为主。沙龙从成立伊始就获得学院从场地到资金的大力支持,诸多老师在肩负繁重教学、科研任务的情况下仍不辞辛劳、坚持参与。当然,兄弟院校老师、学友的鼎力支持也是首师大史学沙龙能够维系并不断发展的重要因素。沙龙迄今已成功举办了 50 期活动(见表一)。

在借鉴兄弟院校学术社群活动方式的基础上,首师大史学沙龙大致形成了如下几类活动方式。

## 一、论 文 发 表

这是沙龙活动的基本形式,即在论文正式刊发之前,撰者先在沙龙进行发表,由与会老师、学生集中评议、讨论。由于时间比较充分,加诸彼此熟悉,讨论往往激烈、深入,对于论文后续修改多有裨益。一批在沙龙发表后的论文后来都刊载于较高水平的刊物上。

论文发表以学院青年教师为主,也广泛邀请海内外优秀学者进行发表,先后已邀请陈怀宇(5)、沈睿文(11)、徐冲(13)、吴羽(20)、冯金忠(34)、陈勇(49)等校外学者发表交流。

## 二、学术信息分享

这也是基本内容之一,一般安排在论文发表之后。分享者将近期参与会议、考察、访学等学术活动的信息、心得与大家分享，在加深彼此交流的同时，方便大家掌握国内外最新学术动态。

# 三、专场活动

专场活动是沙龙活动的"大事"，是在2013年沙龙活动顺利进行的基础上发展而来。专场活动犹如一次小型学术工作坊，大家事先商议主题，在确定主题后再邀请相关领域学者集中发表、讨论；为保证讨论充分，每次专场一般只安排8场以下发表。由于主题集中，讨论热烈，专场活动在学界引起一定关注，每次专场都吸引京内高校众多师生与会，甚至京外师友也远道赴会。

目前专场活动一般每年安排2—3期，迄今已成功举行六场，分别是：历史书写专场（19）、宋代政治史专场（23）、唐代城市史专场（27）、古文献复原与整理专场（36）、经典学说的回顾与反思专场（42）、谈海昏侯说汉武帝专场（50）。

# 四、外校交流

首师大史学沙龙在自身不断发展的过程中，亦注意与兄弟院校学术社群进行合作交流，并于2014年10月17日举办了与复旦大学中古中国共同研究班的交流活动"棠棣之华——第二届首师大、复旦中古史青年学者交流会"（24）。交流会分两部分，一是学术会议，二是联合考察。前者每方安排4位发表人，由对方评议；后者则以房山、涿州、保定为中心展开考察。借助于此次活动，参与师生不仅在具体知识上收获颇丰，彼此友谊亦得到加深。未来首师大史学沙龙还将继续致力于与兄弟院校各沙龙、工作坊、研究班、读书班合作，为青年学者的合作交流提供平台。

# 五、新书座谈

以新近出版的学界反响较好的论著为契机，邀请作者进行座谈，也逐渐成为首师大史学沙龙的重要活动形式。目前已经举办的有第33场邀请清华大学历史系侯旭东教授和第 43 场邀请社科院历史所陈爽研究员,分别就新著《近观中古史》(上海:中西书局,2015 年)、《出土墓志所见中古谱牒研究》(上海:学林出版社,2015 年)进行座谈。围绕新书出版及背后的思考,两位作者与与会师生进行了深入交流,使大家在收获具体知识之外,在学习方式、理论思考等方面也获益颇丰。

以上是目前首师大史学沙龙的活动情况,今后我们还将丰富和发展现有活动,尝试开拓新的形式,如设置面向校内外研究生的专场、出版沙龙论文集等。期待首师大史学沙龙在为学界同仁提供良好交流平台的同时,亦能为中国学术社群的发展略尽绵薄之力。

### 表一　往期活动详情

| 期数 | 报告人 | 报 告 题 目 | 时 间 |
|---|---|---|---|
| 1 | 顾江龙 | 羊祜与齐王攸——西晋前期政治史试论之一 | 2013 年 3 月 21 日 |
| 2 | 陈晓华 | 论四库馆臣的西学观及其理路——从"西学中源"到"节取其能,而禁传其学术" | 2013 年 4 月 11 日 |
| 3 | 孙正军 | "猛虎渡河"与"飞蝗避境"——中古良吏书写的两种模式 | 2013 年 4 月 25 日 |
| 4 | 秦　方 | 新词汇? 新世界? ——清末民初"女界"探析 | 2013 年 5 月 9 日 |
| 5 | 陈怀宇 | "虎去雉驯"——中古墓志所见政治修辞 | 2013 年 5 月 23 日 |
| 6 | 游自勇 | 唐《魏先公庙碑》校录及相关问题敦煌写本《百怪图》补考 | 2013 年 6 月 6 日 |
| 7 | 刘　屹 | 为何葛仙公不应在"元始旧经"出现? ——以古灵宝经中"劫"的观念为中心 | 2013 年 6 月 20 日 |
| 8 | 马保春 | 试论中国早期器物刻画符号的分类与定名 | 2013 年 6 月 27 日 |
| 9 | 张　祎 | 宋代的大敕系衔 | 2013 年 9 月 12 日 |
| 10 | 后晓荣 | 敦煌文书"孝子传"、宋元墓葬中"画像二十四孝"、高丽《孝行录》三者之间的传承关系 | 2013 年 10 月 10 日 |
| 11 | 沈睿文 | 唐代帝陵的考古发现与研究 | 2013 年 10 月 24 日 |
| 12 | 田　天 | 西汉中晚期遣策的变迁及其意义 | 2013 年 11 月 14 日 |
| 13 | 徐　冲 | 新出元渊墓志与魏齐之际的广阳王家 | 2013 年 11 月 21 日 |
| 14 | 岳秀坤 | 马赫诺运动的历史与神话 | 2013 年 12 月 5 日 |

| 期数 | 报告人 | 报 告 题 目 | 时　间 |
|---|---|---|---|
| 15 | 张天虹 | 唐幽州镇支州刺史的社会来源及其与节度使的关系 | 2013 年 12 月 26 日 |
| 16 | 秦　方 | "擅旧辞华、具新理想"——晚晴女性公共形象的制造与传播 | 2014 年 3 月 6 日 |
| 17 | 李芳瑶 | 唐宋时期的"入阁"与"入阁仪" | 2014 年 3 月 20 日 |
| 18 | 殷志强 | 伦理与习惯——从沙井村土地纠纷个案透视民国乡村社会 | 2014 年 4 月 3 日 |
| 19 | 专　场 | **历史书写**<br>孙正军：从《史》《汉》到《后汉书》：中国古代良吏书写模式变迁<br>聂溦萌：反转：诸晋史的体裁、性质与源流<br>游自勇：瑞与妖：中古《五行志》的怪异书写与话语权力<br>胡　鸿：作为历史文本的鄂尔浑碑铭 | 2014 年 4 月 19 日 |
| 20 | 吴　羽 | 唐宋国家礼仪的习学与演练——以朝仪与亲郊的习仪为例 | 2014 年 5 月 8 日 |
| 21 | 马保春 | 花东甲骨地名资料的整理与研究 | 2014 年 5 月 22 日 |
| 22 | 钱益汇 | 中国早期国家阶段石料资源与资源选择策略——以二里头遗址为例 | 2014 年 6 月 5 日 |
| 23 | 专　场 | **宋代政治史**<br>周　佳：《神宗御集》考：兼论北宋君主御集的编纂与用途<br>聂文华：宋代赠谥制度研究<br>胡　坤：希冀与落寞：宋代荐举诗词及其情感流露<br>古丽巍：独断与共治：论宋神宗"大有为"之政的施行<br>方诚峰：宋哲宗与北宋晚期的士大夫政治<br>陈文龙：宋高宗朝的侍从官 | 2014 年 6 月 21 日 |

| 期数 | 报告人 | 报 告 题 目 | 时　间 |
|---|---|---|---|
| 24 | 专　场 | 棠棣之华——第二届首师大、复旦中古史青年学者交流会<br>田　天：略论西汉初年的儒生形象——从"复为新垣平"谈起<br>余　欣：中古时代的干支、星占与禄命<br>孙正军：汉唐时代的九卿排序<br>仇鹿鸣：政治的表达与实践：田氏魏博的个案研究<br>刘　屹：劫数与劫运：中古道教对宇宙周期论的建构<br>邱轶皓：大德二年（1298）伊利汗国遣使元朝考——法合鲁丁·阿合马·惕必的出使及其结局<br>游自勇：敦煌写本 S. 2078V"史大奈碑"习字之研究<br>夏　婧：明代嗣雅堂钞本《唐书》的文献价值 | 2014 年 10 月 17 日 |
| 25 | 后晓荣 | 有关秦汉"市""亭"陶文性质的重新认识 | 2014 年 11 月 6 日 |
| 26 | 尤　悦 | 动物考古所见新疆古代游牧生活 | 2014 年 11 月 20 日 |
| 27 | 专　场 | 唐代城市史<br>王　静：唐李寿墓寺观壁画再考察<br>季爱民：初唐长安佛教宣传的新"旧"格局：以敦煌两种《盂兰盆经赞述》为中心<br>张天虹：唐藩镇统治下的幽州城市人口数量试探<br>张春兰：唐代城市环境管理初探——以长安、洛阳为中心的考察<br>徐　畅：城郭内外——乡里村坊制在唐长安的实施再探<br>李芳瑶：唐代集贤院的别书人<br>万　晋：城居的日常：唐代城市日常生活相关研究述评——兼论在城市史研究中探讨日常生活的路径 | 2014 年 11 月 29 日 |
| 28 | 秦　方 | 受伤的身体、复杂的现代性——以 1906 年吕美荪电车事故为个案的分析 | 2014 年 12 月 11 日 |

| 期数 | 报告人 | 报　告　题　目 | 时　间 |
|---|---|---|---|
| 29 | 袁　泉 | 循古适今——洛渭地区蒙元墓随葬明器所见之政治与文化考 | 2014 年 12 月 25 日 |
| 30 | 游自勇 | 中古时期佛教神异故事与正史的关系——从《晋书·艺术传》谈起 | 2015 年 3 月 19 日 |
| 31 | 刘　屹 | 移民与信仰——南朝墓券的历史与宗教背景研究 | 2015 年 3 月 26 日 |
| 32 | 王　铭 | 唐宋墓葬中仰观伏听俑与圣人象征 | 2015 年 4 月 23 日 |
| 33 | 侯旭东 | 中古史的"近观"与"远眺" | 2015 年 5 月 7 日 |
| 34 | 冯金忠 | 黑水城文书所见银牌——兼论西夏制度的辽金来源 | 2015 年 5 月 21 日 |
| 35 | 员雅丽 | 现代科技揭秘古滇青铜传奇 | 2015 年 6 月 4 日 |
| 36 | 专场 | **古文献复原与整理**<br>马　楠：传世经部文献所见脱简错简现象再讨论<br>聂溦萌：残卷与佚史：吐鲁番出土晋史写本再考<br>程少轩：马王堆数术书几种图像的复原<br>申　斌：明清民间文书收集整理方法的变迁、现状与展望——基于中山大学藏徽州文书整理经验的观察<br>凌文超：吴简考古学与吴简文书学<br>邓玮光：对中仓黄龙三年十一月旦簿的复原尝试<br>周尚兵：敦煌写本斋文整理复原研究心得<br>田卫卫：敦煌写本《重修开元寺行廊功德碑》残片的缀合与复原 | 2015 年 6 月 14 日 |
| 37 | 施　诚 | 美国大学世界通史教材对中国抗战的叙述 | 2015 年 6 月 25 日 |
| 38 | 余华林 | 论 1910—1930 年代知识界新式贞操观的演进 | 2015 年 9 月 24 日 |
| 39 | 孙正军 | 宗子维城——北朝隋唐宗子军小考 | 2015 年 10 月 15 日 |
| 40 | 刘晓满 | 秦汉官吏称"主"与行政责任 | 2015 年 10 月 29 日 |
| 41 | 曹小文 | 新史学：20 世纪前后中国人心中的世界史——试论梁启超的世界史观 | 2015 年 11 月 12 日 |

| 期数 | 报告人 | 报　告　题　目 | 时　间 |
|------|--------|----------------|--------|
| 42 | 专　场 | **经典学说的回顾与反思**<br>李　锐：从出土文献谈古书形成中的"族本"<br>侯旭东：宠：信—任型君臣关系与西汉历史的展开<br>刘　屹："分化"还是"汇合"？——早期道教史基本论述模式的反思<br>范兆飞：中古地域集团学说的运用及流变——以关陇集团的影响为中心<br>仇鹿鸣：唐隆政变与玄宗时代的登场——重审"李武韦杨"婚姻集团<br>吴铮强：超越现代化焦虑与理学叙述之去蔽——宋史叙述的发展与展望<br>刘永华：明中叶转型：关于动力与内涵的思考 | 2015 年 12 月 5 日 |
| 43 | 陈　爽 | 古谱新正：在墓志里重新发现中古谱牒 | 2015 年 12 月 17 日 |
| 44 | 翟　韬 | 冷战语境下的新"华夷之辨"：美国对华宣传与两岸政权形象的塑造 | 2015 年 12 月 31 日 |
| 45 | 王　铭 | 北魏献文帝"显祖"庙号考议 | 2016 年 3 月 17 日 |
| 46 | 李永斌 | 殖民运动与希腊城邦的兴起 | 2016 年 4 月 7 日 |
| 47 | 游自勇 | 敦煌写本 P. 2683《瑞应图》新探 | 2016 年 4 月 28 日 |
| 48 | 乔　瑜 | 澳大利亚的灌溉叙事 | 2016 年 5 月 19 日 |
| 49 | 陈　勇 | 1. 非汉族群入主中原与官僚君主制的"初始化"<br>2. 拓跋的族群认同与"代国模式"的典范意义<br>3.《通鉴》十六国资料再认识——兼谈数字化史源学新路 | 2016 年 5 月 26 日 |
| 50 | 专　场 | **谈海昏侯说汉武帝**<br>后晓荣：侯墓、王气、废帝心<br>　　　　——海昏侯刘贺出土文物漫谈<br>孙正军：《制造汉武帝》引发的争议所想到的 | 2016 年 6 月 16 日 |

# 后　记

从 2006 年至今，首都师范大学历史学院经历了高速发展的十年，也带来了学术风气的转变。2010 年，在顾江龙兄的建议下，他和刘屹、金滢坤、我在简陋的教研室内开了第一次青年教师的学术沙龙，当时气氛挺好。但之后因为各种原因，沙龙没能继续下去。2013 年，刘屹教授重新倡导沙龙活动，由我和孙正军牵头，正式创办了历史学院的史学沙龙。我至今清楚地记得，顾江龙兄作为第一期的报告人，拿出了一篇 2.5 万字的长文，在报告之后，参加沙龙活动的老师便展开了猛烈的"轰击"，持续将近 2 个小时，但顾兄并不为忤，反而认真吸取大家的意见。我想，本院史学沙龙的风格由此奠定。在迄今 50 多期的沙龙活动中，我们都秉承"敬畏学术、追求卓越"的院训，开展严肃的学术批评，逐渐形成并夯实了自己的风格，得到了同行的认可。

历史学院的史学沙龙是一个学术交流的自由平台，这个平台的成功搭建有赖于学院的大力支持，得益于学院宽松、自由、进取的学术氛围。当然，更主要的是，如果没有我亲爱的同事们尤其是青年教师的积极参与，以及校外其他同行的热忱支持，这个平台要想维系下去，几乎是不可能的。感谢所有为史学沙龙辛勤付出的朋友们，尤其是正军，日常的联系发表、订场地、复印论文等，几乎都由他一人打理，付出的时间和心力不可细数。

为了推动沙龙活动的持续开展，我们向报告人征集了 13 篇论文，结集出版。这些论文绝大部分都是在沙龙上报告过，后来公开发表的。个别作者的报告尚未发表，也欣然以其他论文代替。感谢作者们的慷慨赐稿，也感谢田天老师为论文集所起的名字。子曰："切切偲偲，怡怡如也，可谓士矣。朋友切切偲偲，兄弟怡怡。""切偲"二字点出了史学沙龙的真谛。呈现在读者面前的是《切偲集》第一辑，我们会不定期出版第二辑、第三辑……希望我们的沙龙活动能成为历史学院的一个传统，持续下去。

　　最后，感谢责任编辑曾晓红女史，在今年夏季异常炎热的上海，她大腹便便地进行着文字编辑工作，让我心中长久地怀有愧疚之情。

游自勇

2016 年 10 月 10 日于北京